Jenny Kollenberg
Selma und Alex
Die Briefe meiner Eltern aus dem 2. Weltkrieg

Jenny Kollenberg

Selma und Alex

Die Briefe meiner Eltern
aus dem 2. Weltkrieg

Erste Auflage 2016
© Barton Verlag, Weilerswist 2016
www.barton-verlag.de
Layout und Satz: Katharina Jüssen, Metternich

Printed in Germany
ISBN 978-3-934648-09-8

Bibliografische Information der Deutschen Nationalbibliothek
Die Deutsche Nationalbibliothek verzeichnet diese Publikation
in der Deutschen Nationalbibliografie; detaillierte bibliografische
Daten sind im Internet über http://dnb.ddb.de abrufbar.

Inhalt

Vorwort 7

Alex und Selma Höhfeld 10

Historische Orientierung 13

Der Briefwechsel 15

Nachwort 275

Dank 279

Vorwort

Sechzig Jahre nach Kriegsende durfte ich die mehr als tausend Briefe, die sich meine Eltern während des 2. Weltkrieges (von 1940-1943) geschrieben haben, lesen und aufarbeiten. Sie berichten von der Front und aus der Heimat, es sind »Alltags«geschichten aus einer Zeit, die nicht viel vom Heldentum verkünden. Wenn mein Vater zu Anfang seines Kriegsdienstes noch mit freudigem Pflichtgefühl »auszog«, so zeigten sich bald Enttäuschung, Wut und Verzweiflung.

Alle Briefe meines Vaters trugen die Aufschrift »Feldpostbrief«, ein Standort durfte nicht angegeben werden – nur Name, Dienstgrad und die Feldpostnummer. Bei meinem Vater war es die 35540.

Alle Soldaten erhielten eine Erkennungsmarke aus ovalem Leichtmetall, die an einer Schnur um den Hals getragen werden musste. Diese Marke hatte in der Mitte eine Sollbruchstelle. Fiel der Soldat, wurde die Marke durchbrochen und an den Diensthabenden weitergeleitet. Eine Hälfte bekamen immer die Angehörigen. Da mein Vater »nur« verwundet wurde, besitzen wir seine Marke heute noch als Ganzes.

Wann immer möglich, gab mein Vater Kameraden, die Heimat-Urlaub bekamen, die gebündelten Briefe meiner Mutter wieder mit. Daher liegt ein Großteil der Briefe meiner Mutter an meinen Vater – gerade aus der Zeit des Russlandfeldzuges – noch vor. Oder er schickte sie als Päckchen, z.B. mit schmutziger Wäsche, heim. Natürlich gingen viele Briefe auch verloren. So entstanden zeitliche Lücken im Briefwechsel, darunter viele in der Korrespondenz meines Vaters. Dieser hatte in Ruhestellung mehr Zeit als meine Mutter, die während des gesamten Krieges die harte (Feld-)Arbeit auf dem kleinen Bauernhof, dazu noch Feldarbeiten mit dem Zugochsen bei ein paar Nachbarn erledigen musste, und seltener zum Briefeschreiben kam.

Nach Ende des Krieges wollten meine Eltern gemeinsam alle gebündelte Post nochmals lesen und dann »den Flammen übergeben«. Ich bin dankbar, dass sie es nicht taten. Meinen Eltern bin ich für ihr wertvolles Vermächtnis sehr dankbar, es bedeutet mir und meinen Kindern sehr viel. Wie gut, dass diese Briefe nicht wie vorgesehen verbrannt wurden!

Ich selbst habe erst kurz vor dem Tod meiner Mutter von dem Briefwechsel erfahren. Beim Wiederlesen und Vorlesen stellte sie fest, dass sie doch Vieles vergessen hatte. Sie wunderte sich ab und zu: »Das habe ich geschrieben?«. Meine Mutter bat mich dann, die Briefe zu veröffentlichen.

Gerne hätte ich die Briefe in chronologischer Reihenfolge der geschriebenen und eingegangenen Briefe zusammengefasst. Da sie jedoch oftmals unterschiedlich lange unterwegs waren, ließ sich das im Nachhinein nicht immer bewerkstelligen. Natürlich musste ich bei der Menge eine Auswahl treffen, einige Inhalte habe ich bei zu langatmigen Beschreibungen gekürzt (durch »...« gekennzeichnet). Ich notiere hier nur das – wie ich meine – historisch Wichtige.

Bei der aufmerksamen Lektüre der Briefe lässt sich zwischen den Zeilen vieles erlesen. Meine Eltern haben sich immer sehr nahegestanden Ich würde sagen: es war die große Liebe. Für mich war es besonders rührend, dies auch aus diesen Briefes »herauszulesen« – und neben den Schrecken des Krieges, den Entbehrungen, der vielen Arbeit, Not und Verzweiflung, von denen man dort erfahren kann, immer auch die Sehnsucht nach dem anderen, die Sorge, den Trost ... die große Liebe eben, herauszuspüren.

Vieles wird in den Briefen lebendig, weil sie den »ganz normalen (Kriegs-)Alltag« genau beschreiben, zu Hause und an der Front, auf den großen Reisen. Oft kommen mir beim Lesen die Tränen, aber es gibt auch vieles, worüber ich schmunzeln musste.

Meine Kindheitserlebnisse, die Lektüre der vielen Briefe als authentische Zeitdokumente, viele nachdenklich stimmende Gespräche im Familien- und Freundeskreis, aber auch mit Schulkindern und jungen Erwachsenen, haben mich inzwischen motiviert, das vorliegende Buch über jene Zeit zu veröffentlichen. Ich sehe es gewissermaßen als eine Pflicht der Vergangenheit meiner Familie gegenüber, auf diese Weise Zeugnis abzulegen. Ich denke, so kann man Gegenwart und Zukunft besser verstehen. So viele Familien wurden vom Krieg hart getroffen. Wie viele einfache Menschen, die sich liebten und auseinandergerissen wurden, mussten diesen Krieg ertragen. Ich möchte manches an die Nachkommen dieser Familien weitergeben. Erinnerung ist natürlich individuell, aber immer auch beispielhaft, und somit wertvoll und interessant für andere – die vorliegenden präzisen Aufzeichnungen sprechen eine wahrhaftige, persönliche und deutliche Sprache. Sie sind – nicht nur für mich - wichtige und in ihrer Aussagekraft sehr vielseitige Zeitdokumente.

Bevor ich nun zu den Briefen komme, möchte ich meine Eltern in Stichworten kurz vorstellen:

Meine Eltern bei ihrer Hochzeit 1934

***
Alex Höhfeld

*Mein Vater mit Hund und Schülermütze
zu Hause in Holte bei Wipperfürth, 1930*

Mein Vater wurde am 26.06.1912 in Wipperfürth geboren. Er wuchs auf einem großen Bauernhof auf. Als einziges von sieben Geschwistern durfte er das Aufbau-Gymnasium besuchen. Er wollte Förster werden, doch Unstimmigkeiten mit zwei Lehrern bewirkten, dass er nicht zum Abitur zugelassen wurde. Damals hätte er ein Jahr lang die Oberprima wiederholen müssen. Als sein Vater plötzlich starb, änderte sich auf dem Hof wirtschaftlich vieles, und mein Vater musste die Schule verlassen. Er arbeitete im Stundenlohn im Reichsarbeitsdienst auf dem Land. Er musste u.a. Wiesen trockenlegen und im Wegebau arbeiten, um etwas Geld zu verdienen. Vor seiner Heirat 1934 trat mein Vater in den Reichsarbeitsdienst (RAD) ein.

Mit 22 Jahren heiratete er 1934 meine Mutter auf dem Hof meines Vaters, sie wurden von zwei evangelischen Pastoren getraut. Ich wurde 1935 geboren und blieb leider Einzelkind.

Im Nebenerwerb verdiente mein Vater in der Kunststoffindustrie sehr gut, und eine Kranken- und Rentenversicherung wurde erstmals möglich. Da meine Eltern nicht in der Partei (NSDAP) waren, wurde mein Vater bereits im Frühjahr 1940 als Soldat eingezogen.

Er kam nach einer Kasernenausbildung in Marienwerder (Westpreußen) als Besatzungssoldat nach Frankreich, dann über Ostpreußen und Polen nach Russland, wo am 22.6.1941 mit dem Einmarsch der Deutschen der Krieg begann. Zunächst mit Pferden, dann in Russland als Fahrradschwadron, im Winter in einer Ski-Kompanie und danach bei der Infanterie als SMG-Schütze (SMG= schweres Maschinengewehr).

Im September 1943 wurde er als Obergefreiter mit 31 Jahren in der Nähe der Russischen Stadt Orel so schwer verwundet, dass er ins Lazarett transportiert werden musste - mit Stationen in Minsk und Warschau (Ende der aktiven Soldatenzeit). Etwa ein dreiviertel Jahr war er als Schwerstkranker unterwegs. Er sollte nach dem Einmarsch der Amerikaner (bei uns am 12. April 1945), in ein Lager auf die berühmt berüchtigten Rheinwiesen. Dank seiner sehr guten englischen Sprachkenntnisse wurde er aus dem kleinen Sammeltransport, der in der Marienheider (Bergisches Land) Ortskommandantur zusammengestellt wurde, herausgeholt und per Militärjeep ins Lazarett nach Lüdenscheid-Hellersen gefahren, zunächst als amerikanischer, ein paar Monate lang dann englischer Kriegsgefangener. Mein Vater blieb in Folge seiner Verwundungen lebenslang schwer behindert.

Nach Krieg und Gefangenschaft im Lazarett konnte mein Vater nur noch leichte landwirtschaftliche Arbeiten verrichten, so musste die harte körperliche Arbeit von meiner Großmutter, Mutter und mir getan werden. In der Nachkriegszeit kamen oft städtische Verwandte, die uns halfen und dafür mit Selbsterzeugtem aus Stall und Garten versorgt wurden. Wir hielten zusammen in einer schweren Zeit.

In seinen letzten Lebensjahren war mein Vater Vorsitzender der VdK-Gruppe Marienheide. Als Mitglied im Kyffhäuserbund Marienheide war er bis zu seinem Tod am 1. Februar 1988 Fahnenträger. Er starb im Alter von 75 Jahren.

***

Selma Höhfeld

*Meine Mutter als Fünfzehnjährige, voller Träume
und immer optimistisch (1927)*

Meine Mutter wurde am 30.12.1912 in Marienheide geboren. Sie war Einzelkind. Mit neun Jahren verlor sie ihren Vater und lebte auf einem kleinen Bauernhof mit knapp 6 Hektar Fläche zusammen mit ihrer jung verwitweten Mutter. Es gab keine Witwenrente.

In dem Briefwechsel mit meinem Vater berichtete meine Mutter aus der Heimat, erzählte ausführlich vom Alltag, verschwieg aber meistens ihre Sorgen. Was sie damals als Kleinbäuerin zusammen mit ihrer Mutter leistete, ist kaum nachzuvollziehen und verdient Hochachtung. Sie wollte sich tapfer und stark zeigen.

Bei uns zu Hause gab es in diesen Jahren zur Unterstützung landwirtschaftliche Helfer aus Frankreich und Russland, nacheinander bis Kriegsende. Während des Krieges wurden Ausgebombte aus den Großstädten zusätzlich bei uns untergebracht, später dann Heimatvertriebene und Flüchtlinge. Einquartierungen gab es von 1939 an, zuerst Bayern, dann ständig wechselnd bis zum 11. April 1945. Am 12. April 1945 zogen die Amerikaner bei uns in Stülinghausen, Gemeinde Marienheide, ein.

Meine Mutter Selma Höhfeld starb im Alter von fast 93 Jahren am 8.12.2005.

***

Historische Orientierung

Frühling 1940 bis September 1943
Quelle Internetseite Wikipedia:
https://de.wikipedia.org/wiki/Chronologie_des_Zweiten_Weltkrieges

Mai 1940 Deutsche Truppen nehmen Belgien und die Niederlande ein
Juni 1940 Deutsche Truppen nehmen Frankreich ein

22.06.1941
Beginn des Deutsch-Sowjetischen Krieges

29.06.1941
Die sowjetische Führung erklärt die Verteidigungsaktionen zum »Großen Vaterländischen Krieg«

Oktober 1941
Beginn des Vormarsches auf Moskau

05.12.1941
Schlacht um Moskau, die Rote Armee beginnt mit aus Sibirien herangeführten Reserven unter General Schukow die umfassende Gegenoffensive bei Moskau

4. Juli 1942
Ende der Schlacht um Sewastopol 1941–1942, »Unternehmen Störfang« endet mit der Eroberung der Festung und der Gefangennahme von ca. 100.000 Rotarmisten

Juli 1942
Deutsche Sommeroffensive in Südrussland

13.09.1942
Mit dem deutschen Angriff auf den inneren Verteidigungsgürtel Stalingrads beginnt die fünfmonatige Schlacht von Stalingrad

02.02.1943
Kapitulation der 6. Armee in Stalingrad, knapp 100.000 Soldaten geraten in Gefangenschaft (psychologischer Wendepunkt im Krieg)

18.02.1943
NS-Propagandaminister Joseph Goebbels fordert in der Sportpalastrede den »Totalen Krieg«

5. bis 16. Juli 1943
Das Unternehmen Zitadelle soll den Frontbalkon bei Kursk ausräumen und große Teile der Roten Armee einkesseln und vernichten. Die Operation gipfelt in der größten Panzerschlacht der Geschichte; der von der Roten Armee vorausgesehene Angriff bleibt stecken.

12. Juli bis 18. August 1943
Sowjetische Gegenoffensive bei Orjol (Orjoler Operation) mit dem Ziel, Teile der Heeresgruppe Mitte einzukesseln.

August-Dezember 1943
Nach mehreren sowjetischen Gegenoffensiven muss die Wehrmacht an der ganzen Front den Rückzug antreten.

Zwischen 24 und 40 Millionen Bewohner der Sowjetunion sowie etwa 2,7 Millionen deutsche Soldaten starben im Kriegsverlauf. Dieser Krieg gilt wegen seiner verbrecherischen Ziele, Kriegsführung und Ergebnisse allgemein als der »ungeheuerlichste Eroberungs-, Versklavungs- und Vernichtungskrieg, den die moderne Geschichte kennt«.

Der Briefwechsel
1940–1941

Marienwerder in Westpreußen, 2. Juni 1940

Meine Lieben!
Also jetzt sind wir endlich in die neue Wohnung eingezogen. Gestern Abend um 9 Uhr liefen wir in Marienwerder ein. Eine ganz tolle Fahrt war das. Hoffentlich habt Ihr meine drei Karten alle bekommen. Wir durften nämlich von unterwegs nicht schreiben, und mußten deshalb die Karten stikum wegschaffen.
Ich bin also jetzt Fahrer beim 3. Zug der 1. Schwadron Abt. 6 Marienwerder.
Es ist jetzt 10 Uhr vormittags. Wir liegen zu 21 Mann und 1 Gefreiter auf Stube 68. Fenster zur Straße im 4. Stockwerk. Wenn wir da sind, sind die Beine bald schon müde. Betten bauen und Staub putzen haben wir schon gelernt. Spinde sind nicht genug vorhanden. Vorläufig habe ich noch alles im Koffer.
So für den Anfang meint man, hier ging alles sehr schnell voran, aber es ist nicht so schlimm. Man hat ja zwei Ohren. Eingekleidet werden wir erst morgen. Wenn's gut geht, werden wir schon in 6-8 Wochen fertig für den Westen sein. Wollen's hoffen, wir sind hier doch jetzt verdammt weit weg von der Heimat.
Wahrscheinlich bekommt jeder zwei Pferde in seine Obhut. Wird's also wohl nicht viel freie Zeit geben. – Vorläufig sind wir noch alle dumme Jungen, aber Gottseidank sind wir alle Rheinländer. Sowas kennen die Leute hier noch nicht. Scheinen alle ziemlich doof zu sein. Menschenskinder, haben wir in Marienburg vielleicht Spaß gehabt. Stellt Euch vor, wenn 120 Mann auf dem Bahnsteig stehen und singen Rheinlieder und alle 120 in zwei Reihen zu je 60 Mann schunkeln. Die Zuschauer haben Spaß gehabt. Tünnes, Schäl und Köbes sind mit nach hier gefahren. Die Stimmung kann und darf schon deshalb gar nicht mies werden. Landsleute sind wir zu drei Mann, einer aus Ründeroth und einer aus Oberbantenberg.
Die Umgegend ist hier vorläufig, so zum Ansehen, ganz schön. Fast flache Ebene, teilweise Kiefernwälder, viel Weide, Wiese und Ackerland. Aber was sind unsere Berge doch viel schöner. So etwas von Einsamkeit und Verlassenheit wie es sie in Pommern, im Korridor, in Ost- und Westpreußen gibt, gibt's bestimmt in ganz Deutschland nicht noch einmal!
Gerade kommt schon einer mit 'ner Sammelbüchse für's Rote Kreuz. Fängt ja schon ganz gut an. Die Kameraden sind meistens von der linken Rheinseite: Düren, Mönchengladbach, Krefeld u.s.w. Neben mir sitzt grade ein Bauer aus der Bonner Gegend. Hat auch Kummer

um seinen Hof. Na, man kann sich ja Sorgen machen, oder auch nicht... Ich tu's jedenfalls nicht. Hilft ja doch nicht über die Trennung hinweg. Macht doch den Dienst nur noch viel schwerer.
Hoffentlich bist Du, mein Liebling, gesund und stark, und Mama! Jenny, Du bist doch immer artig!? Hoffentlich bleibe ich nicht so lange Soldat. Dann ist ja alles wieder gut.
Mit dem Antrag auf Heu- bzw. Ernteurlaub wartet mal noch bis 15. bis 20. Juni. Selma, Du kannst ja mal mit dem Wirths Karl sprechen. Er bleibt nämlich auch nicht mehr lange dort. Sag ihm aber davon noch nichts.
...
Habt Ihr die Runkeln rein, oder regnet's noch? Hier ist es sehr trocken.
Schreibt bitte bald. – Wenn das Päckchen abgeht, dann unbedingt einpacken: 1 Dose Schweiß- oder Wundpulver, 1 Aschenbecher und 1 Wäschesprenger!!! Wann der Koffer abgeschickt wird, weiß ich noch nicht.

*

Juni 1941

...
Die Marken für Lebensmittel reichen aus. Jenny ist ziemlich artig. Gestern meinte sie, ich solle das doch Papa schreiben. Einmal hat sie schon Schläge bekommen, denn sie hatte uns im Gärtchen Blumen übereinander gehackt...
Jenny ist schon im Bett. Sie sagte, ich solle Dir schreiben, Du solltest mal den Herrn Hauptmann fragen, ob er keine Puppen, Schokolade und Klümpchen hätte. Die solltest Du ihr mitbringen, dann wollte sie auch immer artig sein.
Hast Du auch gehört, daß die Schlacht in Flandern beendet ist? Wir müssen acht Tage flaggen.
Mach weiter so und sorge Dich nicht um uns. Wir halten fest und treu zusammen, bis der Sieg unser ist.

*

14. Juni 1940

Meine Lieben!
Nun haben wir mal 'nen harten Tag hinter uns. Aber schön war's doch. Leider ist es schon wieder neun Uhr und ich habe noch Stubendienst. Da ist man doppelt eilig. Viel Neues gibt es nicht heute.

Wir haben Ausgehrock und Schirmmütze heute bekommen. Gehen wahrscheinlich aber erst am 3. oder 4. Sonntag aus. Jeden Tag werden besonders die Verheirateten vor den Mädchen gewarnt. 1/3 soll geschlechtskrank sein, 1/3 hat uneheliche Kinder und der Rest sei nichts Gescheites. Sie laufen den Soldaten nach wie zuhause die Soldaten den Mädchen. Das käme aber von der sturen Bevölkerung. Ja, so sind die Leute verschieden. Und dann sind die Leute so doll und schicken hier die Rekruten aus dem Rheinland hin.
Na ja, es ist gut, daß ich versorgt bin. Hat man da doch schon mal keine Sorgen drum. Viele unverheiratete Kameraden haben wir nicht. Sonst ist das Städtchen sehr schön. 20.000 Einwohner, 3 Kasernen (1 Inf. 1 Kav. und 1 Fahr-Ersatz).
Heute waren wir von 2-4 raus zum Baden und Sport, im Turnzeug. Das Baden war am schönsten. Da kommandierte wenigstens mal keiner. Sonst ist der ganze Tag fast nur aus Laufen und Stehen zusammengesetzt.
Feierabend. Morgen weiter.- Hoffentlich geht's bald mal besser. Mir tun Hühneraugen weh und Füße. Morgen sollen wir Fahren und Reiten, und Gewehr und Schießlehre. Bis jetzt haben wir noch kein Gewehr. Also gute Nacht.

6.6., abends 8 Uhr

Meine Lieben!
War heute mal wieder ein ganz heißer Tag. Hier ist das schönste Heuwetter. Wie kommt Ihr überhaupt zurecht? Habt doch sicher dauernd zu tun. Wir auch. Heute haben wir Gewehr und Seitengewehr bekommen. Das gibt aber schon wieder mehr Arbeit und mehr zu lernen. Ich habe dabei großes Glück gehabt. Bin in der 5. Gruppe zu 10 Mann, und unser Unteroffizier merkt sofort, wer aufpaßt und sich Mühe gibt. Er fragt mich überhaupt nichts mehr und sagt: »Daß Sie's können weiß ich«, und sowas ist schon sehr viel wert. Wenn nur nicht die verdammte Lauferei dabei wäre. Mir tun die Hühneraugen und Fußsohlen so weh. Aber man muß auf die Zähne beißen und denken »es muß gehen«. Stiefel habe ich gute, ausgetretene. Gehen bis an die Knie, richtig lange Reitstiefel.
Bekommt Ihr Post von unseren Soldaten? Schickt mir's bitte nach hier. Ich habe an alle geschrieben.

Wie ist es eigentlich im Westen? Wir hören hier fast nichts. Höchstens im Unterricht, wie gestern, daß die Schlacht in Belgien zu Ende sei, und so viele Gefangene gemacht wären.
Ich habe heute mal mehr Zeit zum Schreiben. Aber es gibt eine kurze Nacht. Um 5 und halb 10 ist Antreten zum Nachtmarsch. Wie lang weiß ich nicht, dann um 6 Uhr früh Wecken.
Na ja, vom zivilen Leben weiß man nur noch, daß man verheiratet ist und eine liebe Frau und Kind und Mama hat. Aber denkt nur nicht, ich wäre es leid. Schwer ist der Dienst für jeden. Aber mir macht es Spaß. Wer sich anstrengt, für den ist's ganz schön. Böse aber für die Doofen und Bockbeinigen, dann auch für uns. Wenn die Leute mal nicht aufpassen. Dann heißt es: »Knie beugt, Gewehr in beide Hände ausgestreckt und 50 Meter in Kniebeuge hüpfen!« Na, ich mach's Euch mal vor.
Im nächsten Päckchen schickt mir bitte 'ne ordentlich Portion geschnittenen Schinken und ein Stück Speck. Wenn's geht auch 'ne Portion Marmelade und 'ne große Ausgabe »Soldatenkuchen«. Für morgens habe ich fast immer nur Brot zu essen. Wenn Ihr noch 2 Pfund Butter die Woche bekommt, könnt Ihr auch ein halbes Pfund dazu packen. Denkt doch sicher jetzt, ich bekäme nicht satt hier, wohl? Aber so ist's nicht. Nur für morgens und abends gibt's zu wenig für auf's Brot zu tun. Ein halbes Mangbrot ist auch nicht übel, und Zigaretten nicht vergessen.
Allem Anschein nach bleiben wir nicht mehr lange hier. Kann sein, daß wir schon in 5 Wochen an die Front kommen. Mir soll's recht sein so. Es geht mir dabei auch wie anderen, die sagen, ich kann wie sie später sagen: »Ich war auch in der größten Zeit des deutschen Reiches mit dabei«.
Ja, wie gesagt, ich, und auch viele andere: wir sind nur noch Soldat. Der einzige Punkt, der drückt, ist eben bei den meisten von uns: Frau und Kind. Aber das, was Millionen andere tun müssen, kann ich auch.
Morgen lernen wir schon schießen. Und dann ab nächste Woche soll wohl der Pferde- und Fahrdienst anfangen. Und dann geht's schnell ins Gelände. Hier von Marienwerder sahen wir noch nicht viel. Was wir bis jetzt davon kennen, ist in der Hauptsache der Kasernen- und Kasernenhofdienst. Und die Umgegend nur aus dem Fenster raus. Unsere Kaserne liegt fast dem Bahnhof gegenüber. Gestern Abend hielt da ein großer Transport Flak-Soldaten an. Alles geht Richtung Westfront.

Am Samstag werden wir schon auf den Führer vereidigt. Grüßen lernen wir auch, und die Anredeformen gegenüber »Vorgesetzten«. Es geht immer in der 3. Person, also: »Haben Herr Gefreiter oder Unteroffizier... u.s.w.«. Es wird eben so verlangt.
Am 2. Sonntag kam endlich Post von zuhause, die so verteilt wird: jeden Mittag zwischen 12 bis 13 Uhr ist unten (wir wohnen ja 84 Treppenstufen hoch) antreten zum Essenempfang. Da muß die ganze Schwadron antreten und abzählen. Das sind so etwa 130-140 Mann. Dann kommt der U.v.D. mit der Post und verteilt. Da kann man dann immer gespannte, frohe und enttäuschte Gesichter sehen. Hoffentlich bin ich nächstens oft bei den frohen Gesichtern. Was meint Ihr?
...
Meine Reisemarken kann ich hier loswerden. Wenn Ihr noch welche davon übrighabt, könnt Ihr sie mir mal mitschicken. Ich bekomme hier ja auch genug Brot, soviel wie ich nur will. Aber es ist eben immer nur Kommissbrot. ... Aber schickt bitte nur dann <u>Brotmarken</u>, wenn Ihr sie auch gut entbehren könnt.
Daß Du tapfer bist und bleiben willst, ist mir eine große Freude. Und daß Mama so tätig ist, freut mich ganz besonders.
Liebe Mama, sorg' Du dafür, daß Ihr drei ein gemütliches, sauberes und schönes Haus behaltet, dann ist's für Euch auch schöner, wenn ich nicht da bin. Geld brauche ich von Euch keines. Morgen gibt's 25 Mark Löhnung, und ca. 40 habe ich noch auf Schreibstube.
Und wenn Du jetzt mal wieder solch 'nen einsamen Sonntag hast, dann nimm bitte Bleistift und Papier und schreib mir ganz ganz viele Briefe. .. Aber in der Woche auch schreiben.
Daß Ihr dort von Feindfliegern nicht gestört werdet, ist ganz gut. Die meisten Kameraden hier erfahren von ihren Frauen von Bombenabwürfen   ader wären über Krefeld und Neuss ge   nze Bahnhof in Neuss sei ein Trümmer
...
Von hier g   ann an die Front. Aber nur von den a   offentlich dauert's mit mir auch nicht   n fangen wir mit reiten an. Von 60 v   et, die anderen lernen Fahren vom Bo   nicht mit bei den 20 bin. Na, auch eg   ben an den Sattel gewöhnen, wenns d
...

Jeder Besuch ist ein Erlebnis

Daß ich immer und sehr viel an Dich denke, kann ich Dir versichern. Aber meinen Dienst deshalb vernachlässigen, Liebling, sowas kommt hier gar nicht in Frage.

Wir sind zu 10 Mann in der 5.ten Gruppe, die von einem Oberfahrer als Ausbilder (Herbert Blumenhofer, ein ganz junger Bursche aus Westfalen) und unserem Unteroffizier Ludwig Fischer (ein lustiger Berliner, in Düsseldorf verheiratet) geführt wird. Fischer nimmt es sehr genau. Wo er aber sieht, daß sich die ganze Gruppe bemüht den Dienst gut zu machen, ist er der beste Kamerad. Ihm ist das ewige »Neulinge« ausbilden auch zum Kotzen. Und wir 10 Mann bemühen uns mit allen Kräften. Es klappt tadellos. Wenn es heißt: »5.te Gruppe, dann sollen nur Absätze und eine Staubwolke zu sehen sein«, nach Uffz. Fischer, und beinahe so ist es.

Gestern hatten wir unseren Ehrentag. Um 6 Uhr Wecken, bis ¼ vor 7 Frühstück, dann Baden und Frühsport. Die Luft war kalt, aber Wasser schön warm. Dann ab 8 Uhr bis halb 11 Anzug in Ordnung machen. »Aber ganz tadellos!« Um 11 im Stahlhelm raustreten zur Vereidigung, die der Abteilungsleiter der Abt. 6, ein Oberst Leutnant Kreuth (Österreichischer Offizier) vornahm. Es war ganz schön. Dann anschließend gab es Mittagessen. Kartoffeln, große Schweinebraten 1/4 Pfund und Fleischsuppe und jeder 2 Flaschen Bier. Um halb 2 raustreten. Marsch durch Marienwerder, im neuen Ausgehrock und Schirmmütze, zum Klein-Bahnhof. 4,5 km freie Fahrt nach Kurzebrack, direkt an der Weichsel, früher polnischer Hafen. Das Zollhaus und Hafenboote mit Wohnhäusern drauf standen noch da. Trotzdem ist hier kein einziger Schuß gefallen, obwohl ganz Marienwerder vom jenseitigen Weichselufer aus etwas höheres Hinterland hat, durch Artilleriefeuer hätte beschossen werden können. Um 3 bis halb 4 war Kaffeetrinken, jeder Kaffee und drei Stücke ganz einfachen Plattenhefekuchen, nur mit dünnem Zuckerguß. Kostete 2 Tassen Kaffee mit Milch ohne Zucker und der Kuchen 0,90 RM.

Wir 10 und der Uffz. saßen zusammen und gingen nach dem Kaffee in die nächste Wirtschaft. Haben da mal richtige rheinische Stimmung gemacht. Das letzte Glas um 1/2 6 wurde vom Uffz. mit uns »auf gute Kameradschaft« getrunken. Dann ging's zu Fuß zurück. Es war sehr warm. 3 Uffz. vorauf. Der Fischer in der Mitte. Er ist so ein richtiger Draufgänger. Dem seine Augen hättet Ihr mal leuchten sehen sollen. Er ist ein Bombenkerl, und brüllen kann er!!! Aber er ist gut. Um 7 waren wir wieder zu Hause.

Heute Morgen 6 Uhr Wecken und alles pieksauber machen für Stubenappell. Gewehr reinigen, Drillich, Spind u.s.w. Es hat aber bei uns alles gut geklappt. Der Beste in der Gruppe ist ein Emil Becker aus Oberbantenberg, Bürokaufmann. Ein ganz heller Kopf. Hat vor 20 Jahren Kinderlähmung gehabt. Er zieht ein Bein nach, ist 2 cm kürzer geblieben. Emil ist Freiwilliger, wird hier hoch anerkannt und oft den anderen, diese Woche sogar vom Oberleutnant, Führer der 1. Schwadron, den anderen als Beispiel vorangestellt.
Unser Stubenältester ist auch gut. Ein netter ruhiger Westfale, er liegt jetzt im Bett und schnarcht. Hilft sonst überall und sorgt für alles auf der Stube.
Jetzt ist es 10 vor 4 Uhr. Ich habe bald wieder Hunger. Der Kaffee ist auch schon da. Mittag war wieder gut: Kartoffeln, Kalbfleisch, Sosse und Pudding. Heute gibt's dann mal 150 Gramm Jagdwurst und satt Brot, 80 Gramm gute Butter. 3 Mann sind am Skatkloppen.
Heute bekamen wir jeder 'nen Gutschein für 1 Tafel Schokolade, für 29 Pfennig in der Kantine abzuholen. Ich habe einen Brief an Jenny geschrieben und schicke die Tafel mit dem Brief im Koffer mit. ...

11. Juni
Wenn der Dienst nicht so streng wäre, gingen die Tage doch langsam um. Aber so hat man kaum noch Zeit an seine Lieben zu denken. Es ist schon wieder halb 9 Uhr abends. Ab 9 darf nicht mehr geraucht und geschrieben werden. Nun den Tagesablauf von gestern und heute:
Also die ganze Woche um 4 Uhr Wecken, 4.45 Stalldienst, 6-8 Reiten. Ja, und da ist der wunde Punkt bei mir. Ich habe heute Morgen, obwohl ich Spitzenreiter bin, den Herrn Leutnant gebeten, mich doch aus der Reitergruppe raus zu tun.
Ich kann Euch nur sagen: Ich komme sehr gut zurecht, auch mit den Vorgesetzten und als Fahrer bin ich, wenn wir da mal drankommen, bestimmt nicht der Schlechteste.
Gestern Nachmittag waren wir zum Schießstand. Habe gut abgeschnitten: 10, 10, 11, und jedesmal vor den Anzeigen auch richtig gemeldet. Man muß den Schuß melden, d.h. im Moment des Abschußes angeben, wohin da gezielt wird.
...
Heute Nachmittag hatten wir Geländeausbildung. Das ist auch schön, man lernt doch mal die Gegend kennen, und Spaß gibt's auch. Wir

haben allerdings auch einen sehr guten Unteroffizier. Für den Fischer, glaube ich, ging von unsrer Gruppe jeder durchs Feuer. Er macht so richtig mit. Als wir von der Geländeübung zurückkamen, war's sehr warm und noch früh. Da kamen wir an einer Wirtschaft vorbei. »Linksschwenk marsch!«, kommandierte der Leutnant und »Gewehre zusammensetzen!«, und wir rein in die Wirtschaft. Da seht Ihr also, wie unsere Vorgesetzten sind. Wir haben ganz furchtbar »Schwein gehabt«. Die anderen habens nicht so schön.
Dann war um 5 Uhr Impfen, und jetzt fängt die linke Brustseite schon an weh zu tun. Nebenan liegt schon einer mit Fieber, hier sind auch verschiedene am klagen. Noch geht's mit mir. Nur, man ist immer ziemlich müde, und froh, wenigstens ich, wenn ich Zeit bekomme, an Euch zu denken.
Heute hatten wir Löhnung, 28 RM, also vorläufig mehr als genug. Für Unverheiratete muß das Soldatenleben doch sehr schön sein.
Heute haben wir jeder eine Kuchenkarte für 350 Gramm bekommen. Auch schön.

...

Von 10 - halb 12 waren wir in der Badeanstalt, das ist auch schön. Ich habe da mal unseren Uffz. wegen Urlaub für die Heuernte gefragt. Er meinte, versuchen sollte ich es auf jeden Fall, wenn's abgelehnt würde, hätte ich nichts verloren, und wenn's gut ginge, wäre es doch sehr schön, ich solle mal zum Schwadronschef gehen und ihm meine Verhältnisse schildern. Ich müßte dafür aber einen Beleg vom Orts- bezw. Kreisbauernführer und Bürgermeister haben. Also sprich Du mal mit dem Wirths Karl. Ganz kurze Schilderung: Du allein mit 5jährigem Kind, Mama 59 und kann nicht mehr viel. Antrag befürworten und stempeln lassen. Ob ich nicht für 8 Tage beurlaubt werden kann... Das dann mit Eilbrief an mich schicken...
Hier aus der Inf. Kaserne ist diese Woche einer aus dem 4. Stock aus dem Fenster gefallen, hinterläßt Frau und ein Kind. Ein Stubenkamerad hat geholfen, ihn ins Krankenhaus zu bringen, war aber schon tot. So was ist auch hart für die Angehörigen.

...

Morgen früh haben wir wieder Scharfschießen, nachmittags wieder Geländeübung. Bin gespannt, wann und ob ich ans Fahren komme. Die Reiterei gefällt mir jetzt gut. Mein Hintern hält's schon aus. Reiten ist immer noch besser als zu Fuß laufen.
Hier auf der Bude ist manchmal allerhand gefällig. Wir haben eine gute Strafkasse: jeder, der was auf die Erde wirft oder was vergißt,

bezahlt einen Groschen; auch wer ein Päckchen oder dreimal am Tag Post bekommt, zahlt.
Gesundheitlich geht's mir sehr gut.

23. Juni 1940

Hoffentlich ist der Krieg nun bald zu Ende, und es werden nicht mehr so viele Wochen vergehen.

Unser Oberleutnant sagt jetzt selbst, daß die Essensportionen zu knapp seien, um große Leistungen von den Leuten zu erwarten. Deshalb müßte Gelegenheit gegeben werden, daß jeder sich was hinzu kaufen könne. Da seht Ihr, wie es hier bestellt ist. Hungern braucht aber bestimmt keiner, nur es ist eben Krieg und da ist die Kost sehr einfach und wenig bzw. gar keine Abwechslung.

Danach: Es war mal wieder sehr gut: Fleischsuppe, Kartoffeln, Soße, Salat und ein großes Kotelett. Schmeckte wirklich 1a, und ich bin dicke satt geworden.

Nun mal erst wieder Tagesverlauf. Also: ich bin krank. Jawohl. Beim Sport, Schleuderball, habe ich mir den linken Zeigefinger verstaucht, abends war fast die ganze Hand steif und tat weh. Bin sofort nach der Befehlsausgabe, wo ich für Sonntagnachmittag bis Montagnachmittag zur Stallwache eingeteilt wurde, zum Revierarzt gegangen und hab mich krank gemeldet. »Verstauchung des linken Zeigefingermittelgelenkes«. Bin jetzt »Innendienstfähig mit der rechten Hand«.

...Kühlverband mit Essigsaurer Tonerde, und zum Innendienst gemeldet. Da haben wir von 8-12 im Kellerzimmer schön weich auf Decken gelegen und geraucht und erzählt.

Nachmittags wieder Revier- und Stubenreinigen und Putz- und Flickstunde. Ich mußte, Hand in der Armbinde hochhaltend, auf 5 Mann aufpassen, daß die den Hof vor der Eingangstreppe sauber machten. Danach Drillich waschen u.s.w. Habe mir von anderen helfen lassen. Abends wieder aufs Revier, d.h. Krankenstube. Dabei hatte ich wie allemale Turnschuhe an. Der U.v.D. sah mich, wie ich wiederkam, brüllte mich deshalb an. Die Turnschuhe sind nur für den Dienst da, und er schrieb mich auf.

Heute Morgen war dann Appell in Waffen und Drillich. Um 10 Uhr. Ich hatte alles sauber. d.h., für Menschenbegriffe, die sind anders als die eines U.v.D. und Spieß. Um 10 Uhr mußte ich auch auf dem Revier sein zum Verbinden. Kam also am Appell vorbei und habe jetzt freien Ausgang in die Stadt.

Viele andere müssen jetzt gleich um 3 Uhr wieder mit sauberem Drillich antreten. Um 4 Uhr müssen sie Pferde tränken, 6 Uhr füttern, 8 Uhr nachfüttern. Also so geht es, wenn man hier auffallen soll. Na, ich habe jedenfalls nichts gehört und gehe gleich spazieren. Wenn auch mit verbundener Hand. --

25.6.
Halb 11 morgens, noch immer krank. ...und unser Fourier-Uffz. ist ein »14 halb jähriger« (Berufssoldat), mit dem man sich tadellos unterhalten kann. Junge, das ist eine Marke. Gestern mittags nahm er uns zu 4 Kranken mit, 2 leere Koffer zur Post zu bringen. Anschließend wurde uns dann so'n bißchen von Marienwerder gezeigt, aber richtig. Zu essen haben wir dabei auch bekommen und reichlich zu trinken. Um 6 Uhr mußten wir wieder in der Kaserne sein. Der Uffz. meinte aber, es wäre noch zu schön. Er ging ans Telefon und rief den Spieß an, wir könnten noch nicht kommen. Hätten noch zu viel zu tun. Mittlerweile war dem Uffz. seine hiesige Frau dazugekommen. Sie ist 28 Jahre alt, hat ein 12jähriges Mädchen und ist seit 5 Monaten verheiratet. Ihren Mann, ein Rheinländer, hat sie hier in der Kaserne kennengelernt und nach 14 Tagen schon geheiratet. Jetzt ist er an der Westfront, und sie schaffte sich hier Ersatz. Aber so sind die Frauen heute hier alle. Ich kann so was nicht begreifen und bin froh, daß es meine Frau nicht so macht.
Um 1/2 7 waren wir alle wieder in der Kaserne. Der Uffz. war um 8 Uhr wieder raus gegangen. Bestellte mir eben schöne Grüße von der Frau. Ich hätte ihr gut gefallen und sollte ihr mal ein Kommissbrot bringen. Sie würde mir ein Weißbrot dafür geben. Na, Selma, keine Sorge. Weißt ja, wie ich bin und daß mir an solcher Unterhaltung wenig liegt.
... Daß Euch die Nachbarn so schön helfen, freut mich sehr. Da weiß ich doch wenigstens, daß Ihr beide nicht mit aller Arbeit allein da steht ...
Wieder eine Impfung, und zum ersten Mal abends bis 10 Uhr Ausgang, aber: »Wehe, wenn die Bude heute abend oder morgen früh nicht tadellos sauber ist!« Ja, die haben einen dauernd in der Hand. Heute können wir raus, und wenn der U.v.D. was findet, müssen wir Sonntag hierbleiben. So ist das eben bei den Preußen. Immer und alles ist nur Dienst und wieder Dienst. Junge, wenn hier die Bayern, die wir im Winter als Einquartierung bei uns hatten, mal hinkämen, ich

glaube, denen würden schwere Stunden und Tage bereitet, so betr. Ordnung und Sauberkeit.

Mittags vor der Essensausgabe Finger vorzeigen, ob sie sauber sind, und Kochgeschirr, Schuhe/ Stiefel müssen bei jedem Antreten picko bello sein. Er berichtet, daß er sich neue Stiefel geholt habe und bisher noch keine wunde Stelle an den Füßen hatte. Die meisten anderen hätten Löcher, es gebe viele Fußkranke.

Einquartierung 1940 – unten links stehe ich

27. Juni 1940

Heute 1 Tag und 6 Jahre, nachdem man uns für immer zusammengetan hat ... Junge, wie haben sich die Zeiten verändert. Wie weit sind wir doch jetzt voneinander entfernt und wie lieben wir uns jetzt trotzdem. Denkst Du noch daran, wie wunderschön mein 22. Geburtstag war? Und weißt Du, wie armselig ich meinen 28. verbracht habe?

Vorgestern hieß es noch, wir kämen in 14 Tagen alle hier weg und als Besatzungstruppen nach Belgien oder Frankreich. Aber da ist heute nichts mehr von wahr. Im Gegenteil, es heißt jetzt z.B., neue

Rekruten kämen keine mehr hierhin... Ich wünsche mich jedenfalls so schnell wie möglich von hier weg. Egal wohin. Am liebsten aber wäre es mir, wenn ich in 8 Wochen nach Dir entlassen würde. Wer weiß, ob bis dahin der Krieg nicht schon zu Ende ist.

Marienwerder, Hochmeister-Kaserne,
Sonntag, 30. Juni 1940, 2 Uhr

Nun ist also der 5. Sonntag schon gut halb um. Vom Urlaubsantrag ist bis heute noch nichts zu hören...
Die Tage bestehen von der Minute des Weckens bis zur Befehlsausgabe abends 6 Uhr nur aus einer wilden Hetze. Vor halb 7 sind wir kaum auf der Stube. Und dann hat alles Kohldampf. Die Waffen müssen gereinigt werden, Stiefel und Schnürschuhe blankmachen, Drillich- bzw. Reitanzug sauber machen. Je nachdem nun der Tag und Dienst war, kann man um 8-9 fertig sein. In der Kantine bin ich jetzt in den vier Wochen nur einmal zum Feierabend gewesen. Zur Ruhe kommt man hier nur nachts, und die Nächte sind immer viel zu kurz. So mußten wir Freitag um 9 Uhr im Bett sein, und 1 Uhr raus zur Nachtübung. Um 2 ging's ab, um 7 waren wir wieder hier. Eine halbe Stunde Frühstück, dann bis 11 Uhr Pferdeputzen. Danach Revierreinigen und von 2-4 Bettruhe. Das war auch Dienst. Nach 4 Uhr ging's ans Waschen und Putzen. Sonntags Morgens ist immer Appell und irgendetwas. Heute war's in Schnürschuhen und Waffen. Wer dabei auffällt, darf nicht rausgehen und hat bestimmt bis 8 oder 9 Uhr Arbeit, und wenn er sich die ganze Zeit im Stall an den Wänden vorbeidrückt. Es ist für den betreffenden dann eben Dienst.
...

2. Juli 1940

Junge, ich bin doch heilfroh, daß wir unsere Bauerei nicht hier oben haben. Ist das eine armselige Landgegend hier. Du kannst Dir so was gar nicht vorstellen.
Für mich ist es immer sehr schön, wenn Du mir von der Arbeit, die Du getan hast, schreibst. Dann bin ich immer wieder stolz auf Dich, ... daß Du mir allein gehörst. Wären wir doch bloß mal wieder zusammen. Sag meiner bzw. unsrer Jenny bitte, daß ich ihr gerne was schicken würde, aber vorläufig geht es noch nicht. Ich weiß nicht was. Sie soll immer artig sein, und wenn ich nach Hause komme, will ich ihr auch viel mitbringen.

10. Juli 1940, abends halb 8
Der Antrag auf Ernteurlaub wurde abgelehnt. Ständige Truppentransporte und Gerüchte, aber alles im Unklaren. Drill wie bisher, daneben ständige Impfungen gegen Scharlach, Typhus, Pocken u.a. Überwindung der Müdigkeit, Kriechen und Robben im Sand, aber: »Dafür sind wir ja Soldaten.«

18. Juli 1940
Seit sieben Wochen von zu Hause weg.
Heute Nachmittag sind die anderen nochmal sehr scharf geschliffen worden. Junge, das ging vielleicht auf und nieder. Kriechen mit Händen auf dem Rücken und Hüpfen und dann im 20 bis 30 cm tiefen Sand in der Reitbahn. Ich war jedenfalls froh, daß ich im Stall war und zusehen konnte.
Gestern war Wiegen, ich habe jetzt 152 Pfund nackt, vor 7 Wochen 150. Also seht Ihr doch, daß es mir nicht sehr schlecht ergangen ist. Es ist mir auch bis jetzt noch nichts zu schwer geworden. Wenn auch die ersten drei Wochen sehr hart waren... Es ist manchmal verdammt hart bei den Preußen. Aber trotz allem ist es mir so lieber. Man ist wenigstens auch äußerlich ein schmucker, sauberer Soldat, und wer's nicht ist, der wird es schnell oder er hat viel auszustehen. Wo ein Wille ist, ist auch ein Weg. Das bewahrheitet sich hier...
Wenn ich mir hier so den ganzen Kram betrachte, dann bin ich doch froh, daß ich Bauernblut in den Adern habe. Junge, so doof wie sich hier mancher bei den Pferden und im Umgang damit stellt – man kann's manchmal nicht begreifen. Aber die meisten hier sind vom Niederrhein, so halbe Holländer. Die wissen alle nicht, ob es nun mich oder mir, Dich oder Dir, heißt. Die Offiziere und Uffz. lachen da auch immer drüber.

Sonntag, 21. Juli
Nachmittags nochmal Extra-Stubendienst, weil die Betten alle nicht gut genug gemacht worden waren, morgens. Und: »Wenn die Herren mal schlechte Laune haben...«.
Ja, es macht jetzt keinen Spaß mehr. Neues lernen wir nicht mehr, nur Wiederholung...
Mit dem Urlaub – ich glaube nicht mehr dran...

Viele sind von den Verheirateten, die fremdgehen. Ich gönne es denen, aber Achtung habe ich keine mehr vor ihnen. Sie bekommen ja vielleicht was Billiges zu essen oder sonstwas. Ich will lieber drauf verzichten. Und dem Mädel zu tief in die Augen sehen kommt gar nicht in Frage. Das besorgen schon andere genug.
...
Wenn der Krieg für uns alle gut abläuft, kriegen wir doch das Auto, und dann wollen wir, wenn unsere liebe Mama noch gesund bleibt, auch mal zusammen ein Stück Deutschland bereisen. Man muß doch immer an die <u>schöne</u> Zukunft denken, dann hat alles viel mehr Zweck, und man hat auch Freude am Leben. Ja, wenn ich mir das, mein Soldatenleben, so richtig bedenke, dann ist es doch wahrhaftig wunderschön, Soldat zu sein, und dann noch in so einer großen Zeit wie heute. Ecken und Kanten, an denen man sich stößt, gibt's ja überall im Leben. Nur, viel schöner muß es sein, wenn man frei und ungebunden wäre. Aber das ist für mich ja doch Gott sei Dank keine Last, sondern eine große Freude, weil ich eine liebe Frau und ein gutes, schönes Zuhause habe, an das ich immer denke. Hoffentlich seid Ihr beide, Mama und Du, noch gesund. Jenny ist doch Papas liebes Kind, wohl? Liebe Jenny, sei immer recht lieb und artig und höre schön, was die Mama und Oma Dir sagen. Dann machst Du denen wenig Arbeit und Deinem Papa viel Freude.

»Ich mööt zoo Foos no Kölle jonn« wird hier viel gesungen. Ich ginge jedenfalls noch nicht sofort los. Das gäb doch noch manchen Schritt zu machen. Aber wir wollen hoffen, daß wir uns bald wiedersehen. Grade so gut kann's aber auch sein, daß es noch lange dauert. Fast jeden Tag werden von hier welche abgeschickt, und alle gehen nach Dänemark. Und da sollen wir, so sagte mir gestern der Fourier, alle hin, zum Einsatz nach England. Also wißt Ihr, was uns noch bevorstehen kann?

Bestimmtes läßt sich aber gar nicht sagen. Also nicht zuviel von dem sprechen, was ich Euch darüber schreibe. Es gibt hier bald jeden Tag eine neue Sch...haus-Parole. Heute brachte einer mit, bis zum 5. August wäre hier alles weg in Richtung Heimat, wahrscheinlich nach Düsseldorf.

Langweilig wird es mir nicht, wenigstens äußerlich. Innerlich habe ich, wenn ich so rausgehe, immer Langeweile. Ich bin ja immer so allein. Es ist doch wunderschön, wenn man so ganz ruhig an seinen Liebling denken kann, ohne Sorge, es könnten mal schwache Stunden der Versuchung kommen. Na, Selma, hier sind ja übrigens genug junge Mädchen, auch Frauen, die nur drauf warten, daß man sie anspricht. Die sind sofort für alles zu haben. Aber ich glaube, das macht auch viel, daß hier immer Soldaten gewesen sind. Jedenfalls, das kann ich Dir versichern... na, mich kennst Du ja.

Mein Vater im Ausgehanzug und mit Rad

*

25. Juli 1940
Mit zwei Nachbarinnen war ich am Sonntagabend an der Talsperre und habe zum ersten Mal feindlichen Fliegerbeschuß aus der Ferne gesehen, die einzelnen Granaten konnte man verfolgen, weit weg. Später war Geschützdonner besser zu hören, ist doch eine gruselige Angelegenheit, so nachts auf der Talsperrenmauer mit den zwei Flaksoldaten.- (Flak= Fliegerabwehrkanonen)

Ich mußte mit, Kartoffelkäfer suchen. Im Wald Himbeeren gepflückt. Zum Thema »Fremdgehen« sage ich: Es ist eine lange Prüfung, aber ich glaube, daß wir sie bestehen.

*

25. Juli, abends

Ich muß noch Turnzeug, Hemd, Hose, Badehose und Schuhe waschen. Morgen ist Appell.
Die Stallwache hat gut geklappt, dadurch bin ich heute Morgen am Pferdeappell vorbeigekommen. Das heißt vier Stunden kein Pferdeputzen und auch keine Gefahr für Strafstallwache.
Wir haben jetzt einen ziemlich dollen Dienst. Viel zu Fuß exerzieren und im Gelände Krieg spielen. Mit dem »von hier wegkommen« ist auch wieder »Kappes« geworden.
Die nächsten Wochen sollen noch viele Geländeübungen gemacht werden. Also dauert es noch Wochen. Eigentlich könnten sie uns ja alle nach Hause schicken, aber dafür sind wir noch zu jung. Sehr viele alte Soldaten, so bei 40 Jahren, sind diese Woche von hier nachhause entlassen worden. Junge, wenn man die so abschieben sieht, den Koffer an der Hand, dann möchte man doch gerne mit... Ich werde schriftlich nochmals einen Urlaubsantrag stellen, mündlich nutzt es gar nicht, hörte ich.

27.7.1940

... und nun zuerst vielen Dank für Jennys schönen Gruß. Es geht also doch, daß Jenny auch nochmal das Schreiben probiert. Aber die Mama hat doch sicher feste mit anpacken müssen. Jenny, wie ist es denn, kannst Du auch mal was ganz allein schreiben? Oder geht's nicht mehr? Nächstes Jahr mußt Du ja schon in die Schule. Und da ist es besser, wenn Du jetzt schon tüchtig lernst. Wenn es mal wieder Winter ist, werde ich wohl wieder bei Euch zuhause sein, und dann lernen wie beide nochmal zusammen, wohl?

29.7.1940, 20 Uhr

...
Samstag sollen wir die letzte frische Unterwäsche erhalten, und dann alle noch diese oder nächste Woche von hier weg kommen als Fahrer

für Aufräumungsarbeiten in Frankreich. Na, mir ist alles egal, was es mit uns gibt. Wenn ich nur Urlaub bekäme.
Ich hatte einen schönen Sonntag. Erstmal hatte ich mir am Samstag 'ne neue lange Hose geholt und bin damit rausgegangen. Da fühlt man sich bald wieder wie ein Zivilist, und vollends wenn man dann das Koppel abtut und tanzt. Ja, gestern habe ich nochmal getanzt. Es war einfach herrlich, nach so langer Zeit nochmal einen Walzer zu drehen. Wie das kam? Aus dem Kino gingen wir zu zweit in eine Wirtschaft, Zigaretten, ein Stück Schokolade und ein Glas Bier. Dann in ein Kaffee, wo es sogar »fast« reinen Bohnenkaffee gab, und da weg zum Kirmesplatz. Es ist doch allerhand, wie doll hier die Mädchen sind. Wir standen da zu vieren ca. 1 1/2 Stunde auf dem Platz, und das hättest Du mal sehen sollen, wie wir da von den Mädchen umkreist wurden. Immer rund so ein paar Meter Abstand um uns herum. ...und bin dann allein abgehauen. Siehst Du also, daß ich Dir unter allen Umständen treubleiben will und auch kann. Aber schön ist's doch, wenn man nochmal tanzen kann und was Weibliches an der Brust hat. Wenn Du es nur gewesen wärst. Aber wollen hoffe, daß das auch bald wieder kommt. Junge, man bekommt dann doch Sehnsucht nach der Liebsten...

Mein Vater (ganz links) mit Kameraden in Frankreich

31. Juli 1940
....schlechte Aussichten auf den beantragten Urlaub. Ich würde so gern nochmal richtig mit anpacken bei Euch bei der Ernte. Hier das ewige Einerlei wird einem doch langsam leid. Und vollends wenn ich an Euch und alle Arbeit denke. Hier steht man so rum und drückt sich soviel wie eben möglich. Gerade erzählt ein Gefreiter, daß hier der ganze Kram nur am Spieß läge. Der ist so richtig einer- was man sich bei dem Namen »Spieß« denkt. War früher ein ganz kleiner Briefträger, und da könnt Ihr Euch denken, wie der sich hier aufspielt. Mehr wie Leute anschnauzen kann der überhaupt nicht. Alle, die hier sind, auch Uffz. klagen drüber. Man muß sich hier eben mit allem abfinden und immer auf dem Posten sein. Und dafür sorge ich für meine Person schon.

Karte vom 28.7.
...gestern sind wieder 22 Mann abgefahren, nach Paris. Wenn ich da auch mal bei sein könnte, aber noch lieber wieder nachhause! Heute bin ich den 9. Sonntag hier.

2. August, 21 Uhr, Postkarte
...Ich fragte eben einen Uffz., der sagte, morgen ging ein Transport ab nach Nantes an der Loire in Frankreich. Vielleicht bin ich nun dabei: ich freue mich ja sehr darauf, aber ich weiß auch, was uns noch viel lieber wäre. Ihr auch? Wenn möglich, schreibe ich von unterwegs Karten. Jedenfalls komme ich noch grade früh genug von hier weg: nebenan sind nämlich Wanzen! Und nun ran an die Front.

3. August, viertel vor 7
Wir sind zu 3 Mann am Spind räumen und Zivilsachen aufräumen. Was ich übrighabe, schicke ich also weg. Es gehen im Ganzen 20 Mann von der 1.Schwadron, und wie mag es uns dann wohl ergehen? Nach dem, was wir bis jetzt hörten, wohl nach Südfrankreich. Schlechter wie hier werden wir's ja wohl kaum bekommen, aber gefährlicher- aber dafür sind wir ja Soldaten. Wer hätte das gedacht? Eigenartig ist mir nur, daß wir fast alle 20 einen Antrag auf Ernteurlaub gestellt hatten. Jedenfalls soll ich nun wohl etwas länger ausbleiben, als wir uns das wünschten.

Westfalen, 3.8.1940, halb 9
Wir sind in Hamm, so nahe der Heimat und doch noch so weit. Gerade durchfuhren wir gefährdetes Gebiet. Hier in Hamm steht die ganze Luft voller Fesselballons, hundert kann man zählen. Die Reise geht jetzt doch viel schneller und schöner als vor 8 Wochen. Trotz allem ist die Reise schön. Wir sitzen zu 7 in einem Abteil und lösen uns mit Schlafen ab, jeder 1 oder 2 Stunden. Es herrscht jedenfalls Kameradschaft hier. Und jetzt rollt der Zug wieder an, immer westwärts. Lecker gefrühstückt habe ich vor und hinter Bielefeld. Es ist doch schön, so durch die Welt gefahren zu werden. Aber wieviel schöner wäre es, wenn ich nach Hause fahren könnte. Es rollt wieder nach Westen.

4.8., Ansichtskarte, Braine-le-Comte
Wir sind auf dem Weg nach Paris, in Brüssel haben wir geschlafen. Was sagt ihr jetzt. Ist doch traurig, schon wieder so weit weg zu kommen.

5.8.1940, Südfrankreich
Nun sind wir hier angekommen. Es war eine wunderschöne Reise nach hier. Leider ging es von Paris sofort weiter. Mit 100 km-Tempo gings nach hier. Hier ist es ganz schön. Ich kann bald fließend französisch, werde Dolmetscher. Es geht mir sehr gut.

Südfrankreich, 7. August 1940
... nach einer herrlichen Reise, fast quer durch Europa 3.000 km, sind wir gestern abends 6 Uhr an unserem Bestimmungsort angekommen. Ich habe auf dem ganzen Weg Notizen gemacht und will, wenn ich viel freie Zeit habe, Euch einen schönen, ganz langen Reisebericht schreiben. Es war wirklich herrlich, eigentlich noch schöner. Das gönnte ich Dir auch mal, so 'ne Weltreise zu machen. Bei 100–110 km pro Stunde, und dann teilweise in 1. Klasse. Polster mit schneeweißen Spitzenbezügen. Sowas Schönes kannst Du Dir überhaupt nicht vorstellen. Wenn... ja, wenn ich bloß vorher nochmal nach Hause gekonnt hätte. Aber alles kam ja so plötzlich.
Am ersten Tag bis Brüssel, 2. Tag abends in Paris, leider ohne Aufenthalt weiter, um 4 Uhr nachts waren wir in Nantes. Da blieben wir

bis mittags liegen. Dann ging's weiter bis La Rochelle am Atlantischen Ozean. Da übernachtet, und gestern sind wir dann bis Poitiers gefahren. Von da wurden wir mit Autos abgeholt. Wir waren noch 19 Mann, ein Mann ist in Paris abhanden gekommen. Die anderen 35 Mann von der 3. Schwadron, die noch mitfuhren, verließen wir in Nantes. Wohin die kommen, wissen wir nicht. Genau so wußten wir auch nicht, daß wir hierher kamen. Wir 19 waren allein ohne Führer. Und jetzt sind wir hier in einem kleinen franz. Dorf, »Dissay«, bei einer Fahrkolonne. Und was glaubst Du, was für Kameraden hier sind? Fast alles Bayern, »Isch scho guat!« Das hat uns grade noch gefehlt. Jedenfalls sind wir nicht an einen schlechteren Ort gekommen als Marienwerder. Wir haben schon viel lachen müssen, so anders und viel gemütlicher geht das hier zu als in der Kaserne. Gestern waren wir mit im Dorf. Seit die Bayern hier sind, gibt's hier Bier, alles Flaschen, und die saufen ja bekanntlich alle. Da soll ich nun wohl auch mal drankommen. Die Flaschen kosten 12 1/2 Pfennig und sind fast 3/4 ltr. Ich habe gestern Abend drei Flaschen getrunken, also 37 1/2 Pfennig. Und da konnte ich's schon gut spüren. Die Bayern machen genau so Krach wie damals unsere Einquartierten.
Wenn wir mal mit der Bahn wegfahren dürfen, haben wir nur 50 Schritte bis zum Bahnhof, direkt an der Hauptstrecke Nantes-Orléans-Paris. Es kommen viele Züge hier vorbei, meistens D-Züge. Abends um 11 ist Zapfenstreich.
Die günstigste Gelegenheit für Kaffeebohnen habe ich leider, leider verpaßt: in Nantes waren noch genug zu kriegen, zwei Pfund für 1,60 Mark. Aber da sagte man uns, wir könnten überall noch kaufen, und da haben wir's gelassen, nur um nicht soviel Gepäck schleppen zu müssen. Und jetzt sagen uns die hier, hier brauchten wir gar nicht dran zu denken. So ein Mist, was? Es tut mir so leid für Euch, aber was will ich machen? Ich hoffe ja, daß es mir noch gerät, aber wer weiß.. Schicken dürfen wir nur vier Päckchen, je ein Pfund im Monat. Ihr dürft mir nur ein Halbpfundpäckchen schicken. Schwerere würden an der Post nicht angenommen. Mit Rauchwaren sieht's so aus wie mit Kaffee: in Nantes hätte ich für 10 RM deutsche Zigaretten kaufen können, in der Kantine.. Und hier kriegt man nun keine mehr oder wenige schlechte französische Zigaretten.
...Wir kriegen hier auch pro Tag 1 RM, 17 RM habe ich noch. Schicken dürft Ihr mir kein Geld.
Hier in Frankreich sind Frauleute, eine ist noch schöner wie die andere. Aber alles ist bemalt und angestrichen, von Natur keine Spur.

Aber mich kann's nicht reizen. Ich weiß ja, wer mir gehört und wem ich was versprochen habe. Also – wenn es noch so schlimm ist, deswegen mach' Dir keine Sorgen. Wir werden ja ständig gewarnt in Beziehung Verkehr, was zu kriegen ist. Ich glaube, das ist beim Kommiss die Hauptsache. Aber ich habe kein Interesse.

9. August, 20.40 Uhr, Dissay
... fast alle, die versetzt wurden, hatten als Bauern Ernteurlaub beantragt. Es ist leider so. Die Kameraden, die hier sind, haben alle schon ein Jahr um und warten auch auf Urlaub. Und die meisten davon sind auch Bauern, und viele haben 1914-18 noch mitgemacht. Da können wir Jungen doch nicht gut was verlangen. Hoffnung besteht nur noch dann, wenn wir mit gegen England, wahrscheinlich an der französischen Ozeanküste eingesetzt werden und der Krieg dann schnell zu Ende ist und wir vielleicht entlassen werden.
...
Mir liegt heute nichts am Rausgehen. Man kann ja doch nur trinken, und das liegt mir nun mal nicht, so billig das ja ist. Für eine Mark ist man schon richtig besoffen. Soviel kriege ich noch nicht mal auf. Hier ist Stallwache sehr einfach: ich muß auf 9 Pferde aufpassen. 5 stehen zusammen, und die anderen 4 etwa 30 m davon. In Schuppen auf zwei Bauernhöfen. Ich sehe da gleich bei, ob alles in Ordnung ist, und kann mich dann in einer Bettstelle mit Stroh zum Schlafen hinlegen bis morgen früh 6 oder halb 7, wenn der Stalldienst für die anderen anfängt. Heute vertrete ich einen Kameraden im Stall.
10 vor 9 Uhr. Ich sitze neben vier Pferden im Süden Frankreichs und denke an Dich, mitten unter Franzosen. Wer hätte das jemals gedacht? Die Nachrichten vorhin besagten ja, daß scheinbar jetzt schnell mit England Schluß gemacht werden solle.
Na, hoffentlich – je eher der Krieg zuende ist, desto eher besteht die Möglichkeit, daß wir wieder zusammenkommen.
... teilweise neue Wäsche erhalten, als Anzug Reithose, guten Rock, Reitstiefel und neue Sporen, Mantel, Tornister und Wäschebeutel für zunächst 56 Mann. Die Kameraden von der »ersten« standen fertig zur Frontausbildung und sahen uns mit wehmütigen Blicken nach. Unser Stabswachtmeister drückte uns noch allen die Hand und sagte, er führe gerne mit, und wir bekämen's sehr gut. Na, da hat er vollkommen rechtgehabt....

Reiseroute folgt ausführlich, gekürzt so: Halb 4 bis halb 6 warten wir in Marienburg auf den Front-Urlauber-D-Zug. In Polen über die gesprengte und wiederhergestellte Weichselbrücke, Zug überfüllt, Fensterplatz. Viertel vor 7 in Preußisch-Stargard, dort Verpflegung vom Roten Kreuz erhalten, wie auf allen weiteren Haltepunkten. Gegen neun, »man sieht nur Heidekraut, Sand und Kiefern«, nun Schneidemühl. 12 Uhr Küstrin-Neustadt. 1/2 in Berlin-Charlottenburg. 10 vor drei gings über die Elbe. Es ist kalt geworden. Stendal. 5 Uhr Hannover, halb 7 in Bückeburg. Bielefeld-Hamm, sehr viele Sperrballons, auch über dem »Kohlenpütt«.
Waschgelegenheit im Zug, nur kein Wasser. Und wir sind so dreckig. Man sieht wieder ordentliche Bauernhöfe und liest bekannte Namen. .. Geschlafen habe ich nur eine Stunde. Gerade am Flughafen Dortmund, viele Flieger, Munition und Benzinlager, alles gut getarnt. Viele hohe Holztürme, und obendrauf Flakstellungen. - Ruhrgebiet - Wieder viel Flak. Einige Kameraden sahen ihre Heimat, einer sogar aus dem Zug sein Haus - mit Tränen in den Augen.
Duisburg. 11 Uhr Düsseldorf, scheinbar neue Bahnhofshalle wegen Bombenabwurf.
11.15 Uhr über den Rhein. Überall viel Flakstellungen. Mönchen-Gladbach, Rheyd, Erkelenz. Letzter deutscher Ort ist Herzogenrath. Bunker und Stacheldraht. Gleich geht's nach Holland. Mittagessen= Wurst, Marmelade und flüssige Butter. Rasiert und frisch gewaschen mit 1 Becher Wasser.
1.05 Uhr in Holland, es geht nach Maastricht.
Holländer sind teils sehr freundlich, viele winken uns zu.
3 Uhr in Belgien, zerstörter Hafen und Bahn. Wir fahren an der Maas vorbei und sehen das erste deutsche Soldatengrab an der Straße, Kreuz mit Stahlhelm.
Alle Brücken gesprengt, sehr viele Häuser ohne Fenster und kaputte Dächer, arg zerstörter Bahnhof, zerstörter Flugplatz mit Hallen, sehr viele Bombentrichter. Und die schönen reichen Häuser in Stuckarbeit -- alle Häuser nur noch Ruinen, zerstörte Tanks und Schützengräben und zunehmend mehr Soldatengräber. Kriegsgebiete. Wagen mit furchtbaren Granat- oder Bombentreffern, Bombeneinschläge und -trichter an und um Bahnhöfe, Bunker und Gräben und viel schwer Zerstörtes.
Wir fahren nun durch die Landschaft Brabant. Viertel vor 10 in Brüssel, dort aussteigen und in der Kaserne gut geschlafen. Um viertel nach 6 früh ab nach Paris, im Zug mit französischem Eisenbahner

gesprochen. Er erklärte mir unterwegs alles in Französisch. Wir können uns gut verständigen, ich lerne festeweg französisch. Viele Flachsfelder. Kleine Maginot-Linie, aber alles total zerschossen. Viele Bunker und Drahtverhaue. Lille, große Fabriken mit 4.000 Arbeitern, Eisenbahnfabriken, noch erhalten. Später eine Teerfabrik. Dann: es sieht ganz furchtbar aus hier, alle Häuser und Bahnanlagen vollständig zerstört. Scheinbar ist hier ein Munitionszug getroffen worden und explodiert. Haufenweise Granaten liegen noch rum. Alle Häuser kaputt, nur noch Reste. – Viertel vor 2 in Leforst, alles Industrie, aber keine Kriegsspuren. – Später wieder Trümmer, Brachland, Schützengräben, Gräber und Trichter. Gesprengte Brücken und versenkte und verbrannte Schleppkähne.
Es sind uns schon viele Truppen-Züge in Richtung Heimat begegnet, auch ein Flüchtlingszug. Viel Zerschossenes.. Hier war der große Krieg 1914-18 und 1940, Roumilly und Marving. Sehr wenige Ortschaften, Hügelland. Die Leute sind alle weg, geflüchtet. Säemaschinen stehen noch in den Feldern. Und weitere sichtbare Schlachtfelder, auch ein paar tote, faulende Pferde am Bahndamm: »Auch Kriegshelden«. Durch große Weizenfelder, mit Spuren von Tanks und Fahrzeugen, Bombentrichter, zerschossene Wälder, Ausrüstungsstücke und nur noch Häuserreste, überall dasselbe. Trümmer über Trümmer und Gräber. Alte französische Festungen von 1914-18.
Halt in Chaulnes, ein Wagen am Schluß unseres Zuges brennt. Achsenbrand, ist aber nicht so schlimm.
Ein notgelandeter deutscher Flieger, ohne Fahrgestell, sonst noch gut. Soldatenfriedhof von 1914-18. Dahinter eine abgestürzte deutsche Messerschmitt mitten im Feld.
Ebene mit kleinen Hügeln – altes Weltkriegsgebiet. Sehr viele Gräber und Brocken liegen überall herum. – Chartreuse, alte Festungstrümmer und später deutsches Ehrenmal von 14-18 mit Eichenkränzen und Hakenkreuzschleifen.
8 Uhr in Paris Sackbahnhof, viel Betrieb, alle Frauleute sehr geschminkt. – Umsteigen in Untergrundbahn. Wohin? ..weiter in Richtung Orleans, 10 Uhr in Versailles, und weiter mit 100 km Richtung Südwesten. Und jetzt fing der schönste Teil unserer Reise an, 19 Mann allein ohne Führer. Ein Mann ist von Paris bis Nantes verlorengegangen. – Weinfelder...Wir fahren 1.Klasse, zwei Mann in einem Abteil! Im Zuge gewaschen: flüssige Seife, Handtuch und warmes und kaltes Wasser. Wir reisen wie die Fürsten! Es ist herrlich. Eben

Brot und letzten Schinken von zuhause gegessen, dazu unterwegs an einem Bahnhof gekaufte Pfirsiche, dicke Birne, Schokolade und Pralinen und dazu Sekt getrunken. Was will der Soldat noch mehr?
...
Die Landwirtschaft wird hier total extensiv betrieben. Scheunen gibt's hier gar keine, die Frucht und das Heu werden in hohen spitzen Stollen nahe beim Haus aufgestapelt. Dreschmaschinen haben die scheinbar keine. Sehr viele Kaninchen, Tauben und Ziegen. Viel arbeiten tun die scheinbar alle nicht. Pflüge sind aus Holz, so anno 1800... Und Fahrzeuge so ähnlich wie ein Gig, aber viel höhere Räder, sonst Schlagkarren mit 2 m hohen Rädern. Meistens fahren die mit 2 Pferden voreinander. Es ist so ein richtiger Lotterbetrieb. Und das bei bestem Boden, und alles Ebene. Kunstdünger kennen die hier gar nicht.
Am Sonntag habe ich auch mal Kartoffelkäfer gesehen, aber zu tausenden! Das sieht doch trostlos aus. Erst wußte ich gar nicht, was wohl auf den Feldern wächst. Es stehen eben nur noch die Stengel. Kartoffeln können das bestimmt nicht viele geben. Und wie voll die Sträucher hängen, alles voller Larven und Käfer.
Die Bevölkerung ist teilweise freundlich; viele sagen gar nichts. - Gestern Morgen auf Posten kam ich mir bald vor, als wenn es in Deutschland wäre. Die Gegend hier liegt nämlich voll Flüchtlinge aus dem Elsass und Lothringen, und die sprechen alle deutsch. Gingen an unserem Lager vorbei und grüßten mit »Guten Morgen« oder »Tag«. Und das mitten in Südfrankreich! Man kann sie oft gut kennen: die Fraueleute sind meistens blond und ungeschminkt. Franzosen sind alle richtig schwarz, kraus und haben alle knallrote Lippen, und mit viel Parfüm. Mit den roten Lippen, das sieht manchmal ganz doll aus, und dann haben manche Mädchen noch einen schön schmal rasierten Schnurrbart. Könnt Ihr Euch sowas überhaupt vorstellen? In Kleidung sind sie alle tip-top, meistens Seide, viel Ausschnitt und kurz. Es ist alles ganz anders. Fehlte nur noch, daß die auch so aufdringlich wären wie in Marienwerder. Aber das soll wohl die Sprache tun. Die Männer sind fast alle zuhause, sind Soldat gewesen, entwaffnet und nachhause entlassen. Sie sind froh, daß der Krieg für sie aus ist.
Ich fragte mal einen Polizisten in La Rochelle, warum sie so schnell aufgehört hätten zu kämpfen. Da wußte er keine Antwort drauf. Als ich ihn dann fragte, was er meine, wie lange der Krieg noch dauern würde, wurde er ganz lebhaft und sagte, wir Deutsche sollten aus

Frankreich nach Hause gehen und die gefangenen Franzosen und Polen u.s.w. nach Hause schicken. Dann wäre der Krieg aus. Und das sollte denen wohl passen. Aber da denkt ja noch keiner dran. So schön es auch wäre und so gerne alle unsere Kameraden auch zu Hause wären...
Es heißt ja jetzt, viele würden entlassen, alle die Weltkriegsteilnehmer. Hoffentlich bin ich bis zum Winter dann auch mit dabei; es ist nämlich möglich, daß- wenn England vernichtet ist - die Fahr-Ers. Abt. aufgelöst wird, und wir hoffen dann alle auf Entlassung.

*

14. August 1940
Mama leidet wieder häufiger an starken Kopfschmerzen. Heute ist der Grund: die Engländer, die in der Nacht vom 11. zum 12. Stülinghausen bombardierten. Die Flieger haben drei Stunden hier gekreist. Um 2.55 Uhr eine Detonation. Ich sprang aus dem Bett und sah über Rodt Flammen und Qualm. ... und alle Einwohner draußen. Am Wäscheteich bei Winters Garten! Die Hellers Elsbcth hatte einen Granatsplitter unterm Bett. Bei Kölschen war einer durch den Fensterrahmen, durch die Kommode und dahinter in die Wand. In den umliegenden Häusern waren viele Dachziegel und Fensterscheiben kaputtgegangen, allein bei Röwenstrunks 16 Scheiben. Uns ist jedoch nichts passiert. Nur die Sache hat einen Haken: im Lingenberg (etwa 600 m entfernt) liegt noch ein Blindgänger in Schönebergs Busch, und 300 m im Umkreis ist nun alles abgesperrt, und deshalb kann ich nicht mit dem Ochsen zum Pflügen ins Feld....
In den Runkeln und Kartoffeln auf dem Rodt sind allein sechs Brandbomben gefallen und abgebrannt. Schätzungsweise liegen vom Turnplatz bis Schemmen 30 davon. Schaden haben die keinen angerichtet, nur die Rübenblätter sind etwas versengt, und man muß schon ganz in der Nähe sein, um überhaupt etwas davon zu sehen.
Eben höre ich in den Nachrichten, daß seit dem 11. August die Engländer Brandplättchen abwerfen würden. Die sind auch hier abgeworfen worden. Sie brennen bei 14 Grad Erwärmung. Der K. hat sich dadurch den Arm verbrannt. In Griemeringhausen sind viele dieser Dinger abgeworfen worden.
Oft kommen nachts englische Flieger und brausen vorüber. Und unsere Arbeit? Wir tun, was wir können, alles andere lassen wir liegen. Jedenfalls nehmen wir keinen Gefangenen! Hier haben nur Platen einen. Es ist ein 35jähriger Kaufmann aus Paris, sieht sehr gut

aus. Der hat auch hier ein feines Leben, braucht nicht schwer arbeiten und bekommt gutes Essen.
Beim Garbenbinden und aufsetzen zu »Hückeln« helfen sich nun die Nachbarsfrauen gegenseitig. -- Von Jenny soll ich Dir berichten, sie hätte der Oma fleißig Garben angereicht.

*

Dissay, 18.8.1940
...nachts ist es immer sehr kalt. Da kann man schon einige Decken gebrauchen. Wenn hier nicht so gute Kameradschaft wäre, würde wohl mancher frieren müssen, aber so hat jeder Decken genug und ich schlafe recht gut dabei.
Mancher Soldat, der auch verheiratet ist, hat doch seine Frau und Familie vergessen. Ich kann die Leute einfach nicht verstehen. Die Soldaten, die hier meinen, sie könnten ohne Frau u.s.w. nicht auskommen, können ihre Frau niemals so geliebt haben wie ich Dich immer, auch wenn wir einmal Krach hatten, geliebt habe.
Und es scheint, als wenn solche Soldaten überall wären. In Marienwerder war es ja noch viel schlimmer als hier. Und trotzdem, je weiter man hier rauskommt, desto mehr sieht man solche, die mit Französinnen oder Flüchtlingen laufen. Ja, es ist in der Nacht von Freitag auf Samstag folgender Fall vorgekommen: nachts um 1/2 2 hört und sieht der Wachtposten an einer Ecke unseres Lagers etwas Verdächtiges. Er meldet das dem wachhabenden Uffz., und da sehen die einen unserer Soldaten laufen, und auch 2 Frauen springen auf und laufen über die Bahn hinein ins Dorf und verstecken sich hinter einer Verladerampe. Der Wachhabende geht dann nach und stellt sie. Beide hatten Papiere bei sich. Eine war Witwe mit 2 Kindern, die andere verheiratet mit 3 Kindern. Ihr Mann in Poitiers, 18 km von hier. Sie hatten den Soldat in dem Ort kennengelernt, wo unsere Kolonne vordem gelegen hat und wollten den mal besuchen, um ihre Liebesgefühle zu stillen. Und der Soldat natürlich auch nicht ledig. Ja, sowas gibt's.
... Das Beste wäre ja, wenn wir alle nach Hause geschickt würden. Da könnten wir alle dem Vaterland bessere Dienste tun als hier.
Ich glaube ja, daß andere mehr Genuss von ihrer Soldatenzeit haben. Aber wer fühlt sich nachher wohler und was kann es Schöneres geben als Sehnsucht nach der Frau zu haben, die man wirklich liebhat. Ich vermisse Dich ja so sehr, aber sonst auch nichts. Und wenn ich noch Jahre von Dir getrennt wäre. Du hast mir, und Mama auch,

eine so schöne neue Heimat geschenkt und nicht zuletzt auch mir ein so liebes Kind, nicht ohne große Schmerzen, geschenkt, daß ich Dich schon allein deshalb immer so lieb haben werde....

22.8.1940, Dissay
Gestern Abend war ich noch eben im Stall, den Pferdemist wegmachen, da kommt »unser Nachbar«, ein ca. 60-jähriger Franzmann und meint (französisch), ob ich gern Tomaten esse. Da machte er mir ca. 2 Pfund fertig, aber ganz prima. Der Mann war 1914 Filmartist und kennt Deutschland und Rußland gut. Wenn er langsam spricht, kann ich mich gut mit ihm verständigen, und ich freue mich, daß ich auf der Schule gewesen bin. Ich kann mir so schon viel Unterhaltung verschaffen. Und wenn die anderen Kameraden dann drumherum stehen, dann lachen die sich halbtot.
...
Um 1/2 4 wurden wir dann rausgeholt und mußten ins Schloss. Da sind für viele zig-Millionen Mark aus Metz und anderen Städten verschleppte Kunstschätze. Und die werden jetzt wieder geholt. Wir haben da 2 große Autos und Anhänger voll laden müssen. Sind aber nicht fertiggeworden. Wir kriegten jeder 2 Schachteln Eckstein und auch 2 Flaschen Bier. Und morgen früh geht's wieder los, um 7 Uhr früh antreten und weitermachen. Es gibt viel Spaß dabei. Heute hatte einer sogar von einer Kiste Flöhe bekommen. Wie er nun am Fangen war, stand ein Gefreiter dabei, und auf einmal springt dem ein Floh in den Ärmel. Nachher standen dann so ein halb Dutzend Mann halb nackt da und machten Flohjagd. 3 Herren, 2 Doktoren und 1 Direktor standen nachher auch dabei und waren am Jucken. Wir haben uns bald krankgelacht dabei.
Eine Kiste war sogar dabei, die hatte einen Wert von einer halben Million Mark. Das war eine Standuhr aus dem 13. Jahrhundert. Und sonst noch viele wertvolle Sachen.
...
Ja, daß es für mich jetzt nicht mehr schön ist, mußt Du verstehen: wir leben hier ganz gemütlich und merken rein gar nichts vom Krieg, nur daß eben die Bevölkerung hier französisch ist, und dann nach vier vollen Wochen, in der ersten erhaltenen Post, hört man von zuhause solche Nachrichten. Ich habe jetzt Sorge um Euch, hoffentlich wird es dort nicht allzu schlimm... Ihr glaubt gar nicht, wie schlimm die Bombentrichter sind... Jedenfalls das eine sage ich Euch: wenn

die englischen Flieger noch mehr kommen, wenn Fliegeralarm ist, dann steht sofort auf, und wenn die wieder so nahe kommen, dann nur ruhig in den Keller.
Wenn wirklich eine Bombe unser Haus treffen sollte, dann ist's doch gleich, wo sie Euch trifft. Aber wenn die Dinger neben dem Haus explodieren, dann seid Ihr in jedem Fall geschützt. Ich hab mir das von so vielen Kameraden schon erzählen lassen. Die sagen alle, daß der Keller der beste Schutz gegen Bombensplitter ist, und es solle nur ja keiner denken, im Freien draußen könne er sich besser davor schützen. Auf der Fahrt nach hier habe ich doch tausende Häuser gesehen, die nur von Splittern vollständig wie ein Sieb durchlöchert waren.
...
Was sagt denn meine kleine Jenny jetzt vom Krieg, und daß ich so lange wegbleibe? Sie ist sicher jetzt nicht mehr froh, daß ihr Papa Soldat geworden ist. Und daß Mama wieder so Kopfschmerzen hat, tut mir so leid. Wenn ich doch nur in Nantes damals Kaffeebohnen gekauft hätte. Da wäre noch Zeit gewesen. Aber ich hoffe, daß Ihr nun bald das Päckchen von mir habt, und die Bohnen reichen doch sicher für ein gutes »Pöttchen« aus. Daß ich alles tue, was möglich ist, um solche Sachen zu kriegen, darauf könnt Ihr Euch bestimmt verlassen. ...

26.8.1940
... eine neue Parole gibs heute auch wieder. Am Freitag sollen wir verladen werden und dann soll's Richtung England gehen. Ich glaube jedenfalls nicht eher dran, bis wir im Zug sind....
Letztens war ein französisches Fliegerauto, zwar mit deutscher Sicherung, hier. Der Pilot des Flugzeugs, das immer noch so daliegt, war frei und wollte sich seine privaten Sachen, die noch in der Kiste waren, holen. Die Sache hat sich als harmlos herausgestellt, und da ist für ihn der Krieg auch aus. Er hatte das Flugzeug nach La Rochelle bringen sollen, auf deutschen Befehl. Hatte sich aber verflogen und mußte wegen Brennstoffmangel hier notlanden. Junge, da hättet Ihr mal sehen sollen, was der für ne Freude hatte, als er seine Fliegermütze aus dem Flugzeug kriegte und wieder aufsetzte. Der war schon zwölf Jahre beim Militär. Überhaupt sind die meisten Franzosen sehr lange Soldat gewesen. Fast alle haben vier Jahre aktiv gedient, und solche Soldaten werden dann von unserer jungen Wehrmacht so

gejagt, daß ihnen die Luft überall weggegangen ist. Da ist unser Militär doch aus anderem Holz geschnitzt worden.

*

26. August 1940
... Ob der Krieg wohl bald zuende geht? Auf die Dauer halten die Engländer das doch nicht aus.
Könnten wir doch wieder ohne Alarm ruhig schlafen, bei der schweren Tagesarbeit. Mama hat festgestellt, daß ein Bombensplitter durch's Dach gegangen ist, eine Panne kaputt. Hoffentlich kommt nichts näher. Der Blindgänger ist jetzt abgezaunt und zwar mit neuem Stacheldraht. Käuflich kann man keinen mehr erwerben für unsere Weidenzäune.
Ich war auf dem Amt, beantragte Bezugsscheine, Schuhe für Mama und Jenny. Sie hat ihre schon total verschlissen.

9. September
Nächsten Monat kriegen wir als Sonderzuteilung für jede Person über 18 Jahren 75 Gramm Kaffee.
Mach Dir um uns keine Sorgen – uns kriegen die Engländer nicht kaputt, und wir wollen hoffen, daß sie Stülinghausen nicht wiederfinden. Und hiermit wollen wir das Bombenthema vorläufig begraben. Heute haben Mama und ich mit der Gerste angefangen. Etwa 50 Hückel haben wir stehen. Da ist viel Unkraut drin, aber es gibt auch somit einen dicken Haufen... Jenny mußte die umgefallenen Hückel aufstellen. Nach einer Weile kam sie und wollte doch lieber den Ochsen festhalten. Sie hatte schon gemerkt, daß das besser ging. Kühe holen und Streu runter machen kann sie auch schon und bis zwanzig zählen.

*

Dissay, d. 1.9.40
Meine liebe Jenny!
Nun endlich kann ich Dir auch mal wieder ein Päckchen schicken. Da kannst Du Dich aber jetzt mal richtig satt Schokolade essen. Klümpchen gibt es hier in Frankreich keine mehr, sonst hätte ich Dir auch noch welche drin getan, daß wenn Du Dir nochmal am Tisch den Kopf stösst, Du dann eins kriegen könntest. Aber daß Du immer schön artig bist, freut mich besonders. Dann haben Mama und

Oma auch nicht soviel Arbeit mit Dir. Hilfst Du auch tüchtig im Feld? Aber dieses Jahr kommst Du aber nicht wieder mit dem Bein in die Mähmaschine! Hörst Du auch, wenn die englischen Flugzeuge kommen und bist Du dann auch bange? Oder schläfst Du immer? Hast Du auch gesehen, wo die Bomben hingefallen sind? Hier in Frankreich ist alles kaputtgeschossen worden, und bald geht es auch in England los. Dann könnt Ihr auch wieder ruhig schlafen. Und Dein Papa möchte dann doch auch gerne mal wieder nach Hause kommen. Oder bist Du immer noch froh, daß ich jetzt nicht mehr da bin?

7.9.1940
Nun verlegt nach Nordfrankreich. Gestern Nachmittag, als wir das Dorf besehen haben, habe ich mich nicht mehr so ganz wohlgefühlt. Eine Flasche Sekt pro Kopf und zwei Liter Likör zu drei Mann - die können sogar die Bayern umwerfen. Junge, war das ein heiterer Abend. Ich hatte wahrhaftig bald zuviel gekriegt. Aber es gibt hier wieder viele Eier. Gestern mittags hatte ich zehn gekauft auf dem Markt und abends kriegte jeder noch drei Stück von der Feldküche.
...
Gestern Abend war ich noch eben im Stall bei den Pferden, da kam der U.v.D., ein sehr gemütlicher Bayer, Weltkriegsteilnehmer. Der wollte wissen, obs keine Mademoiselles gäbe, und da haben wir noch zu dritt mit der Bäuerin, eine wirklich nette Frau (30-35 Jahre, 3 Kinder) gesprochen. Nachher kam sie dann mit Apfelwein, und es dauerte gar nicht lange, da saßen wir schon im Wohnzimmer. Später kam der Bauer dann noch dazu, und der holte einen Apfelschnaps. Neun Jahre war das Zeug alt, und so scharf. Wenn man da ein Streichholz vor den Mund gehalten hätte, hätte man bestimmt Feuer spucken können. Und da kamen noch zwei Kameraden rein, die beide schon schwer mit Sekt und Likör geladen waren. Da wurde es erst heiter. Zum Schluß waren wir natürlich am Singen, so alle möglichen Lieder. Und da fragte mich die Frau, ob das unser Nationallied wäre.
Die Leute verstehen kein Wort deutsch, woher auch. Da kommt es mir doch sehr gut, daß ich noch etwas französisch kann. Sehr gut geht's ja nicht, aber ich kann mich doch mit allen verständigen, ohne viel Zeichen u.s.w. Das müßtet Ihr mal sehen können, wenn die Soldaten so irgendwas kaufen oder fragen wollen. Junge, da hab ich schon viel, viel Spaß bei gehabt.

Das Dorf hier ist fast wie Marienheide, hat zwei Kirchen, viele Wirtschaften, zwei Metzger und Bäcker und andere Geschäfte. Aber an Kaffee ist in ganz Frankreich nicht mehr zu denken. Auch Schokolade kann man keine mehr kaufen.

... Meine Ansicht über die Leute, die den Krieg verschuldet haben, ist die vieler anderer. Die gehören an Hackfleisch zerschnitten und in die Schweine gefüttert. Hoffentlich geht es nun bald weiter gegen England. Ihr glaubt ja gar nicht, wie wir versessen und verbittert sind, daß alle unsere Kameraden auf den Krieg in England sind. Aber wir haben alle wenig Hoffnung. Ich glaube fast, daß wir noch bis ins nächste Jahr hier in Nordfranzosien liegen... Wie es heißt, sollen wir bald wieder von hier fort, hoffentlich. Wahrscheinlich kommen wir dann ins Gefahrengebiet, und da gibt's vielleicht pro Tag eine Mark »Angstzulage« so heißt das in der Soldatensprache.

*

13. September
... eben ist ein Stück von unserer Schlafzimmerdecke runtergefallen, Hoffentlich kommt nicht noch mehr.

*

St. Opportune, den 13.9.1940
Nach 35 km Fahrt sind wir hier im neuen Quartier angekommen. Aber wir haben uns furchtbar verschlechtert. Im vorigen Quartier war's so schön, saubere Betten, und hier sind wir zu 54 Mann in einem offenen Schuppen. Wir haben uns trockenes Farnkraut, das die Leute hier zum Streuen sammeln, genommen, eine Pferdedecke drauf, und so schlafen wir. Unsere Pferde stehen, je 2 in einem alten Lehmgebäude. Hier war vorher keine Einquartierung.

11. September 1940
Und jetzt sind wir schon ziemlich nahe an der Atlantikküste. Hier kommen sehr viele Flugzeuge durch, Tag und Nacht brummt es hier, aber Bomben oder sonst was Gefährliches gibt's vorläufig noch nicht hier. Ich bin nur mal gespannt, wann wir das erleben. Hoffentlich geht es nur bald los gegen England. Je länger das dauert, desto länger bleibe ich auch noch von zu Hause fort. Und daß ich gerne mal wieder dort wäre, werdet Ihr mir wohl glauben. Es ist ja schön, so

durch die Welt zu kommen und andere Länder und Leute kennenzulernen, aber alles ist nichts gegen zu Hause. Ich kann mir ja überall gut helfen, aber in jedem Ort hört man wieder eine andere Sorte französischer Sprache, und im Anfang verstehe ich kaum, was die Franzosen sprechen. Aber Spaß gibt's immer dabei, und wir sorgen schon genug dafür, daß uns der Stoff nicht ausgeht. Wenn's nicht anders mehr geht, dann singen wir uns ein paar Lieder, und die Stimmung ist wieder da.

*

Beim Aufladen in der Späinghauser Wiese brach mir der Gabelstiel kaputt. Da mußte ich eben mit den Fingern aufladen. (...) Jenny ist oben auf dem Gang am spielen, und grade sagte sie, ich solle Kaffee kochen, die Oma sei am anziehen. Mama hatte sich etwas hingelegt, sie war so müde und hatte Leibschmerzen.
Im Kino ist am schönsten die Wochenschau, Junge, da schoben sie einen neuen »Stuka« nach dem anderen aus der Fabrik.
Mama ist schon um 1/2 5 heute aufgestanden, um 6 weckte sie mich, und da hatte sie schon alles geschrubbt. Den Tag vorher viel zu viel Erntearbeit, bei der im Haus alles liegenblieb. Und für diesen Sonntag war Besuch angemeldet. Dann hat sie gemolken, und ich habe Kaffee gekocht. Wie die 7-Uhr-Nachrichten wegwaren, gingen wir in die Scheune, den Wagen von gestern abladen... Und noch eine Ladung nachhause geholt aus dem Feld. Da kamen die Verwandten, vier Personen.
Nach dem Mittagessen umziehen und mit denen spazierengegangen. Im Kurhaus einen Likör getrunken, da viel fröhlicher Betrieb...da kommt einem doch das Alleinsein doppelt schwer, ich wurde wehmütig. Inzwischen hatte Mama Waffeln gebacken. Um 7 Uhr ging der Besuch wieder. Die hatten 2 Pfund Mehl, 1 Pfund Zucker, 1 Pfund Kaffeemehl, 1/2 Pfund Nudeln und ein Hitlerbild mitgebracht und für Jenny Plätzchen und Klümpchen und noch sonstige Kleinigkeiten. Als sie fortwaren, haben wir uns wieder umgezogen und die Karre in der Scheune abgeladen, um 8 Uhr damit fertig, Mama gab sich ans Melken und ich ans Schreiben. Dabei mußte ich noch Jenny ins Bett besorgen. Die geht immer ungern schlafen, und es gab heute sogar Schreierei. Aber durch sowas laß ich mich nicht beeinflussen, und jetzt soll sie wohl schlafen, denn man hört nichts mehr von ihr. Am 19. September wurde im Radio aus England berichtet, der Oberbergische Kreis wäre vollständig vernichtet. Junge, was haben die

eine Ahnung. Von so 'nem halb Dutzend Bomben gehen wir doch noch nicht kaputt.
Die Oma leidet sehr an vielen Schmerzen, nun kommen dazu noch starke Beinkrämpfe bis fast zur Bewußtlosigkeit.
Zu Deinem Leidwesen teile ich Dir mit, daß ich vorläufig keine Päckchen mehr schicke, denn seit heute läuft ein Antrag der Kreisbauernschaft auf einen dreimonatigen Sonderurlaub für Dich. Mußt Du da nicht lachen? Ich doch, denn ich glaube nicht mehr an Märchen, und das wäre doch sicherlich eines. ..
Von Jenny soll ich Dir bestellen, wenn sie auch manchmal frech wäre, sie sei auch schon mal lieb...

*

Estry, den 17.9.1940
Nun sind wir seit gestern Abend neun Uhr im siebten Quartier, das ich in Frankreich bezogen habe. Wieder ein kleines Dorf, aber diesmal viel besser als das letzte in O. Unsere neun Pferde stehen alle zusammen in einem schönen Stall, und wir sechs Mann liegen je zwei und zwei in drei Häusern, je zwei in einem Bett. Meine Quartiersleute sind ein altes Pärchen, schätze 60iger. Die haben vor uns noch keine Einquartierung gehabt und sind natürlich etwas zurückhaltend. Aber dafür ist's schon gut, daß ich noch etwas franz. sprechen gelernt habe. Ich kann mich wenigstens gut mit den Leuten verständigen. Wie es heißt, ist dieser Ort für uns als Winterquartier gedacht. Wenn nicht der Marsch weitergeht und wir nach England eingesetzt werden. Wir sind jetzt noch zwischen 40 und 60 km von der Küste entfernt. Genau nach Westen sind's 60 km bis zur Küstenstadt Granville und nach Norden 53 km bis nach Caen. Im Schnittpunkt der beiden Linien liegt ungefähr Vire, und da liegen wir noch 13 km nach Osten zu entfernt.
Also, wenn Ihr unseren neuen Atlas habt, andernfalls kauft doch bitte noch einen, wo noch die alten Reichsgrenzen drinstehen. Es ist für später doch eine schöne Erinnerung. Es braucht ja nicht der teuerste zu sein, oder auch ne gute Europakarte. Dann wißt Ihr immer, wo ich bin. Denn mit dem Nachhausekommen, das ist bei unserer Fahrkolonne so ne Sache. Wir sind ja bei einer einsatzbereiten Inf.Division, und da müssen immer soviel Leute vorhanden sein, daß jederzeit alles marschbreit ist. Da gibt's eben sehr wenig Urlaub.
Es sei denn, der Krieg gegen England wird noch vor dem Winter gewonnen und beendet. Denn wenn wir mal in England sind, können

die genau so wenig Widerstand leisten wie die anderen Völker, die zerschlagen worden sind. Aber leider glauben wir alle nicht dran...
... Sonntagabend hörten wir, daß es montags 12 Uhr weggehen sollte, Richtung Nordwesten. Also wurde abends Abschied gefeiert, aber nur unter uns Soldaten. Mit der Bevölkerung war nicht viel los. Die hatten auch nur während des Krieges deutsche Soldaten gesehen und waren schon froh, daß wir wieder abzogen. In dem Dorf sah man nur alte Leute und Schulkinder.

*

25. September
Die Pantoffeln passen. Auch die Sachen für Jenny sind sehr schön. Nur die Kniestrümpfe sind ihr leider schon was knapp. Die und den Pullover hat sie heute schon angehabt und ganz stolz erzählt sie jedem: »Das hat mir mein Papa aus Frankreich geschickt.« Auch die anderen Sachen sind gut, und hier kostet alles viel mehr, und man müßte auch noch Marken dafür haben.
Es täte mir zu leid, wenn Jenny so schnell aus allem rausgewachsen wäre. Und deshalb, wenn Du wieder kaufst, nimm etwas größer. Mit den Pantoffeln haben wir uns so geeinigt, daß Mama die dunkeln und ich die roten kriege, oder waren beide Paare für Mama bestimmt? Die schwarzen Strümpfe kriegt sie auch. .. Wenn Du doch Mischkaffee kaufen solltest, dann schicke nur die Bohnen, denn das andere Zeug haben wir selber genug.
Die Wolle, die Du schicktest, ist gut. Wenn Du davon noch mehr kaufen kannst, kauf sie, denn das gäbe für mich einen schönen Pullover. Wenn Du davon keine mehr kriegst, dann versuch es mit einer passenden Farbe.
Gestern habe ich die Stoppeln vollends gepflügt. Dann auf dem Kornstück geeggt. Junge, Junge, ist das eine Arbeit. Schlinnen gibt's da haufenweise, allein kann ich da überhaupt nichts machen. Morgen geht's an die Kartoffeln, und das Korn muß gesät werden. Kronenbergs haben die Kartoffeln schon aus, und andere sind auch schon tüchtig dran.
Damit Du uns noch mehr schöne Sachen kaufen kannst, lege ich Dir noch fünf Mark bei. Soviel ich weiß, habe ich bis jetzt 51 RM geschickt.
Zur Zeit haben wir nachts Ruhe mit Alarm. Scheinbar muß jetzt Berlin immer dran glauben mit Angriffen. Das ist ja auch leichter zu treffen als son kleines Bauernnest. Mit den Bomben hier war es

so: eine ist hoch in den Bäumen, die andere auf der Erde krepiert. Dann ist da noch son kleines Loch, und es wird befürchtet, darin sei ein Blindgänger.
Mit Jenny's Schreiberei ist's noch nichts, denn ich habe keine Zeit, mich damit zu befassen.

27. Oktober 1940

Jenny hatte gestern, als ich Dich zum Bahnhof nach Marienheide brachte, ganz laut geweint, so leid hatte es ihr getan, daß Du wieder weg bist.
Manchmal bin ich so traurig, daß ich direkt losheulen könnte, aber ich muß mich beherrschen. Hier ahnt bestimmt kein Mensch, wie schwer mir unsere Trennung wird, und ich bin auch froh darüber.

*

19.11.1940

Ich steh allein auf weiter Flur und bin Dolmetscher geworden. Wohne vorläufig allein bei einem Dachdecker. Ein nettes Zimmer, aber ohne Tisch. Hoffe aber noch einen zu kriegen. Jedenfalls paßt mir die Sache überhaupt nicht. Aber vorläufig muß ich gute Mine zum bösen Spiel machen. Pferde habe ich ja keine mehr, das wiegt schon vieles auf. Aber vorläufig geht's mir gut, und das ist wohl die Hauptsache. Unser Dorf heißt Montchamp, ähnlich wie Müllenbach. 4 Wirtschaften, aber da gehe ich heute noch nicht hin.
Schicken kann man jetzt alles je 2 Pfund-Päckchen. Sobald ich kann, gehe ich einkaufen, es geht nur drum, ob's noch was gibt.

Estry, den 24.11.1940

Es ist 5 Uhr, soeben sind Max und ich vom Einkaufen zurückgekommen. Ich habe noch 8 Meter gutes Linon, je 62 1/2 Pfennig, und einen schönen Pullover für Jenny gekauft. Ein schönes Stück, Rest von 3,68 m schwarze Seide habe ich gestern in Montchamp sehr billig gekriegt, pro Meter 1,25 RM. Dazu noch 10 m, je ein Meter breit reines Leinen, Handtuchstoff. Nun habe ich aber bald soviel, daß ich aufhören muß Bis zum 10. Dezember dürfen wir noch Zweipfundpakete schicken, nachher bis nach Weihnachten nichts mehr.
Gestern haben wir neuen Ersatz gekriegt, 31 Mann, alles noch Kinder von 18-20 Jahren. Sie kommen alle aus der Kaserne in Soest... Der

Spieß hatte sie selbst bis Vire gebracht. Die sind gegen uns ja jetzt noch Kinder. Ich habe auch einen ins Quartier gekriegt, ein 20-jähriger Medizinstudent, hat in Marburg studiert. Scheint ganz in Ordnung zu sein. Ist schon als Schreiber auf die Schreibstube engagiert.
...
Ja, Liebling, glaube mir, ich habe jetzt so oft Sehnsucht nach Dir und zu Hause. Oft meine ich, es nicht mehr hier aushalten zu können.Vor allem wenn ich denke, daß Du nun alle Arbeit allein tun mußt. Es wird mir ja schwer gemacht, jetzt als Dolmetscher gerade, aber es ist mir so leicht, Dein zu bleiben.

*

1. Dezember
Jenny hat natürlich großen Spaß am Adventskranzbasteln, aber ich bin unglücklich und in denkbar schlechtester Stimmung wegen unserer Trennung.. Habe gar keine Lust zu Weihnachtsvorbereitungen, aber um Jennys willen muß ich. Sie ist doch noch ein unschuldiges Kind, und warum dem die schönste Freude verderben? Wie wir in dem Alter waren, war ja auch Krieg, aber Weihnachten wurde da auch immer gefeiert.
Jenny hat zum zweitenmal den Schuh aufgestellt. Ich soll Dir schreiben, daß er ganz voll gewesen wäre. Daß der Nikolaus und das Christkind immer sehen, wenn sie frech ist, will sie nicht glauben.
...
Wenn Du Weihnachten nach Hause kämest, wäre das nicht auszudenken, aber ich glaube nicht daran. Man muß sich eben damit trösten, daß unser Schicksal von vielen in unserem deutschen Vaterland geteilt wird.
Auf Deine Fragem, ob sie wieder gesund ist: Jenny weiß vor lauter Übermut oft nicht, was sie anstellen soll. Da siehst Du also, daß sie wieder vollständig gesund ist.Abends ist sie um 8 im Bett, und morgens um 8 nicht mehr im Bett zu halten, und dann stehen Mama und sie zusammen auf.

*

3.12.
Dein Päckchen erhalten und werde es auch erst am 24. Dezember öffnen. ... traurige Weihnachten, tausend Kilometer auseinander, aber unsere Gedanken werden beieinander sein, wir werden beide weinen.

Ich habe Dir schon so viel von meiner Einsamkeit geschrieben, daß es bald reicht. Aber es ist nun mal so, und ich und Du, wir können es nicht ändern und müssen uns eben mit allem abfinden. Für mich ist's ja bestimmt leichter als für Dich... Du hast dort soviel zu tun, alles Arbeiten, wo ich früher geholfen habe, und wo ich immer mein bestes getan habe, um Dir ein schönes Leben zu schaffen. Es war doch so schön, wenn wir beide zusammen gehen konnten, und keiner kann uns nachsagen, daß wir unsere Arbeit vernachlässigt hätten. Du glaubst gar nicht, wie froh und glücklich ich bin, viele Bilder von Dir bei mir zu haben. Es ist doch so viel leichter, wenn ich Dich immer bei mir habe. Selma, ich zeige mit Stolz unsere Aufnahmen aus dem Urlaub. Ein gutes Gemüt, sagen fast alle, die Dein Bild sehen. Warum sollte ich nicht so schreiben wie mein Herz denkt. Glaube mir, ich gehöre nun mal nur Dir...

...

Um 8 Uhr bin ich zum Schulmeister gegangen und habe bei dem Französisch und er von mir Deutsch gelernt. Der ist ca. 45–50 Jahre alt und will mit Gewalt richtig Deutsch lernen. Er hatte schon drei Tagebücher voll deutsche Grammatik, Wortlehre und Satzbau geschrieben, und ich mußte das nachsehen und ihm die Fehler erklären und berichtigen. Um 1/4 vor 11 haben wir Schluß gemacht, und heute war um 1/2 7 Wecken. Aber ohne Licht, kein Strom oder Petoleum da, erst um halb 8.

Meine Eltern 1940: der Urlaub war viel zu kurz

19. Dezember 1940
Ich habe gerade im Radio gehört, daß das Tanzverbot aufgehoben ist. Am 1. Weihnachtstag bis Neujahr darf getanzt werden. Und damit wird die Trennung nicht leichter. Eben meinte Jenny, unser Papa ist doch lieb, und sie freut sich darauf, daß Du mal wiederkommst. Sie hat nochmals den Schuh aufgestellt.. Hat mir beim Plätzchenbacken geholfen und meint, wir hätten doch sonst nicht dem Christkind geholfen und hätten doch immer was gekriegt. So ist unsere Tochter. Jenny will mit Gewalt raus zum Schlittenfahren. Bis jetzt hat sie mit der Puppe gespielt. Daß eine Puppe verschwunden ist, hat sie noch nicht bemerkt. Der habe ich gestern die Haare wieder festgeklebt und ein neues Kleid genäht.
Gestern kam Dein Brief aus Frankreich an. Wir haben uns darüber gefreut, waren aber auch tief gerührt. Und Jenny hat sehr geweint, als ich ihr vorgelesen habe. Das wurde mir auch schwer, und ich habe verschiedentlich dazwischen aufhören müssen. Ja, mein Lieber, wenn man sich gegenseitig so unerreichbar ist, merkt man erst richtig, wie lieb man sich hat.

1. Weihnachtstag, morgens halb 9
Mama ist noch im Stall, und Jenny spielt mit ihren Sachen. Um 1/2 7 sind wir aufgestanden, Mama zuerst, sie machte das Feuer und den Christbaum an. Dann kamen wir zwei. Jenny meinte, wir hätten aber doch einen Christbaum gekriegt, und im selben Moment sagte sie, die große Puppe hätte ja son Kleid an wie sie einen Lappen gefunden hätte. Und jetzt triumphiert sie: »Ich bin immer so frech gewesen und habe doch soviel gekriegt. Schreib aber alles dem Papa.« Vorher waren schon Nachbarn hier und haben alles begutachtet. Voriges Jahr sagte Ingrid immer: »Hast Du mehr nicht?«, aber von sowas hörte ich jetzt nichts.

27. Dez.
Ich konnte Mama ansehen, daß irgendetwas passiert war. Da sagte sie, ich solle mal den angekommenen Brief lesen. Sie ist nun furchtbar niedergeschlagen und glaubt, es ginge jetzt alles schief. Ich bin ja froh, daß Du mich über alles unterrichtest, aber dann tue es bitte

in überlegten Worten. Es ist ja nicht wegen mir, aber denk mal, wenn solch ein Brief kontrolliert würde. Dann wäre es aus. Wenn Du Dich so schlecht damit stehst, dann ist doch alles möglich. Ja, da lebt man nun, und wartet und wartet, und wenns nun plötzlich aus ist, was dann? Denk, was Du für Verpflichtungen hast. Wie Du noch in der Kaserne warst, wurdest Du doch auch mit allem fertig. Es sind ja Vorgesetzte, und dagegen kommt doch ein gewöhnlicher Mensch nicht an.
Deine nächsten Briefe werden wohl wieder erfreulichere Nachrichten bringen, sonst weiß ich nicht, was es geben soll. Du bist doch noch erst 28 Jahre, und auf solch eine Weise zu sterben wäre doch sinnlos. Wenn's auch manchmal schwer wird, aber der Krieg hat doch einmal ein Ende, und wenn er noch so lange dauert. Also, mein Liebling, bessere Dich, und wenn es nur Deiner Familie zu Liebe ist... Ich hoffe, daß Dich dieser Brief noch früher erreicht als was Besonderes passiert ist. .. Ich glaube aber bestimmt, daß Du noch am Leben bist.
...
Mit Jenny im Kino, »Hänsel und Gretel«, das sie ja kennt, und sie war sehr begeistert. Heute fragte sie, ob das wieder gespielt würde. Als ich sagte, nein, gestern, meinte sie, warum wir denn da nicht auch gegangen seien. Ich glaube, die wird gut. Heute hatte sie eine Salzpackung vor sich und machte eine Reihe Buchstaben schön leserlich nach. Ich glaube, sie lernt das Schreiben doch noch, und ich gebe mir jetzt noch keine Mühe mit ihr, und will sie was lernen, ich denke, das ist immer noch früh genug.
Nun ist der Abfluß der einzigen Kalt-Wasserstelle im Haus abgefroren, der Spülstein kann nicht mehr benutzt werden, also zusätzliche Arbeit wochenlang.
Ende Januar soll alle Getreidefrucht abgeliefert werden, aber es ist zu kalt zum Dreschen in der Scheune, und zusätzlich sind alle sehr stark erkältet. Wir dreschen nicht mehr als für uns nötig ist.
Nächste Woche müssen wir Heu abliefern, und zwar 480 Pfund. Das ist bestimmt ein dicker Haufen, und es muß auch sein. Da müssen wir eben etwas sparsamer füttern. Ende Januar, da dauert die Winterfütterung noch lange.
Heute morgen war Jenny mit mir am Schmusen, und sie wollte mich immer küssen. Da sagte ich zu ihr, von wem sie das denn gelernt hätte, und da antwortete sie »Papa« und machte weiter.

*

Gestern war ich wieder in Montchamps bei der Lehrersfamilie. Er hat auch ein schönes Leben hinter sich. Er war Soldat bei der Kavallerie und ist bis zum Uffz. gekommen. Als solcher hat er Dienst bei 20 Kompagnien gemacht und ist so ziemlich rund durch Europa gekommen. Er hat im vorigen Krieg angefangen in den Stellungskriegen und hat deutsche Weltkriegssoldaten kennen und schätzen gelernt und ist bestimmt keiner von denen, die diesen Krieg gewollt haben. Dann ist er in der Türkei gewesen. Dardanellenschlacht und Konstantinopel, Balkankrieg u.s.w. und danach Rheinlandbesetzung. Hat den Rhein von Bonn bis Straßburg gesehen und die ganze Mosel. Er ist sehr begeistert vom Rheinland und ebenso von der Bevölkerung. Hat ein schönes Tagebuch geschrieben von der Zeit, mit vielen Bildern, alle möglichen Erinnerungen wie Geldscheine und -stücke, Fahrkarten, Zeitungsausschnitte u.s.w. Und ich freue mich doch immer wieder, daß ich die Sprache so etwas beherrsche. Für mich sind die Stunden immer recht unterhaltend, und nette Mädels sind auch immer dabei, ebenso Radio, aber davon habe ich selten etwas. Und wegen dem treu sein, da brauchst Du Dir gar keine Sorgen mehr machen, die Eltern sorgen schon dafür, daß nichts vorkommt. Sie sind noch jung, und waren auch mal jung und wissen doch auch, was los ist. Also da besteht keine Gefahr.
Heute haben wir ne ganze Stunde über Politik gesprochen, dann übers Erben, später über das schöne Thema Arbeiter und Bauer.

*

16. Februar
Ich hatte das Fahrrad mit. Als ich da aus dem Kinosaal rauskam, hörte man schon die Flak. Vom Langenacker aus konnte man den ganzen Feuerzauber übersehen. In Richtung Wuppertal standen zwei Leuchtkugeln. Mindestens 50 Scheinwerfer suchten den Himmel ab, und immerwährend krepierten Geschosse. Aber von Flugzeugen hörte man nichts. Da war ich doch froh, nicht in der Stadt wohnen zu müssen. Das Ganze sieht sich ja schön an, wenn man nichts damit zu tun hat.
Hoffentlich dauert der Krieg nicht zu lange, und wenn wir dann wieder gesund zusammen sind, wollen wir auch zufrieden sein.
Durch so ein Kind wird man doch immer aufgemuntert. Besonders schön ist es, wenn sie platt spricht.

*

22.2.

...
Wenn ich soviel Dummheit auf einmal sehe, dann sieht man wieder richtig die »Grande Nation«. Jauchekeller kennen die überhaupt nicht. Ich hoffe nur, daß die noch lernen, nach deutschem Muster zu landwirtschaften. Dann wissen sie hier, wer der »Kulturträger Europas« ist.
Jedenfalls nach ner Stunde waren die vier fast toten Ferkelchen alle ziemlich lebhaft, und die Leute sehr dankbar. So lebe ich also hier.
- Als wir unser Heu aufgeladen hatten, warteten 19 Eier auf's Gegessen werden, und danach gab's Kaffee mit Calvados. Liebling, Du weißt ja, wie stark das Zeug ist. Jedenfalls waren die beiden Kameraden fast nicht mehr fähig, auf den Wagen zu klettern. Und ich war per Rad. Na, jetzt bin ich ziemlich nüchtern, und lese Deinen Brief. Danke für die 30 Mark.
Heukauf, Butterkauf, vier Karren Mist verkauft. So geht das jetzt so ziemlich alle Tage, und ich fühle mich sehr wohl dabei. Das ist doch noch immer besser, als den Dienst mitmachen. Nur mit dem Urlaub gibt es noch lange nichts... und das ist große Sch..eibenkleister.
Ein deutsches Bombenflugzeug ist hier in der Nähe abgestürzt, 5 Mann tot. Das ist Soldatenlos.
...
Was hältst Du denn jetzt von der Führerrede und der Kriegsdauer? Mich soll's mal wundern, ob wir nächste Weihnachten in Frieden zuhause feiern können. Ich, und viele mit mir hier, habe wenig Hoffnung. Ich habe jedenfalls später auch mal meinen Stolz, daß ich diese große Zeit als Soldat im Felde miterlebt habe. Und dazu habe ich dabei ein wunderschönes Stück von Europa gesehen und viel erlebt. Was noch kommt, weiß ich ja noch nicht. Ich hoffe nur eines, daß ich lebend und gesund eines Tages wieder zu Dir zurückkommen kann und dann für immer bei Dir bleiben und nur Dir zu gehorchen habe. Möchte nur recht bald der Tag der Erfüllung des Englandliedes (das gerade im Radio gespielt wird,) kommen. Eher ist ja doch der Krieg nicht zu Ende. Wir wollen hoffen, daß unsere Kinder nicht so nen Krieg mitzuerleben brauchen wie wir jetzt.
...
Habe mich hier mal wieder richtig gewaschen und rasiert, und jetzt sitze ich im französischen Bürgermeisteramt und schreibe an die Frau, die ich wirklich liebe. Selma, ich darf bald gar nicht mehr an zu Hause denken, ohne daß ich richtiges Heimweh kriege.

Ja, es kann schon sein, daß hier 1000 deutsche Flieger herkommen, aber Alarm gibt's hier keinen. Alles, was aus dem Urlaub kommt, klagt über den Fliegeralarm in der Heimat. Na, für die Ruhe hier kriegen wir ja auch ne Mark mehr bezahlt.

23. Februar, Sonntagnachmittag
Die wissen alle, daß ich Dich liebe, und sie sehen, wie oft ich Post von Dir bekomme und an Dich schreibe. Zudem paßt die Mama so gut auf ihre Töchter auf, daß da gar nichts passieren kann. Es sind andere genug da, die das Vergnügen haben, mit denen so minutenweise zu poussieren. Bei mir haben jetzt beide eingesehen bezw. wissen, daß ich mich auf nichts einlasse. Für mich ist die Hauptsache, daß ich ein prima Zimmer und Bett habe und daß ich von der Mutter so gut versorgt werde, als wäre ich ihr eigenes Kind. Liebling, ich habe so wenig Freude, und die Freude, mich richtig wohl zu fühlen, gönnst Du Deinem Alex doch wohl.
Ja, wir sind hier in Feindesland. Es sind ja wohl viele Leute da, die uns haßerfüllt ansehen, aber es sind auch genug da, die so denken wie wir. Daß dies alles nicht nötig wäre, und daß es nur die Schuld Englands sei. Hier ist fast aus jedem Haus einer in Gefangenschaft, und dort aus jedem Hause ein Soldat. Und alles das, wofür?
Kürzlich ist hier mal ein englischer Bombenflieger im Fluß gelandet, weil der Brennstoff ausgegangen war. Die hatten geglaubt, drei Engländer und drei Franzosen, sie seien im unbesetzten Frankreich und ließen sich mit aller Seelenruhe gefangennehmen. Ein englischer Offizier hatte ganz zufrieden »Guten Abend« gesagt, als sie in die Wachstube geführt worden seien. –

20. März 1941, Vire
Ich sitze hier in Vire am Bahnhof und nehme mir die Zeit, Dir noch einen letzten Gruß aus Frankreich zu schreiben. Ich war alleine als Dolmetscher heute Morgen, und mir brummt der Kopf von allem Französisch Reden und überlegen. Bin um 1/4 vor 12 aus Montchamp weggefahren, nachdem ich ein gutes und reichhaltiges Mittagessen aufhatte. Mir tut's ehrlich leid, daß wir von da weg mußten, und in der nächsten Zeit werde ich wohl noch sehr oft an das schöne und angenehme Quartier in der Schule zurückdenken. Wenn's ja nach Hause zu Dir ginge, würde es mir gar nicht einfallen, an die

Familie Oblin zu denken. Aber so .... Stell Dir nur vor, mein Liebling, wir stehen jetzt vor einer 4000 km langen Europareise. Gleich um 15.36 Uhr geht unser Zug von hier ab. Und dann hat das schöne gute Leben in der französischen Normandie ein Ende. Wo es genau hingeht, weiß noch keiner. Soviel ich gehört habe, geht's über Frankfurt/Oder nach »Polen«. Ja, da soll man nun ruhig bei bleiben. Aber wir sind Soldaten des Dritten Reiches und fügen uns in jeden Befehl, hoffend, daß es umso schneller dann zum Ende kommt. Daß ich Dir auch in Polen oder weiß Gott wo treu bleibe, versichere ich Dir. Selma, ich kann nur Dich lieben, und ich hoffe, daß ich im Laufe der nächsten 4-6 Wochen Dich und Jenny und Mama und die Heimat mal wiedersehen kann.

Nun muß ich schließen und versuchen, diesen Brief irgendwie an einen Soldaten, der noch Post schicken kann, loszuwerden. Auch viele Grüße von Familie Oblin. Sie wollen versuchen, Dir im Brief Bilder zu schicken, die wir heute gemacht haben. Wenn's geht, schreibe ich unterwegs noch mehr...

*

30. März 1941
.....und wieder nähert sich ein Sonntag seinem Ende. Heute vor einem Jahr mußte ich zum ersten Mal allein zu Bett gehen, weil Du Soldat werden mußtest. Wie Du am anderen Morgen zurück kamest, habe ich mich zwar gefreut, aber ich wußte es damals noch nicht zu würdigen, als wenn es jetzt wäre. Morgen kommst Du nicht, und wer weiß, wann uns ein Zusammensein vergönnt ist. Wo magst Du jetzt sein, und wann mag Dich dieser Brief erreichen?
...Ob wohl bald nochmal Post von Dir kommt? Es sind doch jetzt schon 14 Tage her, und darin kann sich vieles ändern.
... Gestern haben wir die Tannen (Brennholz, Bäume, die Mama und Oma mit der Handsäge fällten und klein schnitten.) nach Hause geschleppt, sonst war draußen nichts zu machen.
... mit Nachbarin Pauline im Kino, der Film hieß »Blutsbrüderschaft«. Handlung: Weltkriegsende, Arbeitslosenzeit, der Anfang der NSDAP und am 1.9.1939 gingen beide wieder mit in den Krieg. Dann kam die Wochenschau, ich war so ergriffen, daß ich am liebsten laut aufgeheult hätte. Es war zu vieles von Wirklichkeit, und ich durfte nicht denken, daß es Dir auch einmal so gehen könnte. Da waren so viele verwundete Soldaten, die ihr Leben als Krüppel verbringen müssen, und das war zuviel für mich... Wenn Du mal wieder hier bist, hoffe

ich, daß wir noch nicht sofort ein Kind kriegen, sondern noch vorher die Jugend genießen können. Oder was meinst Du dazu? Ich glaube, das ist Dir auch recht. Ein Junge wird's ja so nicht, und ich freue mich immer wieder, daß noch nichts unterwegs ist. Sonst wäre ich jetzt schon auf der Hälfte.

*

22. März 1941 (Postkarte)
Nun sind wir schon mitten in Deutschland, augenblicklich zwischen Minden und Hannover. Wo mag die Reise wohl noch hingehen? Ein Kamerad ist in Osnabrück 24 km entfernt von seiner Heimat vorbeigefahren. Aber so geht's uns Soldaten. Heute mitten in Deutschland, vorgestern noch mitten in Frankreich, gestern in Belgien, diese Nacht und bis Mittag in Holland und morgen sicher wieder aus Deutschland heraus. Aber auf jeden Fall kriegen wir die Welt zu sehen. Nach dieser Reise bin ich ca. 10.000 km gereist und alles ohne Fahrkarte. Gesundheitlich geht es mir noch gut. Hoffe von Euch dasselbe. Hoffentlich bekommt Ihr meine Post. Heute Morgen sind wir sogar an der Zuidersee in Holland gewesen.

23.3.1941
Einen Gruß auch von hier. Man merkt gut, daß wir nach kälteren Gegenden fahren, Hier schneit's. Geschlafen haben wir von Hannover bis hier. Gerade ist Lokwechsel und Kaffeefassen. Wir kriegen sogar prima Bohnenkaffee. Also kann's uns ja gar nicht schlechtgehen.

Ostpreußen, 27.3.1941
Meine Adresse ist immer noch F.P.Nr. 35540. Also bloß nicht Zivil schreiben.
Nun ist heute eine Woche vergangen, seit wir aus Montchamp weg sind. Du wirst sicher sagen, Gott sei Dank. Na, Liebling, ich verstehe Dich vollkommen, aber wenn Du unser jetziges Quartier sehen oder besehen könntest, dann glaube ich wäre es Dir auch lieber, wenn wir noch da wären, wo wir den Winter verlebt haben. Jedenfalls ist oft viel geschimpft worden über die französischen Dreckdörfer. Aber es ist jetzt so, wir sind richtig aus dem Regen in die Traufe gekommen. Und wie!

Ja, das hätte ich nie geglaubt, daß ich die Kaserne in Marienwerder nochmal wieder gesehen hätte. Aber wir sind dran vorbeigefahren und noch recht lange. Es war 1/2 11 vormittags, als wir in Marienwerder waren, und nachts um 1/2 1 kamen wir am Zielbahnhof Bischofsburg in Ostpreußen an. Ja, vorher, wie wir so in der Nähe von Graudenz waren, wurde uns schon alles leid. Überall lag noch etwas Schnee, und kalt wars, und es schneite ganz langsam, aber beständig. Also ausgeladen in Bischofsburg, und um 1/2 3 ging's per Achse ab zum Quartierdorf, noch 32 km weit weg. Und das war die dollste und schlimmste Fahrt, die ich bis jetzt überhaupt erlebt habe. Sobald wir auf die Straße kamen, ging's los: es war so glatt, daß man sich kaum auf den Beinen halten konnte. Und unsere Pferde hatten alle Sommerbeschläge, also nicht scharf. Die armen Tiere haben mir doch leid getan. Ich war Beifahrer und habe sicher hunderten geholfen, Pferde aufzuheben, die einfach nicht wieder hochkamen. Und das bei Nacht, ohne Licht, und eine richtige sibirische Kälte mit regelrechtem Schneesturm. Ich sage, es war wirklich die schlimmste Fahrt, die ich bis jetzt erlebt habe.

Nach 3 1/2 Stunden Fahrt um 6 Uhr wurde es hell, und wir hatten bis dahin ganze drei km gefahren, da kannst Du Dir so ungefähr denken, wie's voranging. Na, trotz allem Malör ist aber alles mehr oder weniger heil angekommen.

Es war 1/2 2 Mittags also 11 Stunden Fahrt für 32 km. Ja, und da wurde unser Schrecken erst recht groß: Wir liegen jetzt mit 110 Pferden und ca. 115 Mann in einem Dorf mit höchstens 10 oder 12 Häusern. Alle einstöckig, und alles ohne Elektrik. Selma, kannst Du Dir davon ein Bild machen, wie unsere Quartiere ausgefallen sind? Ich liege mit im Massenquartier in der Schule zu 25 Mann. Vorgestern und gestern Nacht auf Stroh, und heute auf Strohsäcken platt auf der Erde. Platz hat jeder vielleicht 50–60 cm. Und dazu die »schöne« Witterung und Umgegend. Hier ist noch dicker Winter von 20–30 cm Schnee, und vor unserem Dorf liegt einer von den masurischen Seen mit 40 cm dickem Eis.

Such mal im Atlas, ob Du Allenstein oder Bischofsburg findest. Dazwischen liegen wir. Also gar nicht mehr weit von Rußland weg. Ob wir wohl da auch noch hin sollen? Was überhaupt in der Welt los ist, davon hören wir nur Parolen. Radio, Zeitungen oder Post kriegen wir noch keine, und wir sind so ziemlich von aller Welt abgeschnitten. Also alles zusammen ist hier ganz große Sch...

Und Hunger gibt's hier auch. Noch habe ich ja ca. halb Pfund Butter aus Montchamp. Die Mami hatte mir zwei Pfund gesalzen und schön in eine Blechdose verpackt. Hier scheint genau nichts zu kaufen zu sein. Und wenn wir dann so an das herrliche Leben in Montchamp denken, ja, besser ist, man denkt überhaupt nicht mehr daran. Und dann die Quartiere dort und hier. Liebling, wenn ich einmal ganz große Sehnsucht nach Dir gehabt habe, dann ist das bestimmt jetzt. In Montchamp war ich so schön aufgenommen, und da hatte ich son schönes Zimmer und Bett. Und hier... Massenquartier auf Stroh, und dann noch das Wetter. Dort war fast Sommer und hier noch richtiger Winter. Ja, und was soll man da machen? Gar nichts als einfach stillhalten und sich damit abfinden. Es wird auch wohl mal wieder anders werden. Und jetzt kannst Du verstehen, wie nicht nur ich, sondern alle es leid sind.

Wie lange wir nun hier bleiben, steht noch nicht fest. Es hängt von den Ereignissen ab. Geld hat auch keiner mehr. Wir mußten alles Französische und Frontgeld abgeben und haben noch nichts wieder bekommen. Also vollständig veränderte Lage. Und die Preise sind nicht wie in Frankreich, und Frontzulage soll's wohl auch nicht mehr geben. Also, meine Selma, jetzt kannst Du Deinem Liebling ruhig wieder »Freßpäckchen« schicken, mit Speck und Wurst oder Schinken. Jetzt kann ich bestimmt alles brauchen. Brot ist alles, was wir genug kriegen. Von Zivil gibt's hier nichts. Na, die sind hier scheinbar auch nicht die Reichsten. Und dazu, wo's alles nur auf Karten gibt. Und jetzt Urlaub: ja, wie habe ich immer gehofft, noch vor dem Frühjahr mal wieder bei Dir sein zu können. Aber jetzt glaube ich nicht mehr dran. Soviel ich gehört habe, soll für die ganze Wehrmacht Urlaubssperre ab 1.4. sein. Sobald ich nun Zeit und Geld dafür habe, mache ich ein Päckchen für Dich fertig. Ich habe noch eine Flasche Likör, einen Regenschirm und noch 6 m Stoff, die ich unbedingt los sein muß. Wir dürfen kein anderes Gepäck mehr mitführen. Und noch sind wir ja in Deutschland, wenn's auch schon die Masuren sind. Und ich hoffe, daß ich auf irgendeine Art diesen Brief und auch das Paket auf die Zivilpost kriege.

*

1.4.

Gestern war ich mit Jenny in Gummersbach, wollte mit ihr ins Kino, aber weil der Film noch nicht da war, gab es nichts. Ich hatte nicht gesagt, wo wir hinwollten, bis wir aus dem Zug waren. Sie kommt

ja auch selten von zu Hause weg, und deshalb freute sie sich ganz besonders.
Es gab zum Mittag dreimal acht Männer bei uns: drei Deutsche, ein Russe und vier Franzosen. Zu den Mahlzeiten kommen sie zu uns ins Haus, weil es draußen vor lauter Kälte nicht auszuhalten war. Geplant ist in Kürze der neue Weg zur Turnhalle auf dem Rodt, über unser Feld, er soll zehn Meter breit werden. Die Arbeiter berichteten beim Essen davon. Da muß ich nun mal mit dem Bürgermeister sprechen. Wenn Du doch dabei sein könntest.
Hoffentlich wird das Postverbot nun aufgehoben, sonst kann man ja annehmen, Ihr fahrt bis ans Ende der Welt. Ich habe schon von Vielen gehört, die in den Osten gekommen sind. Was mögen die da wohl vorhaben? Der Kriegsschauplatz wird immer mehr ausgedehnt. Wenn es immer so bleiben sollte wie augenblicklich, dann hat das Leben doch sehr wenig Reiz. Ich bin müde, habe kalte Füsse und stecke sie noch in den Backofen, bevor ich ins Bett gehe.

*

Ostpreußen, 2.4.1941
Heute per Postkarte muß ich Euch auf eine Adressänderung aufmerksam machen. Ab gestern bin ich Gefreiter, also in Zukunft an den Gefr. schreiben. Hört sich vielleicht wie ein Aprilscherz an. Daß ich sehr stolz darauf bin, kann ich nicht behaupten, aber es gibt alle zehn Tage zwei RM mehr, und schön aussehen tut's letzten Endes ja auch wohl. Gerade höre ich den Wehrmachtsbericht. Sind die Engländer in der vergangenen Nacht auch dort bei Euch gewesen? Es hieß in West- und Norddeutschland. Hoffentlich geht's endlich los zum letzten Schlage. Wenn ja überall das gleiche Wetter wie hier ist, dann dauert das bestimmt noch lange. Hier ist richtiger Winter. Der Wind heult um die Ecken, und seit 6 Uhr schneit's wieder ununterbrochen. Und Du arme Frau stehst mit aller Arbeit ohne mich da. Liebling, einmal kommt auch wieder ein Frühjahr, dann helfe ich Dir wieder, und Du brauchst nur die kleinen Arbeiten zu machen...
Und zu essen kriege ich jetzt auch wieder satt. So langsam hat sich alles wieder an die Feldküche gewöhnt.
Ja, und daß ich bei denen bin, die zum Osten kommen, wirst Du ja jetzt wohl wissen. Jetzt wohne ich mitten in den Masuren. Junge, meine Weltreise ist doch jetzt schon ziemlich ausgedehnt, und wer weiß, was ich noch alles zu sehen kriege. Herrlich ist das ja, aber es müßte doch etwas mehr Urlaub dazwischen sein...

4. April 1941
Nach Mittag bin ich nach Marienheide gewesen und habe Kainit geholt. 3 Ztnr. Leunasalpeter habe ich auch mitgebracht. Abgeladen haben mir die Franzosen, die hier auf der Straße arbeiten. Dann habe ich mir andere Schuhe angezogen, und Mama ging mit, und wir haben es gleich gesät. Also wegen dem Ochsen brauchst Du Dir keine Sorgen machen. Ich hatte 980 Pfund Kainit und bin damit gleich in den Lingenberg gefahren, und es klappte wie am Schnürchen... Mit dem vorigen Ochsen hätte ich das Fahren bestimmt nicht fertig gebracht. Wir haben das Zeug mit der Schüppe gestreut, und das bei Periodenbeschwerden. Nachdem ich Dir meine Arbeit geschildert habe, wirst Du bei meinem körperlichen Zustand begreifen können, daß ich müde bin. Die meisten Muskeln tun mir weh.
Heute Abend kann ich ja nun wieder ruhiger ins Bett gehen, denn ich habe wieder Nachricht von meinem Liebling. Jenny hat mir die Briefe ins Feld gebracht, und ich war sehr, sehr froh.
Bei uns ist augenblicklich schönes Frühlingswetter. Osterblumen und Schlüsselblumen blühen. Mama hat schon Rübstiel, Salat und Melde gesät und Erbsen und Dickebohnen gesteckt. Ich bin gespannt, ob wir Maschendraht kriegen. Dem W. tut der Krieg recht gut, er ist noch viel dicker wie vorher. Er liefert möglichst nur gegen Butter, Speck und Schinken. Ich sehe, daß ich in dieser Beziehung demnächst viel für Dich besorgen muß. Ich will sehen, daß morgen für Dich ein Päckchen abgeht.

*

Ende April, 1941
Ja, bald werden's 5 Monate, seit ich in den Nebel hinein verschwunden bin. Liebling, denke doch nicht, daß es das Letzte sein könnte, was wir von uns gesehen haben. Nur Mut haben! Es ist zwar Krieg, aber doch nicht wie 14/18. Und bei unserem Fahrverein ist's schon nicht so schlimm. Die Hauptsache für mich ist, zu wissen, daß meine Lieben zu Hause gut leben. Es heißt, daß wir hier 4 Wochen liegenbleiben. Stell Dir das nur vor. Mitten in den Masuren, 60 km sind's noch bis nach Rußland. Aber es geht mir trotz Kohldampf, Schnee und Eis noch recht gut. Und oft scheint ja auch mal die Sonne hinterm Ofen. ---
Hast Du meine Post von unterwegs erhalten? Verwahre mal alles. Ich möchte später gerne nochmal alles wieder lesen. Ja, versauere

mir nicht zu Hause, geh aus, soviel Du magst. Was ich verlange ist ja das gleiche nur, was Du auch von mir verlangst. Ja, und wieder: wann sehen wir uns wieder?? Ich hoffe, daß wir uns wiedersehen, aber wann?
Ja, hier sieht's mit Frauen so aus, als wenn in Stülinghausen 110 Soldaten im Quartier lägen. Da weißt Du Bescheid, alles recht, recht stille. Und ich wünsche mir nichts sehnlicher, als nochmal bei Dir sein zu können. Aber einmal kommt die Zeit auch wieder, und wenn's erst nach dem endgültigen Sieg über England sein sollte...
Nun ist auch hier der Abschied schon wieder gekommen (aus Königshöhe über Sensburg). Vorhin kam der Befehl zum Munition fassen und gleich um 21.30 Uhr geht's von hier weg. Die Nacht durch und das dreimal hintereinander. Bei Tage soll geschlafen werden. Und dann bei den schönen Witterungsverhältnissen, und die Wege sind so, daß wir heute Nachmittag für 5 km ca. 2 1/2 Stunden gebraucht haben. Hier ist es so kalt. Alles hart gefroren. Unsere Quartiere werden heute, sofort nach unserer Abfahrt, wieder belegt.
Morgen Abend und übermorgen früh kommen schon wieder andere. Was mag das wohl noch geben? Ob's wohl der Marsch nach Moskau wird? Oder ob's wohl so zum Balkan geht.

*

6. April
... habe mir gerade neue Hefte zum Lesen geholt und den Frauenschaftsbeitrag für April bezahlt. Zigaretten waren leider ausverkauft. Von Jenny soll ich Dir Grüße bestellen. Sie ist gerade nach Hause gekommen, sitzt neben mir und diktiert mir dieses. Ich soll ihr noch Puppen reparieren und jetzt quält sie darum, an mir rum, daß ich aufhören soll zu schreiben. Es ist wohl das Beste, wenn ich ihr den Wunsch erfülle.
...
So, jetzt habe ich ihr ein Püppchen ganz gemacht, und sie ist mal wieder zufrieden. Mama ist gerade am Melken. Wir sind alle drei etwas erkältet. Ich habe einen ganz dicken Schnupfen. Gestern habe ich sieben Karren Mist in den Lingenberg gefahren, dann noch den Dünger auf das Korn gesät, und anschließend mußten wir noch Häcksel schneiden. Es war fast acht Uhr, wie ich mit allem fertig war, und da war ich sehr müde. Später habe ich allerdings noch bis 11 Uhr gelesen.

Seit heute steht der Krieg ja wieder in einer neuen Phase. Einmal mußte es ja kommen, denn wenn es so bliebe, würde der Krieg ja ewig dauern, und damit ist uns auch nicht gedient. Ich wollte, es wäre schon alles vorbei, und Du könntest wieder zu mir zurückkommen, und unser Leben käme in geregelte Bahnen. Unter den jetzigen Verhältnissen ist doch alles Kappes. Wenn Du nicht wiederkommst, ist mir alles andere egal. Hoffentlich kommt bald wieder Post von Dir. Schade, daß das mit dem Urlaub nichts geworden ist. Ich hätte mich zu gern nochmal von Deiner Liebe verwöhnen lassen, und ich glaube, Dir geht es genau so.
Das Tanzen ist seit heute auch wieder verboten. Mir soll's ja wohl egal sein. Ich gehe zu meinem Vergnügen ja doch nur ins Kino, und da wird doch ruhig weiter gespielt. Voriges Jahr auf Palmsonntag wußten wir noch nicht, was Soldatenleben für Folgen hat. Heute können wir schon zur Genüge davon mitsprechen.

9. April 1941
Mein Liebling!
Ein ereignisreicher Tag geht seinem Ende entgegen. Gerade kommen die 8-Uhr-Nachrichten. Zuerst kommen die gegebenen Sondermeldungen. Du hast doch sicher auch was davon gehört. Wenn es so weitergeht, wird der Krieg auf dem Balkan schnell zu Ende sein. Ach wäre doch schon alles vorbei. Ich möchte, daß ich bald wieder bei Dir sein könnte. Gestern erhielt ich Deinen Brief vom 30.3. und einen weiteren von der Familie Oblin. Die schickten mir sieben schön gelungene Aufnahmen. Als Abs. war die Adresse eines Fliegers. Ich habe mich heute bei ihm sowie bei Fam. Oblin bedankt. Ich hatte so lange nicht mehr lateinisch geschrieben, und da habe ich mich geplagt, noch soviel Buchstaben zusammen zu finden. Hoffentlich können die das nun lesen. Mein Liebling, muß ich Dir nun die Bilder schicken, oder kann ich sie behalten? Sie sind alle sehr schön und machen mir Freude.
Besteht da, wo Du jetzt bist, auch so große Gefahr von wegen Weiblichkeit? Aber Du gehörst ja mir und ich freue mich, daß Du es immer tun willst. Dann taucht immer wieder die Frage auf, worauf wir noch keine Antwort wissen: Wann sehen wir uns wieder? Wenn Du den Krieg überlebst, werden wir zum Ziele kommen, und ich glaube fest daran.
Ich habe grade die Lampe angemacht und verdunkelt. Es ist draußen sehr kalt und wird wohl wieder Frost geben. Morgens ist es immer so

hart gefroren, daß man im Feld nichts machen kann. Ich habe heute Nachmittag den Mist für die Gerste untergepflügt. Fritz hat heute den ersten Hafer gesät. Ich warte damit noch was, denn wir haben ja nicht viel.

*

10. April 1941

Was sollen wir hier? 8 km vor Goldap, nahe bei Rußland, 13 km von der Russisch-Polnischen Grenze.
Endlich sind die drei Nachtmärsche hinter uns. Wir sind fertig und haben vorläufig Standquartiere bezogen. Aber was für welche. Und dabei sind wir noch im alten Ostpreußen. Weißt Du, ich sehe ja gerne soviel wie möglich von der Welt, aber auf diese Gegend hätte ich bestimmt gerne verzichtet. Wir haben drei Nächte Marsch gemacht. Jedesmal sagte man, es werden 35 km gefahren. Die erste Nacht hat's so halberlei geklappt. Da waren wir morgens um 6 im Unterkunftsort angekommen. Die zweite Nacht ging abends um 1/2 9 los, und gestern morgen um 9 am Ziel.
Aber dann kam die dritte Nacht. Gestern Abend um 8 los, und heute Morgen um 11 waren wir hier. Im ganzen waren's nur 40 km, aber wir haben bestimmt 60-70 km gefahren. So »gut« wußte »man« die Karte zu lesen. Und dann Nachts immer gegen Osten, und aber auch andauernd schärfster Ostwind und klingender Frost und auf den Straßen Eis und ein bis drei Meter Schnee. Jedenfalls können wir jetzt alle gut begreifen, daß der Napoleon damals in Rußland den Krieg verloren hat. Wir waren auch bald verloren vor lauter Kälte. Die drei Nächte werde ich wohl so schnell nicht wieder vergessen.
...
Na, jetzt sind wir heim im Reich, aber oh weh! Hier auch sechs Monate wie in Montchamp, und wir sind dann alle reif für den Zoo, wegen Mangel an Menschenähnlichkeit. Meine Herren, ist das 'ne Wildnis. Und dabei gibt's keine Post. Liebling, hoffentlich hast Du tüchtig geschrieben und gute »Freßpäckchen« gemacht. Ich denke doch, daß vor Ostern noch was ankommt. Sonst ist alles aus. Und dabei zu wissen, daß es keinen Urlaub gibt, ist verdammt bitter. Aber Schwamm drüber. Einmal geht auch dieser Krieg um, und dann sehen wir uns wieder und ich gehorche dann grundsätzlich nur noch meiner Frau, nur Dir allein.
Selma, Du kannst bestimmt froh sein, nicht Soldat werden zu müssen. Jetzt ist doch alle Lust vergangen. Und jetzt ist's halb 4. Ich bin hundemüde und lege mich gleich auf nen Haufen Stroh schlafen.

*

11. April, Karfreitag 1941
Wo bist Du, und was treibst Du wohl? Hast Du heute viel an mich und an zu Hause gedacht?
Ich hätte die letzte Zeit auch gern etwas französisch gekonnt, wie die Gefangenen hier hinkamen zu den Mahlzeiten.
Na, bei dem Pferdeappell hattest Du ja Glück ... Ich glaube, überall wo Du hinkommst, scheinst Du gut mit Frauen umgehen zu können.
Siehe Mia mit Bratkartoffeln und Rühreier. Ich freue mich ja doch, daß Du den Schnaps gut missen kannst, und ich will Dir den guten Rat geben, Dich nicht allzu oft aus Ärger vollzusaufen.

*

Ostern 1941, nachmittags
Nun ist Gott sei Dank der 1. Ostertag bald um. Junge, so schlecht wie hier habe ich noch nie gelebt. Und dann soll Ostern sein. Aber für uns ist gar nichts. Dazu bin ich auch noch krank. Habe seit Karfreitag dollen Durchfall und Fieber und wollte heute Morgen hier ausziehen zum Sani = in ein warmes Zimmer mit Bett. Aber Sch... Sowas gibt's anscheinend für Kranke nicht und ich soll mich eben hier aufhalten, wo's warm ist. Einen Sack Kohlen haben wir mitgekriegt, und so soll ich mich wohl weiter auf dem Strohsack rumwälzen müssen. Und Post gibt's auch nicht mehr.
Habe heute Morgen von Ilse ein Kuchenpäckchen bekommen, und das war alles, aber doch ne große Freude. Wo mag nur Deine Post bleiben? Habe jetzt eine volle Woche schon gar nichts mehr bekommen. Liebling, da wirst Du Dir denken können, wie ich mich nach Dir und zu Hause sehne. Habe seit gestern Mittag bis heute Morgen mit ner Wärmflasche auf dem Bauch im Bett bzw. auf nem harten Strohsack mit Woylachs bedeckt ziemlich krank mit Fieber gelegen. Auch jetzt ist mit mir noch nicht viel los.
... Die Leute hier sind direkt unfreundlich und geizig. Heute Morgen sagte ein Kamerad zum Bauer, er wolle heute Nachmittag zum Nachbarn, da waren wir zu zweit am Freitag, er sei dort zum Kaffee eingeladen. Und kurze Zeit später lud der Bauer uns alle 6 zum Kaffee ein. Na, abgelehnt haben wir nicht. Aber es war schon so. Jeder eine Tasse Kaffee und zwei Eier und 2-3 Stück Streuselkuchen. Na, später erzähle ich Euch mal alles genau. Jedenfalls, was wir hier erleben, werde ich wohl niemals vergessen. Junge, und da erzählt man uns, daß gerade die Grenzmarken am deutschesten seien. Jedenfalls

hier kennt man's nur an der Sprache, daß noch Deutschland ist. Da haben's doch die Soldaten damals bei uns im Quartier besser gehabt. ... sogar Flöhe haben schon 2 Kameraden, die ein Bett haben. Zu essen kriegen wir jetzt mehr. Karfreitag haben wir 60 Eier, 2 Pfund Butter und 3 Pfund Speck und ziemlich Brot gehamstert. Seitdem aber bin ich krank und darf kein Fett essen. Aber es wird schon wieder werden.

*

13. April, Ostersonntag 1941
18 Eier gefärbt, 10 grün und acht bunt mit Papierchen. ... Jenny ist noch im Bett, aber ich glaube, sie ist wach, und da kommt sie auch schon. Ich habe ihr 6 Eier und noch verschiedenes an Süßigkeiten in ein Körbchen getan. Ich habe gestern für mindestens eine Mark gekauft. Jenny sah mal erst, ob der Osterhas die Eier aus dem Schrank geholt hatte zum Färben, und dann fand sie alles. Die letzten Tage hatte sie die Hoffnung schon fast aufgegeben, weil die Eier immer noch hier waren. Da meinte sie, wenn wir keine Ostereier kriegten, wollten wir uns selbst welche kochen und die dann essen. Da siehst Du also, daß sie nicht so leicht in Verlegenheit kommt.
Jenny ist jetzt sehr aufgeregt und zufrieden. Nachbar Fritz ist auch schon hier. Von denen hat Jenny gestern schon ein Ei gekriegt. Sie weiß fast vor Freude nicht, was sie machen soll. Und ich erwarte noch meine Osterfreude. Oder ob ich wohl enttäuscht werde und auf Post von Dir bis Dienstag warten muß? Hoffentlich nicht. Weißt Du, dann könnte ich ja vor Wut heulen, und die leckeren Kuchen werden nicht so gut schmecken. Nun will ich Dir mal den Mund wässerig machen. Also bei uns gibt's Bisquitkuchen mit Butterkrem und Erdbeertorte mit Schlagsahne. Da siehst Du also, wie es uns geht.

14. April 1941
Ostermontag, abends halb 9 Uhr
Gestern Morgen habe ich zuerst an Dich geschrieben. Der erwartete Brief kam natürlich wieder nicht, und desgleichen heute. Also war die größte Freude vorbei, bevor das richtige Ostern schon anfing. Wir hatten genug zum Lesen und haben das natürlich auch ausgenutzt. ... Kleiner Besuch von Verwandten. Allerdings blieben die nicht sehr lange. Wie wir fertig waren, Tiere versorgen, melken u.a., haben wir noch gelesen bis 10 Uhr. Dann geschlafen bis viertel vor 7.

Wie wir mit der gröbsten Arbeit fertig waren, kamen wieder drei Besucher. Junge, da hiess es aber für Mittag sorgen. Nach dem Kaffeetrinken noch drei, und dann nochmal drei. Junge, da war die Bude aber bald voll.
Der zuerst gekommene Besuch ging um 8 Uhr abends. Ja, das Haus war voll, aber meine Gedanken haben sich lange nicht mehr so intensiv mit Dir beschäftigt wie heute. In mir ist eine große Leere, und diese kann nur durch Deine Gegenwart ausgefüllt werden. Dann muß ich immer denken, ob Du noch in Ostpreußen bist, oder ob Dich meine Gedanken auf dem Balkan suchen müssen. Während der Zeit, daß dort der Krieg tobt, habe ich noch keinen von Dir geschriebenen Brief erhalten. Hoffentlich kommt wenigstens morgen was.
Ich glaube, wenn ich jetzt ein Kind unter dem Herzen trüge, wäre ich noch viel mutloser, besonders in Gegenwart anderer, aber dann bin ich immer sehr aufgeräumt oder tue wenigstens so. Es geht ja keinen was an, wenn ich mich gräme und wie sehr ich Dich liebe. Ach, wäre der Krieg schon aus.
Ja, nun sind die Feiertage wieder zu Ende, und morgen heißt's wieder arbeiten. Was ich tue, weiß ich noch nicht. Arbeit gibt's ja genug, und dabei vergehen am besten die krummen Gedanken.

15. April
Hoffentlich zerstört der Krieg nicht unser Glück. Manchmal denke ich, Du könntest mich nach so langer Trennung nicht mehr so liebhaben wie früher. Du hast inzwischen sehr viele und schönere Frauen kennengelernt. Liebling, verzeih' mir diese dumme Schreiberei, aber ich weiß, daß manche froh wäre, wenn Du sie nähmest. Ich will Dich für mich allein haben, und wenn ich das nicht mehr kann, ist mein Leben verpfuscht. Ich liebe nur Dich und Du sollst immer nur mir gehören. Wäre es wohl nicht das Beste, wenn ich diesen Brief ins Feuer schmisse? Aber Du kennst mich doch. Ich schreibe hier so dummes Zeug, und vielleicht hast Du an ernstere Angelegenheiten zu denken.

17. April 1941
Hast Du auch die Meldung gehört, daß London vorige Nacht zehn Stunden bombardiert wurde? Der Krieg auf dem Balkan hat sicher auch schon die längste Zeit gedauert.

Wir hatten wieder Jugendgruppe in Marienheide, zu zehn Frauen und Mädchen. Frohe Stimmung anschließend mit Bürgermeister und ein paar anderen Männern, die Bier ausgaben. Da kannst Du Dir sicher die Stimmung vorstellen. An Polizeistunde dachte scheinbar keiner. Ich glaube, es waren schon halb 1, wie wir endlich nach Hause gingen. Zuerst war ich sehr still, aber nachher habe ich mich ordentlich ausgelacht. Es war alles sehr sehr schön, aber Mama war heute Morgen sehr böse. Du weißt ja, wie sie über so was denkt. Aber ich meine immer, sie könnte mir doch auch mal sowas gönnen. Ich weiß doch schließlich auch, was ich zu tun und zu lassen habe, und wenn ich es vor Dir verantworten könnte, wäre es doch auch genug. Ich habe viel Freude gehabt und beschließe hiermit das Kapitel.

*

18.4.41

Nun ist also meine Wache rum, und ich bin eben wieder in dem elenden Quartier angekommen. Junge, ist das doch ein besch... Leben. Da könnte ich nun so schön bei Dir sein und Dir helfen beim Hafersäen und Weidezaunmachen; aber nein, da soll's denn nun mehr nützen, wenn ich hier in diesem verlorenen Weltende sitze und Sehnsucht nach Dir und zu Hause habe und mich langweile. Ja ja, wär der verfluchte Krieg doch bloß mal bald zu Ende. Auf diese Art, so wie's uns jetzt geht, wird man das Leben als Soldat doch schnell satt. Aber alles egal.

... soviel wie dieses Mal Karfreitag habe ich wohl ganz selten an Dich und an zu Hause gedacht.. Wie Du weißt, geht's uns hier miserabel schlecht mit dem Essen. Da sind wir zu Zweien zum Hamstern gegangen, weil von unserem »Bauern« nichts zu kaufen war. Regelrecht gebettelt haben wir auf der Tour, um ein Stück Brot oder sonst was zu essen. Selma, glaubst Du, daß da meine Gedanken bei Dir waren? So leben also Euere Soldaten in der Heimat, die »Vaterland« heißt, und wofür wir den Treueeid geleistet haben. Wenn ich mir das bedenke, was wir in diesen paar Tagen schon an sturer Gehässigkeit bzw. Dummheit in diesem Ostpreußen erlebt haben, dann möchte ich wahrhaftig an allem verzweifeln. Das soll deutsches Land, und deutsche Bauern sein? Um ein Stück trocken Brot schickt man hungrige Soldaten von zwei großen Bauernhöfen weg mit der Ausrede, man habe die »Mahlkarte« und selbst nicht genug Brot zu essen, da müßten wir eben Kohldampf schieben. Täten soviele andere auch.

18.4.1941
Gerade wird die Nachricht erzählt, daß Jugoslawien kapituliert hat. So ist's richtig. Und England soll es nicht anders erleben. Die sind an allem schuld, und auch an unserer Trennung. Aber sie werden schon noch die rechte Vergeltung kriegen, und das ganz gründlich. Solange halten wir beide dann eben auch noch durch und warten bis ans Ende des Krieges, wenn's nicht anders sein soll.
60 Mann gehen nach Goldap zum Baden und ins Kino. 12 Uhr Abmarsch, und ich habe bis 1 Uhr Wache. Also Pech. Ich muß bei den Pferden bleiben und hoffe dann noch Zeit zum Schreiben zu finden.

*

20. April 1941
Ich war heute Morgen noch zu Hitlers Geburtstagsfeier nach Marienheide. Anschließend ging ich dann zur Post und bekam dort Deine beiden Osterbriefe. Die sind ja nicht sehr beruhigend, aber ich hoffe, daß sich die Sache wieder gelegt hat. Sieh nur, daß Du dabei nicht den Heldentod stirbst, dafür bist Du noch zu schade, und ich möchte Dich gerne wiederhaben.
Ich habe eben die beiden Briefe nochmal gelesen. Ich glaube, so traurig hast Du noch nie geschrieben. Hoffentlich bleiben die Russen ruhig, und mit dem Urlaub geht's wieder schneller.

24. April
An einem Tag 4 Briefe bekommen, wegen unterschiedlicher Laufdauer, gleich Päckchen und Brief fertig gemacht vor Freude.
Mit dem Rad nach Ohl. Ich habe anderthalb Pfund Runkelsamen und 6 Pfund Kleegrasmischung in Ohl bekommen. Morgen kriege ich von Zimmermanns noch 150 Pfund Stickstoffdünger. Ich soll Dich von dem Karl Zimmermann grüßen. Der ist jedenfalls hoch anständig. Dagegen andere knöpfen einem möglichst noch was ab.
Dann habe ich noch 4 Karren Mist gefahren, nun noch 10, und das Stück ist voll, und ich freue mich, wenn ich damit fertig bin. Der neue Ochse zieht sehr gut, geht aber langsam, und deshalb ist die Sache langweilig.

*

Rauental b. Goldap i.Ostpr. d. 24.4.1941

Allem Anschein nach sollen wir doch wohl nach Rußland rein kommen. Unsere Gruppenführer und Uffz. lernen nämlich ab heute jeden Tag Russisch. Na, mir soll's bald alles gleich sein. Post kommt keine mehr. Zu kaufen gibt's auch nichts. Unterhaltung gar keine und Dienst haufenweise. Und dazu hier das herrliche Wetter. Grundlose Straßen gibt's hier jeden Tag noch schönere. Und wer dabei den Krieg nicht leid wird, der ist bestimmt noch nie Soldat gewesen. Jedenfalls sind wir's jetzt bald alle satt.
Die Temperatur bleibt hier immer so um Null Grad rum, und am Tage gibt's Schnee und Regen, nachts Schnee. Trocken wird's hier überhaupt nicht. Wie hier die Bauern mit der Frühjahrsarbeit fertigwerden sollen, und wann, das bin ich mal gespannt. ...
..Wenn ich doch bei Dir sein und Dir helfen könnte, Dir alle Arbeit abnehmen. Hier verkommen wir fast in Dreck, Dienst und Langeweile. Wenn noch wenigstens Post regelmäßig kommen wollte. Keine Briefe und kein Päckchen kommt mehr. Und das in Deutschland, wo jetzt die Feldpost über die Reichspost geht. Da war's bisher, ob in der Kaserne, Süd- oder Nordfrankreich, doch immer noch besser. Teilweise ja auch hier in Ostpreußen. Aber was ist das schon. Wenn ich bedenke, daß Päckchen unterwegs sind, vielleicht mit Kuchen oder Butter, dann könnte ich heulen. Und dabei zu denken, daß die schönen Sachen jetzt irgendwo liegen und da verderben. Und dann macht man große Stimmung, wie gut es uns Soldaten, die an den Fronten stehen, geht und wie gesorgt wird für uns. Hoffentlich geht's nicht allen so, sonst wär's doch schade um all die gute Stimmung. Aber nichts ist dran zu machen. Alles für Deutschland.
So, jetzt habe ich mir nochmal allen Ärger weggeschrieben, und Du machst Dir jetzt sicher wieder Sorgen. Aber das ist nicht nötig. Leben tue ich immer noch. Gerade kommt der Uffz. zurück, ich soll 5 km wegreiten zum Postholen. Da bin ich gespannt, ob's was für mich dabei gibt.

*

26. April 1941
Gestern kam der Moos mit Schweinen, und wir haben eins gekauft. Kostet 37 Mark und ist ein kleines Tier. Wir wollten es nochmal wiegen, sind aber noch nicht so weit gekommen. Es ist sehr mobil und frißt gut. ... wieder Mist gefahren... Heute Nachmittag haben wir 10

Packen Streu geharkt. Noch haben wir ja Stroh, aber auskommen damit ist unmöglich. Und bei 6 Tieren ist schon was erforderlich.
...Für eine Woche haben wir noch Heu, und dann müssen wir Weide machen. Hoffentlich ist's dann wärmer. . Mein Liebling, es tut mir sehr leid, wenn Du so von Hunger schreibst, aber ich kann Dir nicht helfen. Alles, was in meiner Macht steht, wird getan.
Ein Nachbar ist heute nach Braunschweig gefahren, ist dahin arbeitsverpflichtet. Es ist nun das drittemal, daß er weg sollte. Die beiden vorigen Male hat er sich drücken können. Vorige Woche hat er drei Tage nur gesoffen. Seine Frau und deren nächste Nachbarin halten auch sehr viel vom Alkohol. Aber leider ist jetzt hier der Schnaps so rar, daß die Wirte nichts mehr in die Flasche verkaufen.
Von uns kann ich Dir alles Gute berichten. Mama kann allerdings längst nicht mehr soviel arbeiten wie früher. Sie will wohl mit Gewalt, aber es geht nicht immer. Ich bin doch froh, daß wir nicht soviel Arbeit haben wie voriges Jahr. So machen wir alles mit der größten Ruhe.
Und nun eben zu Deinem Brief. Das mit dem Geld ist ja sehr schön, aber wir kommen auch so zurecht. Aber wenn Du nichts brauchst, was sollst Du dann damit? Also besten Dank dafür.
Liebling, lass den Mut nicht sinken, denn alles geht einmal vorüber. Heute war hier der erste in Griechenland Gefallene in der Zeitung, ein 24-jähriger Oberleutnant aus Waldbröl. Der E. hat vorige Woche aus Sarajewo geschrieben.
Nach Mittag war ich mit Jenny nach Kotthauserhöhe und habe 50 m Maschendraht und ein Waschfaß geholt. Mehr Draht konnte ich vorläufig nicht kriegen. Ich habe 1,25 m hohen genommen. Was er kostet, wußten sie noch nicht. Wir haben den Draht so über den alten Zaun gezogen. Wenn wir noch 25 m haben können, wäre ganz rundum, so ist es eben nur das Nötigste. Richtig machen können wir es ja, wenn wir mal mehr Zeit haben.

*

28.4.41
Wir leben unser dämlich langweiliges Soldatenleben so von Morgen bis Abend dahin und werden so ziemlich zu soliden alkoholfreien Menschen. Heute Abend mußten wir die Winterbekleidung, Handschuhe und Kopfschützer und Fahrermantel abgeben. Und dann geht hier bei Tage das Thermometer kaum über 4 Grad rauf. Da bin ich nur gespannt, was wir noch alles mitmachen. Jedenfalls bin ich

jetzt heilfroh, daß ich meine eigenen Handschuhe, beide Paare, fast nie angezogen habe. Die gestrickten sind noch fast wie neu. Dafür waren aber auch die alten vollkommen nur noch Löcher. Und mein Schal ist auch noch so, wie ich ihn mitgenommen habe. Also wird mir's am Kopf und Händen so schnell nicht zu kalt.

*

1. Mai 1941
Jetzt ist es schon ein Jahr her, daß Du den grauen Rock angezogen hast. Hast Du auch schonmal an voriges Jahr gedacht? Was waren wir da noch glücklich, und wie schön und gemütlich haben wir da den heutigen Tag verbracht. Die alle haben damals Witze erzählt, und heute sind wir alle sehr weit auseinander. Der E. ist auf dem Balkan, der H. und Du, Ihr seid in Ostpreußen.
Ich war im Kino in Gummersbach, anschließend bei den Verwandten dort, habe ihnen 1/2 Pfund Butter mitgenommen. Und dafür gaben die mir 1/4 Pfund Kaffeebohnen. Grüße von denen, ihr jüngster Sohn ist auch in Ostpreußen, der ist Leutnant und lag vorher auch in Frankreich.
Gerade beginnt die Soldatenstunde im Radio. Die Mannschaft wird über Rechtschreiben und Zeichensetzung unterrichtet. Frage: »Hinter welches Wort kommt ein Fragezeichen?« Antwort: »Hinter Urlaub.« Um 1 Uhr sind wir zum Kartoffeln setzen gestartet. Der Ochse geht so langsam, daß Mama so viele gut setzen kann. Wir sind jetzt soweit, daß wir morgen fertig werden. Mit den Saatkartoffeln kommen wir aus. Um etwa 6 Uhr waren wir wieder hier. Dann mußten wir noch Häcksel schneiden. Dann habe ich noch Leunasalpeter unter die Apfelbäume gesät. Wie ich damit fertig war, und kam hier rein, waren es viertel vor 8 Uhr. Und da habe ich Feierabend gemacht. Und nun widme ich mich meinem Liebling noch ne Stunde. Ich will nun Deine beiden Briefe mal vornehmen...

Stülinghausen, 4. Mai 1941
Voller Spannung warte ich darauf, was wir in einer Stunde erfahren im Radio. Hoffentlich kein Krieg mit Rußland. Denn dann müssen wir unsere Hoffnung nochmal begraben. Ich weiß, daß Du dann in Gefahr bist. Wenn da was dran ist, weißt Du es jetzt sicher schon. Aber noch wollen wir die Hoffnung nicht aufgeben.

Im Übrigen geht es uns noch recht gut. Gestern sind wir mit den Kartoffeln fertig geworden. Es war sehr kalt dabei. Ab und zu schneite es sogar. Wie wir damit fertig waren, haben wir hier am Weidenzaun noch repariert. Wir wollten heute austreiben, aber es war uns zu kalt. Heute Morgen war alles weiß gereift und die Sonne hat bis jetzt noch nicht geschienen. Wir haben wohl noch für ein paar Tage Futter, aber wir möchten gern für den Notfall noch etwas verwahren. Wenn es nicht bald besser wächst, braucht man im Mai bestimmt nicht zu mähen. Aber einmal muß es doch richtig Frühling werden. Wie kalt es auch hier noch ist, kannst Du daran merken, daß man noch keine Kirschblüten sieht.
»Ich bin einsam und verlassen« singt im Radio eben einer. Genau so geht es mir, und jetzt, wo ich darüber nachdenke, kommen mir Tränen in die Augen. - Einem Soldat sind Drillinge geboren, und ich freue mich, daß ich nicht diejenige bin. Als Soldat soll man wohl viel aushalten müssen, aber zu Hause ist es auch nicht immer leicht. Bei Wirths ist heute Nachmittag geschlossen. Die haben Silberhochzeit. Hoffentlich haben wir auch das Glück, daß wir die feiern können. Ich wollte überhaupt, der Krieg wäre bald zu Ende. So Liebesbriefe schreiben ist ja ganz schön, aber was hat man letzten Endes davon? Es ist doch schließlich nur ein Beweis, daß man lebt und guten Mutes ist. Es sind jetzt erst halb 6, aber das Wunschkonzert ist schon vorbei. Schade, denn es war ganz schön. Immer ins Kino gehen ist ja ganz schön, aber zu Hause verlebt man auch manch schöne Stunde. Wenn wir nur zusammen sein könnten, dann wäre es überall schön. Ich bin doch gespannt, was es gleich gibt. Der Führer spricht ja. Fast eine halb Stunde ist schon einer am Ansagen, über welchen Sender und in welcher Sprache das Ganze übertragen wird.
Viertel vor 8 Uhr. Gott sei Dank, daß meine Befürchtungen nicht eingetroffen sind. Ich hätte nicht gedacht, daß es schon die Ergebnisse vom Balkankrieg gewesen wären. Nun brauche ich die Hoffnung auf Deinen Urlaub ja noch nicht zu streichen. Ach, wenn Du doch mal eines Tages oder nachts auftauchtest. Mein Liebling, ich habe so große Sehnsucht nach Dir. Heute Mittag stand ich vorm Spiegel und reckte mich, und da fühlte ich in Gedanken, wie Du hinter mich tratest und Deine Arme mich festhielten. Ach wäre es doch nur Wirklichkeit.

8. Mai 1941
Ich bin wegen Beschwerden gestern morgens kurzerhand zum Doktor gefahren. Er stellte Nervenentzündung fest und verschrieb mir Pulver. Dann sollte ich wärmen, aber ich mußte doch auch arbeiten. Schmerzen spürte ich auch keine mehr, und da habe ich mir gesagt, dann könnte ich auch mit nach Marienheide gehen. Daß ich zum Doktor ging, war eigentlich nur eine Laune. Jedenfalls habe ich mich nochmal herzhaft gefreut. Aber wie gesagt, nach so Angelegenheiten vermisse ich Dich am meisten.

11. Mai 41
Im Radio werden Frontberichte vom vorigen Jahr gegeben. Der Krieg ist doch eine furchtbare Angelegenheit. Ob Du ihn auch wohl noch richtig kennenlernst? Hier wollen die Leute nicht an einen Kampf mit Rußland glauben. Ich wünschte, es wäre so.
Mein Liebling, früher hast Du Dir immer gewünscht, als Soldat möglichst weit fort zu kommen. Und jetzt? Ich glaube, Köln oder Lüdenscheid wären Dir jetzt lieber. Dann hättest Du doch wenigstens die Möglichkeit, uns öfter zu besuchen. Der Nachbar H. ist auch auf einer schönen Reise: von Weimar nach Paris, dann zurück über Stuttgart nach Wien. Von da hatte er geschrieben, daß es weiter über Bukarest nach Griechenland ginge. Solch eine Reise machtest Du doch sicher auch noch mal gern.
Ja, voriges Jahr haben wir schön den 1. Mai gefeiert. Dieses Jahr war es ein Tag für mich wie alle anderen. Gestern Abend haben wir nochmal so richtig gefeiert. Wir hatten Jugendgruppe und anschließend haben wir noch verschiedene Wirtschaften besucht. Wir waren zu 14 und haben zusammengelegt für einen Stiefel. Als der 1.Stiefel leer war, und wir gehen wollten, bekamen wir einen neuen. Dann ging's in den Bunker. Da habe ich ein Glas Apfelsaft getrunken. Nach einem Likör waren wir es schon leid, und deshalb ging's zum Bahnhof. Da waren ein Ehepaar und noch ein paar Herren, Bekannte. Kaum saßen wir, da bekamen wir schon Bier. Wir hatten aber lieber Likör, und da kam der auch noch. Dazwischen gab's noch leckere Plätzchen. Um 1/1 12 wollte ich nach Hause gehen, aber es wurde nicht zugelassen. Da habe ich mich dann noch 20 Minuten im Mantel hingesetzt.

13. Mai 1941
Die größte Sensation des Tages weißt Du doch sicher auch. Wer hätte das gedacht. Warum flog der Rudolf Heß nach England? Bei der ganzen Sache zu bedauern ist doch nur der Führer. Der arme Mann ist doch nun wohl genug enttäuscht worden. Man weiß ja tatsächlich nicht, was man von der ganzen Sache denken soll. Ich bin nun mal gespannt, wie sich die Sache regelt. Und wann macht wohl der Krieg größere Fortschritte? Wie man hört, ist wohl überall Urlaubssperre. Jenny ist gerade rauf gegangen, und da fällt mir ein, daß wir die Betten noch nicht gemacht haben. Na, schlafen wir mal so. Sie rief gerade, es wäre Verputz unter der Decke runtergefallen, und das bei der Trockenheit. Denn es hat schon lange nicht mehr geregnet. Gerade kommt die Frau H. auch, die hat noch keine Adresse von ihrem Mann. Das ganze Gespräch dreht sich natürlich um Heß. Es ist wirklich unbegreiflich.

*

Neues Quartier, 13.5.1941
Gestern Mittag sind wir also im neuen Massenquartier angekommen. Die Fahrt war ganz nett. Es war schönes Wetter, aber ein sehr scharfer Wind. Jedenfalls sind wir wieder ein Stück näher an der Grenze. In 1/4 Stunde ist man zu Fuß im ehemaligen Polen. Und bis auf den Dreck ist's uns ganz wohl. Alle sind jetzt braun von der Sonne, und wir haben auch ein ziemlich nettes Quartier. Wir liegen mit 60 Pferden und ca. 50 Mann in einem Hof von 850 Morgen. Aber das ist schon son Hof. Die Gebäude sind halb verfallen, und der ganze Hof sieht aus, als wenn er 10 Jahre vollkommen verlassen gewesen wäre. Heute Morgen war ich mit weg zum Hafer holen, ca. 15 km weit weg von hier. Aber das war eine dolle Fahrt. Ich hab ja ein schönes Gespann, aber das rechte Pferd geht keinen »Schritt«. Immer im Trab oder Galopp, und da habe ich den ganzen Weg nichts Anderes zu tun als die Leine so fest wie möglich zu halten. Da brummen aber nachher die Hände und Arme vom Anhalten. Unser Stall ist soweit ganz gut, 27 Pferde zusammen in einer Scheune.
...
Und jetzt: Was ist eigentlich mit Rudolf Heß los? Das fragen wir uns alle. Radio ist zwar hier im Ort verschiedentlich, aber wir kommen ja doch nie zur Nachrichtenzeit dazu. Und Amtliches haben wir also noch nichts gehört. Was mag das nun wohl bedeuten, und was gibt das wohl? Jedenfalls, wenn Heß in England ist, dann glaube

ich noch nicht an ein schnelles Ende des Krieges. Und was mag uns wohl dann noch alles bevorstehen?
Daß die englischen Flieger bei Posen geflogen sind, habt Ihr sicher auch gehört. Und am Samstag kam der Scheuer Karl aus dem Urlaub zurück über Posen. Der hatte den Bahnhof gesehen, und da waren alle Fensterscheiben kaputt. Die Tommys hatten da bombardiert. So also sieht's aus. Und wenn jetzt die Russen auch noch anfangen, kann's schön werden für uns.
Morgen früh haben wir wieder mal Sprachunterricht, und das sagt wohl genug, weshalb wir hier liegen. Ich und wir alle fragen uns nur, wie lange noch so?
Und dabei immer noch Urlaubssperre, und scheinbar dauert das auch vorläufig noch an. Also, mein Liebling, da sind alle unsre schönen Hoffnungen mal wieder restlos begraben, und das Liebesbriefe schreiben hört noch lange nicht auf. Selma, Selma, wann sehen wir uns mal wieder? Ich bin's so leid jetzt, sofort ginge ich zu Fuß von hier zu Dir, wenn ich nur wegkäme. Aber das sind so schöne fromme Wünsche. Ich kann nur eines für Dich, mein Herz, tun, Dich nur in meinen Briefen lieben und Dich niemals vergessen. Das kann ich Dir versichern.

*

15. Mai 1941
Endlich am Regnen, und wir alle hoffen, daß es darauf mal warm wird. Wenn es so weitergegangen wäre, hätten viele Leute in ganz kurzer Zeit kein Futter mehr für ihre Tiere gehabt. Seit heute Morgen haben wir sie auch schon auf der 3.Weide. Da waren die ganzen Grasspitzen braun vom Frost. Es ist ja noch immer richtig Frühling geworden, und das wird es auch jetzt. Ich wollte nur, Du wärest bei mir. Noch nie war meine Sehnsucht so groß wie in letzter Zeit. Man kann es ja schließlich nach 6 Monaten begreifen, und dazu noch im Mai.
Mama meinte gestern, wenn Du nicht weiter weg wärest als bis Berlin, dann wäre sie auch dafür, daß ich Dich mal besuchte. Aber so ist es doch wohl zu weit. Und dann kämen noch die anderen Schwierigkeiten. Also die Sache müssen wir fallenlassen. Gestern habe ich den ganzen Tag alte Kleider und Schürzen geflickt. So geht ein Tag dem andern nach.

16. Mai 1941
Heute habe ich mir wieder Unterstützung geholt und somit habe ich sie schon für ein ganzes Jahr bezogen. Wer hätte das gedacht. Es ist doch gut, daß Du arbeiten gegangen bist, denn dadurch ist es mir nun möglich, in finanzieller Hinsicht ein sorgenfreies Leben zu führen. Und das will schon viel heißen. Ich habe zwar heute nicht viel von dem Geld mit nach Hause gebracht, denn ich habe die Rechnungen bei K. bezahlt. Das einzige, was wir noch schuldig sind, ist der Dünger von Zimmermann. Ich denke den bei der nächsten Löhnung bezahlen zu können.
Ich glaube, Mama hat gesagt, wir hätten noch etwa 15 Säcke voll Hafer, und das sind dann noch etwa 2.000 Pfund. Da kann ich dann ohne Sorge schon mal nen Sack voll mahlen. An dem Ganzen sieht man, daß es nicht immer gut ist, wenn man alles genau befolgt.
Heute Nachmittag war ich nochmal landwirtschaftlich tätig. Ich habe die Kartoffeln, den Hafer und die Gerste im Lingenberg gewalzt. Bald wäre es nicht alle geraten, denn es gab eine furchtbare Regen- und Schneeruse. Da kannst Du sehen, wie kalt es auch bei uns ist. Ich glaube, es dauert noch bis Pfingsten, bis unsere Rot-Buchen vorm Haus offen sind. Der Hafer ist zwar schön grün, und die Kartoffeln längst in der Erde, aber es will kein richtiger Frühling werden. Augenblicklich haben wir ja ein schlaues Tempo, aber ich mag noch nicht an die Zeit denken, wo es wieder anders ist.

*

15.5.1941
Gestern kam ein Brief von Dir, der mit der Blume von Jenny. Meine liebe Jenny, dafür, daß Du Deinem Papa so schöne Grüße in den Krieg schickst, danke ich Dir sehr. Du bist also doch dem Papa sein Liebling. Und wie ist's mit dem artig sein? Machst Du Mama und Oma auch nicht zuviel Arbeit und hilfst tüchtig? Wie sind denn jetzt die beiden kleinen Kälber, kannst Du die in diesem Jahr auch noch auf die Weide bringen, oder sind sie jetzt stärker als Du? Und wie ist's eigentlich mit Deinem Schreiben lernen? Oder hast Du da kein Interesse mehr dran? Eigentlich müßtest Du doch jetzt schon bald nen Monat in der Schule sein. Wenn das wäre, könntest Du sicher Deinen Namen schon schreiben.

*

17. Mai 1941

*Heute Morgen war alles weiß geschneit.
Und wann hört endlich das Elend auf? Ich habe ja ein ziemlich sorgenloses Leben und auch schonmal eine angenehme Abwechslung, aber ich würde gerne auf alles verzichten, wenn Du bei mir sein könntest. Man denkt am besten nicht weiter als die Nase lang ist. Wenn ich viel denke, werde ich traurig, und das will ich nicht. Wenn ich Ablenkung haben kann, nehme ich sie. Für Dich Ersatz suchen tue ich nicht, denn ich will dereinst mit ruhigem Gewissen Dir gegenüber treten können.
Heute Nachmittag war ich im Kino in Marienheide, der Film »Sieg im Westen«. Wenn man über den Krieg nachdenkt, ist er doch eine große Grausamkeit.
Vorige Nacht in der Umgegend Fliegeralarm...Mehr habe ich allerdings nicht gehört, sondern habe ruhig weitergeschlafen. Wenn es nicht ganz brenzlig wird, stehe ich nicht mehr auf. Ich dachte immer, die Erstürmung Englands ginge bald los. Wie ist's eigentlich bei Euch da oben? Hier sind viele Leute, die nicht an einen Krieg mit Rußland glauben, und ich wollte schon, sie hätten Recht.*

*

20.5.1941

Gestern mußten wir unsere Munition wieder aus dem Keller tragen und putzen, und die Dinger wiegen jede je 50-55 Pfund, und davon ca. 1.000 Stück zweimal hin und her tragen, macht müde, besonders nach dem Impfen gegen Typhus. Und heute bin ich auch recht müde geworden. Heute Morgen nach dem Kaffee war ich soeben im Stall, da kommt der Futtermeister und suchte zwei Mann für Feldarbeit. Ich war mit dabei, der auszog zum Dreischeggen. Jedenfalls habe ich einen netten ruhigen Tag gehabt. Allerdings bin ich müde geworden in den Füßen. Das Laufen im Feld ist man doch nicht mehr gewöhnt. Aber es macht doch mal wieder mehr Spaß als der alltägliche Dienst. Und vor allem gab's wieder richtiges Essen und richtig satt. Morgen mache ich dasselbe wieder.

Nach dem Abendessen war ich eben zur Nachbarin, die für viele von uns wäscht, auch für mich, zwei Hemden und ein Unterhemd für 60 Pfennige. Da kam die Tochter von unserem Bauern und fragte um Butter. Die hat unseren Oberleutnant im Quartier. Für sonen Großgrundbesitzer gehört sich das ja, daß die Herren da wohnen,

und auch herrschaftlich verpflegt werden. Aber da war heute die Butter alle geworden, und das war sehr peinlich. Da habe ich dem Mädchen, 27 Jahre alt, hübsch und ähnlich wie Du, mit nem halben Pfund Butter aus der Not helfen können. Allerdings wäre die schon 14 Tage alt. (Aus dem Päckchen von Dir) Mir ging's drum, eventuell ganz frische zu kriegen, und die Sache klappte. Morgen kriege ich ein halbes Pfund frische Molkereibutter. ...
Gestern brachte einer die Sch...haus-Parole auf, Rußland sei dem Dreimächtepakt beigetreten, und deutsche Truppen marschierten durch Rußland in den Irak ein. Wenn sowas nur wahr würde. ...

*

21. Mai 1941
Die neue Kuh ist in den Apfelbäumen, und zwar aus dem Grund, weil sie so schlecht gehen kann. Vor kurzem hatte sie alle vier Beine am schwären. Es sieht aus, als ob sie fast ganz neue Hufe kriegte. Wir hatten vorige Woche mal dem Tierarzt Bescheid gesagt, aber er ist nicht gekommen, und da habe ich mich eben selbst dran gegeben, und es scheint tatsächlich, als ob's besser ginge. Auch an der Milch hat sie zugenommen, aber soviel wie Fanni hat sie noch nie gegeben, obwohl sie bedeutend größer ist. Wir melken jetzt täglich gut 30 ltr. Ich dachte grade, es wäre nicht schön, daß man immer arbeiten müßte, wenn es aber nicht der Fall wäre, würde mir die Trennung bestimmt viel schwerer. So hat man wenigstens auch anderes, worüber man nachdenken kann.
Gestern Abend haben wir von der Frauenschaft Muttertag gefeiert. Wir haben alle satt Kuchen und Kaffee gehabt. Anschließend wollten wir von der Jugendgruppe noch was zusammen bleiben, aber ich hatte überhaupt keine Lust mehr und bin trotz großem Protest nach Hause gegangen. Um 11 1/4 Uhr war ich hier....
»... und dann keinen Mann.« Da meinte die H., wenn ich so nötig einen Mann hätte, dann sollte ich doch auf der Kirmes zu einem gesagt haben, er solle mal mit mir gehen. Ich glaube, das war ihr voller Ernst. Na, die scheint keine wahre Liebe zu kennen. Wenn ich mich nach Dir sehne, dann ist es immer nur der Wunsch, daß D U bei mir sein sollst. Mein Liebling, so nötig habe ich keinen Mann, und bestimmt keinen Ersatz für Dich.

28. Mai
Wie es mit dem Rudolf Hess ist, habt Ihr doch sicher erfahren. Hier hört man nur sehr selten davon. Der neueste Witz ist, daß er in England Quartier machte. Ja, und wie lange der Krieg noch dauert, müssen wir abwarten. Die Urlaubssperre scheint ja vorläufig noch anzuhalten.

25. Mai 1941, Sonntagnachmittag
Hast Du die Sondermeldungen von gestern gehört? Die Engländer werden doch immer kleiner, und wann mögen sie endlich nachgeben? Mir wäre es recht, wenn durch Sondermeldung bekanntgegeben würde, daß Waffenstillstand wäre. Dann würde ich mit Freuden warten, bis Du nach Hause könntest...
Gestern habe ich mich mit Platen gestritten, was schwerer ist, wenn Eltern einen Sohn verlieren oder eine Frau den Mann und den Vater ihrer Kinder. Ich meinte letzteres. Wie ich da nach Hause kam, habe ich mich ordentlich ausgeweint, und das Herz tat mir so weh wie noch nie, solange Du weg bist. Mir kann jedenfalls noch keiner nachsagen, daß ich mich nicht damit abfinden könnte, daß Du weg bist. Auch habe ich noch keinem was vorgejammert. Wenn dann einer meint, wenn man sich sechs Monate nicht gesehen hätte, das wäre nicht so schlimm, aber wenn sie selbst sowas durchmachen sollen, so geht das eben nicht. Nein, weißt Du, sowas kann ich nicht vertragen. Aber jetzt will ich aufhören davon. Wir wissen ja selbst am besten, wie es um uns ist. Ich will mir eben keine Gedanken und Sorgen machen, und wenn ich Gelegenheit habe und in Stimmung bin, nehme ich alles von der leichten Seite. Ich weiß auch, daß Du mir darum nicht böse bist, denn was ich tue, kann ich auch verantworten. Ich habe die letzten Tage oft daran gedacht, wie ärgerlich ich immer war, wenn Du Sonntags mit mir nur durch die Felder spazieren wolltest, und was gäbe ich darum, wenn ich es jetzt könnte. Ich würde jetzt das größte Vergnügen fahren lassen, wenn ich nur bei Dir allein sein könnte. Aber es ist ein frommer Wunsch, und wie lange muß er es noch bleiben?
10 Tage sind es nun schon her, seit Du den Brief, den ich heute erhielt, geschrieben hast, und es ist fast eine Ewigkeit. Inzwischen kann man schon gestorben, begraben und vergessen sein. Aber das will ich von Dir nicht hoffen. Ich will und muß Dich wiederhaben, denn sonst ist mein Leben verpfuscht.

So, jetzt mache ich Schluß mit den trüben Gedanken, denn es hilft ja doch alles nichts.
...
Gestern haben wir bei die Lebensmittelkarten ein Schreiben gekriegt, daß wir bis zum 22.3.1942 für 2 Personen mit Fleisch und Speck versorgt wären. Und das ist noch eine lange Zeit, und da heißt es eben sparen. Jetzt haben wir zwei kleine Schweine, und wann dürfen wir sie schlachten? Wenn wir eins davon bis März halten müssen, wird auch wohl tüchtig was dran sein. Aber bis dahin ist noch lange, und vielleicht wissen wir dann mehr.

28. Mai 1941

Vorige Nacht wieder Fliegeralarm. Aufstehen tue ich nicht, denn das ist mir zu lästig. Dann hörte ich die Entwarnung. Kurze Zeit darauf kamen wieder Flieger, und da hörte ich auch nicht allzu ferne Bombendetonation. Ist in Berghausen gewesen, Schmid und Clemens, sind aber nicht getroffen, sondern es handelt sich um die Ortschaft Berghausen. Da sollen 5 Sprengbomben zwischen den Häusern liegen. Passiert ist aber weiter nichts, als daß ein Haus abgedeckt wurde. Dann soll noch ein Busch gebrannt haben, durch Brandbomben. Mach Dir aber keine Sorgen, denn ich schlafe immer noch so ruhig wie jede Nacht.
Die Kartoffeln im Garten sind gewachsen, die Reihen schon gut zu sehen. Vorhin habe ich die ersten 3 Stangen Spargel gestochen. Unsere beiden Birnbäume blühen bald. Äpfel sind noch weit zurück. Pflaumen gibt es dieses Jahr scheinbar nicht viele. Die Erdbeeren sind auch voller Knospen, und wenn das alles was gibt, kann ich bestimmt dann viel einkochen, und die essen wir dann, wenn Du mal hier bist. Mein Liebling, was waren wir doch heute vor einem Jahr noch glücklich. Da hatten wir noch keine Ahnung, was für ein Elend das Soldatenleben mit sich brachte. Aber ich hoffe und wünsche, daß es einmal wieder anders wird. Der Krieg kann doch nicht ewig dauern, und alle Männer gehen auch nicht dabei zu Grunde. Gerade kam ein Soldat und wollte Eier kaufen, aber ich konnte ihm auch nicht helfen, denn wir haben von Sonntag bis jetzt nur eins gekriegt. Hoffentlich klappt das mit der Klucke, sonst sehe ich für die Zukunft schwarz wegen Eiern. Kücken sind schlecht aufzutreiben.
Heute Nachmittag habe ich für Jenny ein Oberbett gemacht aus dem Barchent, den Du aus Frankreich geschickt hast. Ich hatte mir dafür

ein Pfund Federn gekauft, und die meisten alten habe ich mit dem Staubsauger umgefüllt.

... Ich bin doch froh, daß Du ein Landsoldat bist. Das Schicksal der »Bismarck« hast Du doch sicher auch schon erfahren. Da war auch einer aus Marienheide drauf. Voriges Jahr ist der in Norwegen mit geschwommen. Ob er wohl sein Vaterland noch wiedersieht?

*

31. Mai 1941, Pfingstsamstag
Die beiden sechs Monate sind wieder vorbeigegangen, ohne daß ich Dich habe sehen können. Und noch ist gar nicht an Urlaub zu denken. Und von einem Weitergehen des Krieges hört man hier auch noch nichts. Alles ist so ungewiß. Es heißt ja wohl jetzt wieder, daß wir nächste Woche erneut Quartierwechsel hätten, aber was ist uns damit geholfen?! Gar nichts.
Du bist ohne mich mit aller Arbeit allein, und ich liege hier herum und warte, warte und sehne mich nach Dir, nach Jenny und Mama und zu Hause und Ruhe. Der einzige Trost ist ja noch, daß ich's nicht allein bin, der so denkt. Allen Kameraden geht's gleich. Unseretwegen könnte sofort, noch in dieser Minute, Waffenstillstand sein. Eher gibt's ja doch kein Ende. Aber ich glaube, da sind wir vorerst noch weit von entfernt. Und auch mir und Dir wird wohl noch ne schwere Zeit bevorstehen. So wie den Winter durch wird's doch wohl im Sommer nicht bleiben. Von dem Stillliegen haben wir alle genug. Und ich glaube, die Heimat ist auch bald den Krieg leid.
Gerade fahren hier auf der Straße 14 Polen mit ihren Wagen und Pferden vorbei, wieder nach Polen. Da kommen sie zu anderen Einheiten. Wir behalten bloß drei Gespanne, wahrscheinlich zum Futter und Gerät für uns nach zu fahren.
Gestern nach Goldap zum Haferholen. Auf die Art bin ich dann doch mal in die Stadt gekommen. Die ist im vorigen Krieg von den Russen vollständig zerstört und verbrannt worden. Und jetzt ist es eine ganz neue Stadt und sehr schön. Auch große Heldenfriedhöfe von gefallenen Deutschen und Russen.
Aber es gab nichts zu kaufen. Abends wieder zurück, Pferde versorgen.
Dann kamen 70 Polen, die jetzt auch für Deutschland Krieg führen. Aber das waren schon welche. In all der Hitze kamen die noch mit dicken Schafspelzen. Heute sind sie nach Goldap zum Entlausen. Was

wir damit sollen, bin ich gespannt. Die sind alle mit Gespann und Fahrzeug, Panjewagen, gekommen.
Am Abend haben wir dann nochmal gefischt, gut 30 Pfund aus dem Teich geholt, und jeder hat sich was mitgenommen, nur ich nicht. Ich hab's anders gemacht. Einen Eimer voll habe ich zum Bauern gebracht und mich zum Fischessen eingeladen. Also gibt's heute Abend wieder was Gutes zu essen.
Meine liebste Selma, wie viele schöne Pfingsttage haben wir beide schon verlebt! Und jetzt? Diesmal könnte es wahrhaftig möglich sein, daß wir auf dem Vormarsch sind. Wohin es gehen wird, wissen wir ja, und was kommt wohl noch alles? Ich wollte, der Krieg wäre aus, und ich könnte bei Dir sein. Gerade jetzt, wo so schönes Wetter ist. Es ist jetzt 9 Uhr durch, und so wunderschöne laue Mai-Abendluft, daß man direkt Lust zum Lieben kriegt, und Du bist so weit weg. Alles ist zum Kotzen. In Frankreich wäre man jetzt vielleicht schon bald blau, und hier gibt's nicht mal Limonade zu trinken.
Eben nach dem Fischessen holte ich mir das Schreibzeug von der Stube, und da hatte wahrhaftig einer noch eine Flasche richtigen französischen Likör. Da habe ich mitgetrunken, und es war gut.

*

31. Mai 1941
Mama und ich wollten noch nach Müllenbach, uns da 5 Hühner holen. Die sollen das Stück 6,50 RM kosten, und da ist es uns noch wieder leid geworden. Es ist ja auch furchtbar viel Geld, und man kann da für jedes Huhn schon 50 Eier kaufen.
Mit unserer Glucke ist es nichts. Ich habe sie vorhin wieder nach Hessen gebracht. Die Eier sind teilweise noch zu gebrauchen. Ich habe 6 kaputt geschlagen, davon waren 5 angebrütet. Ich habe das Schlechte weggeworfen und von den andern backe ich Pfingstkuchen. Ich habe jetzt den ersten im Ofen. Gut, daß noch Brennholz da ist.
Heute Abend mache ich sonst nichts mehr. Hoffentlich gibt's keinen Besuch über die Tage. Wenn wir allein sind, haben wir doch am meisten davon. Ich habe noch genug zu lesen, und vor allen Dingen will ich die zuletzt von Dir erhaltenen 3 Briefe beantworten. Seit Mittwoch habe ich nichts wieder erhalten.
Gestern hatte ich noch ein kleines Erlebnis. Wie ich von der Bahn (Marienheide) kam, und auf der Hubertushöhe war, kam ein Auto an mir vorbei und hielt. Ich habe mich nicht lange besonnen und bin mitgefahren. Der Mann bedauerte es sehr, daß ich keinen weiteren

Weg mehr hatte. Er lud mich zu einer Spritztour ein. Kuß hatte er auch gern. Aber weißt Du, um solche Sachen will ich mein seelisches Gleichgewicht nicht auf's Spiel setzen. Eine angenehme Abwechslung ist so was ja doch. Der wollte mich gern mal wiedersehen. Na, ich bin gespannt. Ich denke, der ist mit der einen Abfuhr zufrieden.

2. Pfingsten 1941

Es ist jetzt halb 8 Uhr morgens, seit halb 6 bin ich schon auf. Wir mußten die beiden Tage früher Milch liefern.
Mama hat zwar gemolken, ist aber nach dem Kaffee wieder ins Bett gegangen. Jenny schläft auch noch. Mit Mama ist die letzte Zeit wieder nicht viel los. Sie leidet wieder sehr an inneren Schmerzen, ist aber nicht zu bewegen zum Arzt zu gehen. Gestern hatte sie wieder den ganzen Tag Kopfschmerzen. Da waren die Lüdenscheider hier. Sie brachten uns das Wachstuch für den kleinen Tisch, eine Flasche Rotwein u.a. mit. Auch noch Zigaretten für Dich, und im Übrigen soll ich Dir viele Grüße bestellen.
Im Übrigen war ein reger Fußgängerverkehr, überwiegend Frauen und Kinder. Soldaten waren schon eine Seltenheit. An der Talsperre war auch schon reger Betrieb. Aber das Wasser ist noch sehr hoch, und deshalb wenig Platz zum Zelten, und in den Tannen ist es verboten. Wie es in mir aussah, weißt Du ja auch ohne daß ich es beschreibe. Ich möchte auch mal gerne spazierengehen, aber dann bin ich sehr traurig, denn ich kann es nur allein oder mit Jenny. Zu irgendeinem hingehen kann und tue ich nicht. Befriedigen tut mich das auch nicht, es gibt nur Abwechslung. Wenn ich allein gehe, komme ich ja doch immer an Stellen, wo wir sehr glücklich waren, und das macht mich dann besonders traurig. Wenn ich soviel Zeit habe, will ich nachher mal eben an den Berg gehen. Bis jetzt habe ich bloß die Kühe versorgt und die Schweine gefüttert.
Mein Liebling, ich möchte es Dir nicht noch schwerer machen, wie es schon ist. Ich weiß ganz gut, daß Du nichts dran ändern kannst. Ich fühle mich augenblicklich recht unglücklich und ich tue es immer, wenn ich über unser jetziges Leben nachdenke. Aber ich will es nicht und frage auch nicht, warum muß es uns so gehen. Ich bin eine deutsche Frau und will mein Schicksal würdig tragen.
Was hat das ganze Hadern für einen Zweck. Ich mache mir einen schweren Kopf und erreiche doch nichts dabei. Vielleicht gehe ich auch heute mal wieder ins Kino, um auf andere Gedanken zu

kommen. Aber ich weiß es noch nicht. Es ist mir so lästig. Meine ganze Zuflucht nehme ich jetzt zu den Romanen. Ich kann lesen, bis ich von Überanstrengung Kopfschmerzen kriege. Aber es ist das einzigste, was mich befriedigt. Filme ja auch, aber das ganze drum und dran ist so lästig.
Weißt Du, ich konnte Dir keine fröhlichen Feiertage wünschen, denn ich weiß, daß es Hohn ist. Wir wissen doch beide, wie es dem einen ohne den anderen geht. Ich denke noch an verschiedene Pfingsten, die wir verlebt haben. Erst war es das vor 8 Jahren, da waren wir froh und glücklich und konnten tun und lassen, was wir wollten. Es wird wohl das Glücklichste sein, was ich erlebt habe. Und im vorigen Jahr wußten wir Pfingsten noch nicht, was uns bevorstand. Daß wir uns in einem Jahr nur einmal wiedersehen würden, hätte ich niemals gedacht. Und wann mag es uns wieder vergönnt sein? Es geht ja immer weiter, und man wartet immer nur auf größere Ereignisse. Werden sie kommen, und wann?
Es ist jetzt schon Juni, und der Mai, der schönste Monat des Jahres, fast um. Aber wo Du auch sein magst, meine Gedanken werden immer bei Dir sein, wenn ich mir auch oft kein Bild davon machen kann, was Du tust und unternimmst. Mein Liebling, ich möchte Dir so gerne was ganz, ganz liebes schreiben, aber ich weiß nicht was. Du hast mir kürzlich mal geschrieben, wenn wir wieder zusammen wären, hätten wir beide genug. Ja, so war es und ich habe nur den einen Wunsch, daß es immer so bleiben möge.
Kreta ist nun heute auch gefallen, und wann wird England endgültig besiegt sein? Ich habe ja schließlich nichts gegen das ganze Soldatenleben, wenn es nur mehr Urlaub gäbe. Nun sind es schon fast 6 1/2 Monate, daß wir uns nicht mehr gesehen haben.

*

2. Juni 1941

Mein Liebling, jetzt ist 2.te Pfingsten nachmittags 4 Uhr, und eigentlich müßte ich jetzt bei Dir mit am Tisch sitzen und lasse mir die Pfingstkuchen gut schmecken. Aber... statt dessen sitze ich fast 1800 km weit weg in einem öden langweiligen Massenquartier am roh gezimmerten Tisch und schreibe und denke an Dich und zu Hause. Vier Kameraden liegen auf dem Stroh und schlafen, ein anderer liest, und die anderen sitzen vor dem Haus und karten. Da kann man wohl sagen »Fröhliche Pfingsten!«

Meine liebe, liebe Frau, Du sorgst so gut für mich, und ich kann Dir nichts als nur Briefe schicken. Und die sind meistens doch immer recht unzufrieden. Aber ich kann nicht dafür. Es ist nun mal so. Mit Dir bin ich vollkommen zufrieden.
Wenn ich an Euch, Mama und Dich und den Betrieb und die schwere Arbeit dort denke, dann könnte ich heulen. Aber was hilft das alles? Ich kann's nicht ändern, und wenn ich's noch so gerne möchte. Ja, Du schuftest, daß alles vorangeht. Und wofür das alles? Ich sitze hier oben viel zu weit von zu Hause und tue nichts als mich ärgern und langweilen. Ich bin ja so stolz auf meinen Liebling. Was wäre ich ohne Dich, meine Selma? Jedenfalls, was Du jetzt für mich und für uns beide und unsere Jenny tust, werde ich Dir immer danken. Ich kann nur immer wieder sagen: ich bin sooo stolz auf Dich. Und nur Dir gehöre ich für alle Zeiten.

Polen, 5. Juni 1941
Es ist bald 6 Uhr Morgens, und seit 3 Stunden sind wir in unserem neuen Quartier. Richtig in der Polakei, und wir haben schon einen Begriff davon, was Polen ist.
Augenblicklich sitze ich auf nem Futtertrog mitten im Hof. Unsre Pferde sind rundherum angebunden. Unser Gepäck liegt im Hof, und 8 Kameraden daneben und schlafen. Ein interessantes Bild. Es ist schade, daß ich jetzt keinen Photoapparat habe.
Ich bin ja auch wohl müde, aber einer muß eben wachbleiben und aufpassen. Um 7 Uhr soll's Kaffee geben, und dann ist auch für die anderen die Nacht um.
Jedenfalls haben wir eine schöne Fahrt gehabt. Gar nicht kalt, und Mondschein. Wenn's nur jetzt so weitergehen wollte. Ich glaube ja nicht, daß wir so noch lange rumziehen. Nur möchte ich, und jeder andere auch, gerne wissen, was eigentlich los ist. Bald glaube ich ja nun doch, daß es noch nach Rußland geht. Hoffentlich sind wir bloß vor dem Winter wieder hier weg. Man muß eben Geduld haben und warten, was die Zeit mit sich bringt.
Heute bin ich gespannt, was wir uns für ne Schlafstelle bauen. Als Quartier ist uns ein alter Hühnerstall angewiesen, aber da ziehen wir es doch vor, draußen zu übernachten. Wir wollen uns neben unserem Pferdestall, eine geräumige Scheune, ein Zelt aufschlagen. Die kalte Zeit ist ja doch jetzt ziemlich vorbei, und im Zelt sind wir wenigstens sicher, daß wir ziemlich frei von Ungeziefer bleiben. Wie

lange wir nun hier liegenbleiben, ist noch recht ungewiss. Es heißt, vorläufig mal für 8 Tage. Hoffentlich stimmt's.
Ein Kamerad, unser Sattler, hatte auch großes Pech. Der war vor 14 Tagen nach Lötzen ins Lazarett gekommen. Und gerade Freitag vor Pfingsten kam er wieder zu uns. Nun war seine Frau mit nem kleinen Jungen von Ulm an der Donau aus gekommen und wollte die Pfingsstage bei ihm sein, kam nach Lötzen und er war weg. So ist sie die Pfingsttage rumgereist und kam gestern Morgen bei uns im Quartier an. Und gestern Abend ging's wieder weg. Allerdings durfte der Sattler noch bis heute im alten Quartier bleiben und wird wohl heute mit dem Fahrrad nachkommen. Was haben die nun davon?
Meine liebe Selma, ich wäre ja auch überglücklich, wenn Du mich auch mal so besuchen könntest. Aber für 2.000 km einfache Fahrt lohnt sich son Besuch doch zu schlecht.
Der Amann Max hat auch Pech gehabt. Der war ja im Urlaub. Nun hat er da einen U.K. (=unabkömmlich) Antrag gemacht, und der ist auch bis zur Truppe durchgekommen. Aber nun ist Urlaubssperre, und soviel man hört, gibt's seit 1.6. kein »U.K.« mehr. So hat der eine dieses und der andere jenes. Und wir zwei werden uns trotz allem Sehnen und Wünschen auch wohl so schnell nicht wiedersehen. Nichts dran zu machen.

*

6. Juni 1941
Ich habe heute fast nur genäht, an einem Kleid für Mama. Es ist der dünne schwarze Seidenstoff aus Frankreich. Wir hatten den bei der Frau Kolbe, aber der Stoff ist so faul, daß sich der Nähelohn nicht rentierte. Geschnitten und zusamengeriehen war es, und nun habe ich es fast fertig. Hoffentlich ist der dunkelblaue Stoff nicht auch so schlecht. Sonst muß ich das auch noch selbst nähen.
Jenny geht jetzt ins Bett. Sie zieht sich jetzt oben schon alleine aus. Ich glaube, wenn Du mal nach Hause kommst, wirst Du sie kaum wieder erkennen, so groß ist sie geworden. Vorhin hat sie nochmal geschrieben, weißt Du, so große gedruckte Buchstaben, nur weiß sie noch nicht, wie sie heißen. Aber damit sie das lernt, muß sie ja demnächst zur Schule. Manchmal will ich böse werden, aber dann spricht sie so pfiffig, und wir müssen lachen. Ich glaube ja auch, daß sie so mehr Willen kriegt als wenn Du hier wärest, aber wenn es darauf ankommt, tut sie doch, was ich sage. Sie ist ziemlich ungeduldig und muß immer Beschäftigung haben.

Weil es heute so regnete, mußte sie fast immer hier drinnen bleiben, und das fällt ihr schwer. Manchmal kann sie sich auch schon ganz nützlich machen. Kohlen und Holz holen und Kühe helfen wegtreiben kann sie schon ganz gut. Jedenfalls brauchst Du Dir keine Sorgen zu machen. Ich soll schon mit ihr fertig werden. Jeder, der sie sieht, bewundert ihre Zöpfe, und sie sind auch wirklich schön. Mein Liebling, freust Du Dich, daß ich mal so viel von unserem Kind geschrieben habe? Ich glaube, ich habe noch in keinem Brief so viel von ihr geschrieben wie in diesem.
Bei Schönebergs wurde ein zweijähriges Pferd, das noch keine Hufeisen hatte, mit Betäubung beschlagen, jedenfalls wollte ich das gesehen haben. ...Wie es da im Stehen nicht klappte, wurde es rüber geworfen, und dann war es schnell geschehen. Sowas sieht man jedenfalls nicht alle Tage. Der Tierarzt war Dr. Alberts. Was das für einer ist, weißt Du ja. Fröhliche Scherzworte per Du. Er meinte, ob er mich mal küssen dürfe. Durch so kleine Erlebnisse wird mir das jetzige Leben schonmal etwas erleichtert. Oder gönnst Du mir das nicht? Ich glaube doch, denn was ich tue, sollst Du wissen. Es geht mir nicht wie der H., daß ich einen intimen Freund haben muß, der für alles und jedes da ist. Ich warte auf Dich, und das fällt mir nicht schwer.

*

9.6.1941
Es heißt so, wenn der Russe seine Truppen nicht von der Grenze wegnimmt, werden wir sie wegtreiben. Ich glaube ja bestimmt, daß unsere Infanterie und vor allem die Panzer und motorisierte Teile seit Frankreich reichlich »Treib«-Mittel für gegnerische Truppen angesammelt haben. Hoffentlich geht alles gut rüber, und der Krieg geht aus. An ein Ende in diesem Jahr glaube ich ja kaum noch. Und wahrscheinlich geht noch mehr wie ein Monat rum, bevor es mal wieder Urlaub gibt. Mein Liebling, so lange haben wir nun auf Urlaub gewartet. Wie lange mögen wir wohl noch warten müssen, bis auch wir uns nochmal in den Armen liegen können. Wäre das schön. Ich kann's mir bald nicht mehr vorstellen, was das für ein Gefühl ist, seine Frau im Arm zu haben. Jedenfalls muß es sehr schön sein..... Aber der verfluchte, 100-mal verfluchte Krieg will noch nicht aufhören. In Deinem Brief schreibst Du von Mama, daß es ihr jetzt wieder besser ginge. Wie ist das denn mit ihr? Sage ihr bloß, daß die Unterstützung, die Du für mich bekommst, auch für sie da ist. Ich möchte jedenfalls nicht, daß sie sich kaputt arbeitet. Sie hat sich genug

geopfert bisher, und hat es bestimmt verdient, auch mal ohne Schufterei zu leben. Was hat die ganze Sache für nen Zweck, wenn Ihr das Geld alle auf die Seite legt. Zieht ruhig etwas weniger Korn oder sonst was. Da düngt Ihr eben soviel weniger, habt weniger zu bezahlen und nehmt dann einfach die Unterstützung zum Leben. Ich brauche kein Geld, nur was zu essen von dort. Seit wie lange geht schon für Getränke nichts mehr aus der Tasche, und wenn wir noch vier Wochen so liegen, kann ich wieder Geld schicken. Übermorgen ist Löhnung, und ich habe noch 35 Mark. Da siehst Du, wie sparsam ich bin. Was sich natürlich an ess- oder rauchbarem zu kaufen bietet, wird genommen.

*

13. Juni 1941, Freitagabend 1/2 8
Der W. schrieb, dem scheint es da oben auch nicht recht gut zu gehen. Er wäre so nahe der russischen Grenze, daß man mit einem Stein nach Rußland werfen könne. Der scheint auch an einen Krieg mit Rußland zu glauben, denn es ging jetzt schon oft sehr heiß her. Schlafen und essen müßte man sich abgewöhnen, und Tabak bekäme man nur in Feld und Wald.
Gestern Abend war ich zur Brandbombenbekämpfung nach Müllenbach. Da scheinen doch viel Blindgänger bei zu sein. Die beiden letzten Nächte war hier wieder lebhafte Fliegertätigkeit. Ich habe jedoch kaum was davon gespürt. Das nächste ist hier Lennep, wo Bomben gefallen sind. Es wären da auch einige Tote.
Solange es abends hell ist, und ich nicht gerade schreibe, lese ich Romane, und dann wird es leicht 1/2 11, und um 6 stehen wir auf, und für die Zeit dazwischen bin ich zu sehr mit schlafen beschäftigt. Jedenfalls wenn ich morgens gesund aufstehe, ist es mir gleichgültig, was nachts passiert.
Daß die Polen gut für Euch sorgen, ist ja schön, nur muß ich dabei immer an die Vergiftungen im vorigen Jahr denken. Selbst auf diese Art möchte ich Dich auch nicht verlieren.

*

13.6.41
Ich habe einen Brief aus Montchamp erhalten. Dort ist jetzt die ganze Gegend frei von Besatzung, und die Familie Oblin wünscht mir alles Gute und ein baldiges Wiedersehen mit meiner Familie.

Gestern Abend hatten wir endlich den ersten Braten aus der Umgegend. Heute hat die Nachbargruppe einen. Unser Luis hat gestern ordentlich gezielt, und kam schön nach Hause. Da bin ich gespannt, wie das in Rußland mal wird, wenn das Jagen erlaubt ist. Jedenfalls steht das fest: Sobald wir über die Grenze sind, ist der Hungerkrieg für uns aus. Dann wird alles, was eßbar ist, zusammengeschossen. Die knappe Zeit wie hier wollen wir da nicht erleben.

*

15. Juni 1941
Gerade sind die 2-Uhr-Nachrichten im Radio: Kroatien ist dem Dreimächtepakt beigetreten. Was sagst Du zu dem englisch-französischen Krieg in Syrien? Wer hätte das gedacht? Die Engländer waren vorige Woche auch wieder in Westdeutschland gewesen. In unserer Gegend glaube ich aber nicht. Hast Du auch noch mal Gelegenheit, Radio zu hören?
Pfingsten ist vorbei, und Du bist nun wirklich Weihnachten, Ostern und Pfingsten nicht zu Hause gewesen. Ob es wohl wirklich noch nach Rußland geht? Wenn das der Fall ist, und Du hast Gelegenheit, besorge uns dann Kaffeebohnen. Nicht daß es wieder geht wie in Frankreich. Wenn Ihr da nur 8 Tage geblieben seid, habt Ihr ja jetzt schon wieder ein neues Heim. Ja, ich besuchte Dich auch gerne mal, aber es kostet 1. viel Geld, und 2. bin ich kaum lange abkömmlich. Und wenn man eine so weite Reise macht, muß man wenigstens Zeit genug zur Verfügung haben.
Wenn Du auch so weit von mir weg bist, so ist es doch das Schönste für mich, daß Du mich lieb hast.

*

17.6.41, auf Wache
15 km sind's noch bis Rußland, und so wie es heißt, geht's Mittwoch oder Donnerstag wieder weiter. Wenn die Parole stimmt! Jedenfalls möchte ich gern wissen, was eigentlich los ist hier oben.
Ja, und mit dem Krieg mit Rußland ist's ganz komisch. Keiner kann recht dran glauben, aber jeder muß sich doch sagen, daß all das, was hier so rumliegt, nicht nur als Sicherung dienen kann. Da ist auch noch was anderes dahinter.
Wo die Bomben bei Wipperfürth gefallen sind, weiß ich ja jetzt schon von Dir und Ilse. Und früher hat man soviel gesprochen, daß auf so abgelegenen Höfen nichts passieren würde.

*

19. Juni 1941
Nun haben wir den ersten Heutag um, und es war sehr, sehr heiß. Ich habe so geschwitzt, daß es mir förmlich vom Kopf tropfte. Wir haben jetzt die Hofwiese und den alten Garten ab. Wenn es morgen auch so heiß ist, kriegen wir alles trocken.
Morgen früh muß ich mit Jenny nach Müllenbach zur Untersuchung für die Schule. Deshalb habe ich sie vorhin gebadet. Wie sie dann im Bett war und Mama am melken, habe ich auch ein bißchen geplanscht. Sowas tut doch recht gut, und wenn ich demnächst mal allein bin, tue ich es mal gründlicher.
Vorige Nacht sind die Engländer mal nicht in hiesiger Gegend gewesen. Ich merkte auch so nicht viel davon. Oft wundere ich mich über mich selbst, daß ich so ruhig dabei bin. Ich sage mir, daß ich damit glücklicher lebe als die, die jede Nacht ein paar Stunden aufstehen. Und wenn ich viel arbeiten muß, kann ich das ja auch nicht. Sonst geht's uns augenblicklich noch recht gut. Wir arbeiten soviel wir können, und dann ist Schluß. Man kann die Frösche an der Talsperre wieder hier quaken hören.

*

Polen, 21.6.1941
eine Feldpostkarte an Fräulein Jenny Höhfeld
Meine liebe Jenny! Nun ist morgen Dein 6. Geburtstag, und Du wartest sicher dann auf einen Glückwunsch von Deinem Papa. Aber es kommt keiner an. Ich habe im letzten Brief nicht dran gedacht. Erst diese Nacht, als wir mal wieder unterwegs waren, fiel mir das Datum ein. Aber Du brauchst mir deshalb nicht böse sein. Das ist nun schon das zweitemal, daß Du Deinen Geburtstag feierst ohne mich, und mir geht's genau so. Ich sitze gerade auf einem Stein am Sandweg und hüte meine beiden Pferde, Liese und Hans. Gestern Abend um 10 Uhr sind wir aus dem letzten Quartier weggefahren und waren nach einer recht schweren Fahrt für die Pferde um 3 im Bestimmungsort. Schlafen bis 7 auf Stroh, dann Pferde putzen und hüten, und morgen geht's vielleicht wieder weiter der Grenze zu.

22. Juni 1941

Mein lieber Alex!
Nun haben wir Jennys Geburtstag und auch Krieg mit Rußland. Wie mag es uns dabei ergehen? Ich meine nicht im Ganzen, sondern uns persönlich. Vor 6 Jahren um diese Zeit war Jenny erst kurze Zeit auf der Welt.
Am Freitag bekam ich Deine beiden Briefe vom 13. und 17. Aus dem letzten habe ich gemerkt, daß es nicht lange so weitergehen konnte. Ich wollte abends noch antworten, aber Du weißt ja auch, wie es gerade bei der Heuernte zugeht, besonders wo wir allein sind. Solange wir am trocknen sind, ist immer schönes Wetter. Den alten Garten und die Hofwiese haben wir ein. Ab haben wir noch 10 Viertelscheid am Berg.
Das haben Fritz und ich gestern Morgen mit Haarhaus Ochsen und unserer Maschine gemäht. Es wollte erst nicht klappen, aber nachher ging's doch. Nachmittags habe ich es mit Haarhaus Heuwender gewendet, und das tue ich nachher nochmal. Vor Abend wollen wir es dann zusammenharken und auf Haufen machen, und wenn das Wetter so bleibt, wird's morgen eingefahren.
Hier ist es ganz ruhig und friedlich. Gerade brummte hier ein Flugzeug vorbei.
Fritz spielt Schifferklavier, also alles in allem ein richtiger Landsonntag. Gerade spielt er »Gefangen in Maurischer Wüste«. Mein Liebling, kannst Du Dir jetzt meine Gefühle vorstellen? Aber ich will mich nicht unterkriegen lassen. Es hat ja doch alles keinen Zweck. Es hilft Dir ja doch nichts, wenn ich traurig bin. Am Freitag schrieb E. auch nochmal ne Karte. Der ist noch in Dresden.
Ich hatte für Jenny eine große Bretzel backen lassen, und dazu bekam sie noch Klümpchen, und nen Blumenstrauß. Jenny ist jetzt ohne Schuhe 124 cm groß und wiegt 49 Pfund. In die Schule braucht sie erst am 18. August.
Mein Liebling, hoffentlich bleibst Du mir erhalten. Ich habe vorige Nacht geträumt, ich hätte Dich in Gummersbach gesehen, Du mich aber nicht. Ich habe Dir geflötet, aber Du hörtest nicht, und ich konnte Dich nicht wiederfinden. Es war ein Traum. Ich sende Dir viele Küsse und sehne mich nach der Zeit, die uns wieder zusammenführt.

Immer Dein Liebling

25.6.41

Es ist halb 9 morgens. Wir sind gerade hinter einer anderen Kolonne zum Halten gekommen. Heute soll die Memel überschritten werden. Also sind wir wohl bald durch Litauen durch. Vom Krieg sehen wir bisher recht wenig. Leider sind hier Heckenschützen, aber wir haben noch keine Last damit gehabt. Flieger auch keine, und andere Feindtruppen haben wir noch keine gesehen. War das ne Überraschung am 22.6. Da war die Sache nahe bei uns. Aber trotzdem ist's ruhig wie im Frieden. Hoffentlich bleibt's so. Litauen feiert Befreiung.

Drei Kameradengräber habe ich gesehen, gef. am 22. und 23. Russen bleiben so liegen.

Gegen halb 10 liegen 8 Kameraden, Oberleutnant, Leutnant, Oberfeldwebel, und Mannschaft im Massengrab.

So geht unser Vormarsch. Es ist sehr warm und viel, viel Staub. Aber sonst geht's mir noch recht gut. Etwas Schinken und Plätzchen habe ich noch, auch Butter und Zigaretten

Gerade wie ich das Datum schreibe, fällt mir ein, daß ich heute Geburtstag habe. Also vielen Dank für die kommenden Glückwünsche.

Ja, so kanns gehen. Aber es geht mir noch recht gut. Wenn es auch brutal heiß ist und wir dauernd in einer großen Staubwolke fahren. Nur Sand bzw. Lehmstraßen. Gestern Abend um 11.20 Uhr sind wir durch die Memel gefahren. Die Brücke war gesprengt, aber nichts kann uns aufhalten. Unsere Pioniere helfen uns schon über jedes Hindernis, und es gibt deren grade genug. Diese Nacht und heute Morgen hören wir nochmal viel Schießen, aber recht weit weg. Wir sind noch nicht angegriffen worden. Es gibt ja viele Hecken- und Kornfeldschützen, aber fast alle sind schon tot, wenn wir vorbei kommen. Mit solchen Burschen gibt's kein Pardon. Nach Mittag sahen wir, wie ein Bolschewik abgeführt wurde.

Von der gewaltigen russischen Luftwaffe, wie es hieß, haben wir bisher noch gar nichts gesehen. Hoffentlich bleibt das so.

Und Nachrichten haben wir so gut wie gar keine. Gestern Abend kamen wir an einem Kameradengrab vorbei, Fritz Schlüter, gef. 23.6.41. Ist der wohl aus der Heimat dort? Das ist ein eigenartiges Gefühl, so die frischen Hügel mit Kreuz und Stahlhelm zu sehen. Da kriegt man jedesmal mehr Wut, denn fast alle sind von Heckenschützen erschossen worden. Im übrigen ist unser Marsch verdammt heiß und schwer. Gestern Morgen um 8 sind wir abgefahren und mit einer Stunde Mittagsrast durchgefahren bis diese Nacht 2 Uhr. Für uns ist's nicht so schlimm, aber unsere armen Pferde. Ich habe gestern Morgen meine

Liese schon ausgespannt und Hulda eingespannt. Sie war bis dahin Reitpferd des Uffz. Überhaupt haben wir kein Reitpferd mehr, das noch frei ist. Die ersten 2 Tage waren zu schwer.
Direkte Zerstörungen vom Krieg haben wir noch nicht gesehen. Scheinbar werden wir um gefährliche Orte rum geführt und ist mir und Dir sicher auch am liebsten.
Jetzt, meine geliebte Selma, muß ich aufhören. Die Post geht gleich ab. Ob wir nochmal Post kriegen und wann ist noch unbekannt. Schön wär's ja. Deinen letzten Brief vom 15.6. habe ich noch in Polen am 21. erhalten, als ich die Karte an Jenny geschrieben habe. Für das Bild vielen Dank. Da ist unser Kind aber doch groß geworden. Wann mag ich's wohl mal wiedersehen?

27. Juni

Heute ist der 27. Juni. Um halb 9 kamen viele deutsche Bomber über uns her und entgegen russische Jäger, 1 und 4 Stück. Die Flak schoß gerade über uns. Ein schönes Morgenkonzert. Ich war gerade am Füße waschen, als die Russen kamen. Da hieß es wieder Fliegerdeckung. Stahlhelm auf und unter den Wagen. Jetzt warten wir auf den Abmarschbefehl.
11 Uhr Futter für übermorgen fassen, und füttern. halb 12 Essen und Kaffee fassen. Abmarsch. Um halb 2 sind wir aus dem Hof, etwa 200 Meter gefahren, da hieß es »Kehrt zurück ins Quartier«. Wir haben marschbereit gelegen bis 10 Uhr abends.

29.6.1941

6 Uhr, wir halten schon wieder. Die Straße ist sauschlecht. Immer Sand, Sand. Gerade kommen 15 Transportflieger ganz tief vorbei. Schießen hören wir nicht mehr. Es regnet etwas. Hoffentlich nicht mehr. Kurz vor 7 ging's weiter nach Osten. Aber recht schlechter Weg. Bis halb 12 hatten wir 16 km gefahren. Um 11 Uhr kamen wir am Gefangenenlager vorbei, 150 Mann.
Halb 12 Rast bis 1 Uhr, und jetzt warten wir wieder. Ott hat für jeden die ersten russischen Zigaretten organisiert. Vor Mittag habe ich ein Huhn gepflückt (gerupft) und ausgenommen. Aber zum Kochen war wieder keine Zeit. Der Regen hat aufgehört, und wieder sehr heiß.
19 Uhr, wir halten gerade vor einer Bahnlinie am Bahnhof. Wir sind wieder auf polnischem Boden. Heute Mittag waren hier noch 6

Bomben geworfen worden. Wir haben die neuen Sondermeldungen erfahren. Nach langem Warten ging's weiter über grundlosen Sand. Nach 21 Uhr im Quartier neben einem restlos abgebrannten Dorf. Wir sind jetzt in Russisch-Polen. halb 11 im Bett. Es regnete stark. Halb 5 Wecken. Päckchen und Karte geschrieben, aber nicht weg. Um 7 Abmarsch, und ungeheuer viele Truppen mit uns. Es ist jetzt 10 nach 8, und wir haben jetzt gut einen km hinter uns. 9 Uhr durch Olkeniki, fast ganz abgebrannt. Meine Uhr war stehen geblieben, ist kaputt. Jedenfalls war es bald Mittag. Füttern und Tränken. Und um 13.15 Uhr ging's wieder los. Aber schon stehen wir wieder an der Seite und müssen warten. Gras holen. ... Hoffentlich kannst Du meine Frontberichte entziffern. Es ist so das, was wir erleben. Viele Orte aufschreiben kann ich nicht, wir kommen durch Dörfer, wo kein Name ist. Und fragen kann man auch keinen. Von uns kann ja keiner die Sprachen der Länder, wo wir jetzt sind.

*

29. Juni 41
Mein Liebling!
Seit Freitag haben wir Hilfe, und zwar einen Franzosen. Er ist 38 Jahre und von Beruf landwirtschaftlicher Arbeiter. Er ist sehr willig und arbeitet gut und fleißig. Am Freitag regnete es, und da habe ich ihn ans Holz spalten getan. Dann hat er alte Zaunpfähle und sonstigen Abfall auf der Kreissäge geschnitten. Nachmittags haben wir Runkeln nachgesetzt. Gestern haben wir zuerst 150 Pfund Hafer in die Müllenbacher Mühle gebracht. Die mußten wir abliefern. Dann sind wir ins Heu gegangen. Wir hatten soviel zu wenden, daß er es schon richtig kann. Und er macht es auch wirklich gründlich.
Wie wir damit fertig waren, gab es wieder Regen, und da haben wir noch 7 Tannen abgemacht und nach Hause geholt. Mit dem Ochsen kann er auch umgehen. Es ist nur schade, daß der nicht in dem Rodter Lager liegt, sondern immer nach Marienheide muß. Morgens muß ich ihn im Eberg holen, und abends kommt ein Posten. Wenn es so weitergeht, nimmt er uns wirklich viel Arbeit ab. Er arbeitet ähnlich, als wenn wir zwei zusammen gingen, nur war es dann liebenswürdiger. Viel deutsch kann er nicht, und was er nicht versteht, kriegt er vorgemacht. Wie das nun mit dem Bezahlen ist, weiß ich noch nicht. Ich will versuchen, ihn frei zu bekommen.

Mein Liebling, ich grüße und küsse Dich innigst und bleibe stets nur Deine Dir allein gehörende Selma

*

Feldpostkarte aus Polen vom 30.6.1941
Nun sind wir wieder in Polen und marschieren feste mit zum großen Vernichtungsschlag der eingeschlossenen 80 Divisionen bzw. der ganzen Russenarmee, die hier gegen uns angetreten war. Es ist ja doch herrlich, da bei sein zu können. Heute Morgen war halb 5 Wecken, und um 5 bekam ich Dein Päckchen vom 13.6. Was lange währt, wird endlich gut und es hat mir schon tadellos geschmeckt. Vom Krieg haben wir eigentlich gar nichts wieder gesehen bis gestern Abend. Wir kamen da an zerstörtem Russen-Gerät vorbei, und diese Nacht lagen wir neben einem Dorf, wo nur noch die Schornsteinreste von stehen. Sonst nur Brandstätten.
Mir geht's recht gut, nur immer hungrig und müde. Gefahr haben wir nach den ersten zwei Tagen nicht mehr gehabt. Die Heckenschützen sind scheinbar alle weg.

30.6.41
Es ist ja doch gut, daß unsere Führung dafür gesorgt hat, daß sich der Krieg nicht in unserer Heimat abspielt. Sowas kann man sich, ohne die furchtbaren Spuren gesehen zu haben gar nicht vorstellen. Die vergangene Nacht haben wir neben einem ehemaligen Dorf geschlafen. Etwa so groß wie Müllenbach, und davon standen noch 2 alte Schuppen. Alles andere restlos abgebrannt. Nur noch hier und da ein Schornstein war alles, was noch stand. Heute Morgen sahen wir dann noch große Herden Kühe in der Nähe, und das war alles, was noch übrig geblieben war. Dann ist es immer ein grausiger Anblick, wenn man an Stellen vorbeikommt, wo sich Panzerkämpfe abgespielt haben. Da haben unsere die Bolschewiken buchstäblich zermalmt. Am schlimmsten soll's wohl da gehen, wo unsere Flammenwerfer wirken. Da gibt's einfach nichts mehr, was nicht verbrennt. Gestern Abend kamen wir so an einem verbrannten russischen Tank vorbei. Da haben wir gesehen, daß sogar Stahl und Eisen auch vor Flammenwerfern nicht das Geringste schützt.
Jedenfalls haben wir jetzt nach 8 Tagen die feste Zuversicht, daß der Krieg hier bald restlos siegreich beendet werden wird.

Ich muß wieder aufhören. Es heißt Anspannen, und der Marsch nach Osten geht weiter. Die Straßen hier sind nur Sand, und unsere Pferde müssen alle Kräfte hergeben, um durchzukommen. Am schlimmsten ist das für die K.-Rad-Fahrer und einfachen Autos.
Der »Krampf« geht weiter. Und jetzt sind wir wieder unterwegs, aber schon nach einigen 100 m schon wieder mal Halt. Pferde in den Schatten fahren und warten. Jetzt stehen 6 Fahrkolonnen je ca. 50 Wagen neben und hintereinander neben der Straße, und wir sollen heute noch 22 km fahren. Wenn noch wenigstens feste Straße wäre, wär's halb so schlimm. Die Straße ist wohl gut 20 m breit, aber kein Fuß fester Boden. Sand, Sand und wieder Sand. Da war Frankreich doch leichter zu durchfahren.
Und nun, mein Liebling, nochmal ein klein bißchen Liebes nur für Dich. Wie erträgst Du den Gedanken, daß ich jetzt im Feindesland bin, wo alle Gefahren sein können? Hast Du jetzt sehr große Sorgen um Deinen Alex? Ich glaube ja. Aber glaube mir, es ist nicht schlimm, und wenn's anders wäre, glaube, daß ich's Dir schreiben würde.

*

1. Juli 1941
6 Uhr morgens, hoffentlich gibt's Heuwetter... Gestern haben wir geschuftet. Vor Mittag haben der Franzose und ich noch Runkeln nachgesetzt. Von Mittag bis zum Kaffee haben wir 15 Viertelscheid Heu gewendet und nachher zusammengemacht. Wenn wir den Marcel nicht hätten, wären wir bestimmt nicht fertig geworden. Der arbeitet, als ob es ihn selbst anginge, und ich werde auch ganz gut mit ihm fertig. Ich würde ihm gern mal Tabak oder Zigaretten schenken, aber man kann keine kriegen.
Habt Ihr auch schon Verluste gehabt? Gestern hat die Hilde Müller in Müllenbach schon Bescheid gekriegt, daß ihr Mann am 22. morgens 4 Uhr schon gefallen ist. Das war ein kurzes Glück. Ich glaube, die waren noch kein halbes Jahr verheiratet und kannten sich bestimmt noch nicht richtig.
Bis jetzt habe ich mir noch keine großen Sorgen gemacht. Ich hoffe immer, daß Du verschont bleibst und zu mir zurückkehrst.
Hast Du auch schon was von den dortigen Erfolgen gehört? Es ist ja kaum zu glauben, in 14 Tagen 4107 Flugzeuge und über 2200 Panzer zu vernichten. Wenn das so weitergeht, kann es ja wirklich nicht lange dauern. Unser Marcel meint, in einem Monat wärt

Ihr in Moskau. Die Franzosen freuen sich alle, weil sie hoffen, dadurch schneller wieder nach Hause zu kommen. Unserer ist aus der Nähe von Boulonge und wurde bei Dünkirchen gefangen. Hoffentlich ist uns niemals ein solches Los beschieden. Er arbeitet gut und wird auch demnach behandelt. Ich würde mich auch gerne mehr mit ihm unterhalten, aber er kann nicht viel deutsch. Da würde es schon besser sein, wenn Du hier wärest. Aber dann brauchten wir den nicht. Unser Franzose sitzt neben mir am Tisch und trinkt Kaffee. Er sagt grade, wenn er nach Frankreich zurückkäme, ging er einen Monat zum Vergnügen nach Paris mit Fräulein. Ich glaube, Treue gibt es nur in Deutschland. Mir ist das auch lieber, denn ich möchte Dich mit keiner anderen teilen, auch wenn ich schon mal denke, es wäre Blödsinn.

*

31.7.41, Biwak

... nun haben wir mal wieder Glück gehabt. Gestern Abend um 10 vor 12 war ich endlich im »Bett«, und um 3 war Wecken, weil es um 4 weiter gehen sollte. Wir hatten alles fertig und standen marschbereit, da kommt der Major, und wir brauchten nur 150 Meter zu fahren zu nem anderen Parkplatz. Vorgesehen waren, soviel man hörte, 50 km Sand für heute. Kannst Du Dir vorstellen, daß wir da lieber noch nen Ruhetag machen? Weiter vorn scheint's nicht arg geheuer zu sein. Heute Morgen war da ca. 30- 40 km von uns das dollste Ari-Feuer, das wir bis jetzt gehört haben. Es ist jetzt 14 Uhr und alles still. Demnach sind die Russen nochmal zurückgetrieben. Jedenfalls so verbissen und gemein zu kämpfen, ganz ungeheure Verluste haben sie. Panzer-Kameraden erzählten uns gestern, daß auf dem Weg nach vorne das Atmen fast unmöglich sei vor lauter Verwesungsgeruch. Es kommen da riesige Wälder, und was wir bisher an schlechten Wegen erlebt hätten, sei nichts gegen das, was jetzt kommt. Da bin ich gespannt, wie wir da mit unseren Pferden durchkommen. Vorläufig bin ich ja versorgt, meine beiden alten ziehen alles, was kommt, und wenn der Wagen bis auf die Achse in den Sand geht. Nur die Hitze und der Staub tun auch denen weh.
Gestern hatten wir nur 15 km zu fahren, aber son Staub, das war bis jetzt der schlimmste Tag, den wir hatten.
Um viertel vor 5 wird abgefahren. Morgens hatten wir noch den Platz gewechselt. Und da lagen wir so schön. Pferde und Wagen im Fichtenwald tadellos getarnt direkt an der Düna. Aber es war mal wieder

zu schön, um es lange zu haben. Da sind wir auch durch ein Dorf gekommen, wo montags die Bomben reingefallen sind. Viel Zerstörung war zu sehen. 4-5 Gebäude restlos abgebrannt, und unter den Trümmern die Reste von einigen Inf. Gef. Und zerstörte Wagen. 5 Mann und 12 Pferde tot, vielleicht verbrannt und viele Verletzte. An den Gräbern sind wir vorbeigefahren, ein Oberleutnant war dabei.

Die vergangenen Tage haben wir an jedem Hause, wo wir dran vorbeikamen, Bienenstöcke gesehen, und gestern besonders viele in dem Dorf, wo wir durchfuhren. Also war bei mir der Plan fertig, mal auf Honigjagd zu gehen. Martin ging mit. Anfangs fanden wir keine Kästen, es war ziemlich dunkel, bis wir endlich einen hatten. Deckel auf und ganz vorsichtig ran an den Feind. Bis um halb 12 hatten wir so ganz vorsichtig zwei schöne volle Waben, 16 Pfund erbeutet, wir hatten endlich was Süßes. Der Martin ist mein Beifahrer und ganz versessen auf Süßigkeiten.

Bis 10 nach 12 haben wir im Wagen gehockt und ausgespresst und geleckt. Martin kannte sowas noch nicht. Ich schnitt ihm ein Stück ab und hieß es ihn extra in den Löffel legen. Aber er nahm das ganze sofort in den Mund und merkte, was Honig ist. Die Tränen rollten ihm über beide Backen runter, so mußte er schlucken, um die Kostbarkeit nicht auszuhusten. Und ich habe gelacht, gelacht wie schon lange nicht mehr. Und jetzt lachen wir wieder. Den ganzen Tag über will jetzt natürlich alles Honig holen und dabei haben wir richtige Gewitterluft.

Der Krieg fängt jetzt doch bald an interessant zu werden. Was mag wohl das nächste Erlebnis sein? Jedenfalls so halten wir's auch ohne Schießerei noch ne Weile aus. So, das wäre das Neueste von mir....
Wenn Dich dieser Brief erreicht, habt Ihr sicher das Korn ab. Hier ist's fast reif. Und mit dem Franzosen scheinst Du ja gut fertig werden zu können. Ist soviel besser. Nur.... Du weißt ja. Mir sagte mal Eine: (er schreibt es in französisch und in deutsch anschließend): »Unsere Körper – wir – sind nicht aus Holz.«
Ja, ich möchte Dich auch so gerne nochmal sehen, und das im leichten Sommerkleid. Die Russinnen sind ja alle sehr leicht gekleidet. Viele nur mit Trägern über die Schulter und weit ausgeschnitten. Aber fast kein einzig schönes Gesicht. Alle so Art Indianergesichter. Gar nicht europäisch. Aber so ist's ja auch viel besser, da ist die Versuchung wenigstens nicht so wie in Frankreich.
Ja, meine Armbanduhr läuft wieder, und meine Taschenuhr steht und ist nicht zu bewegen, weiter zu laufen.

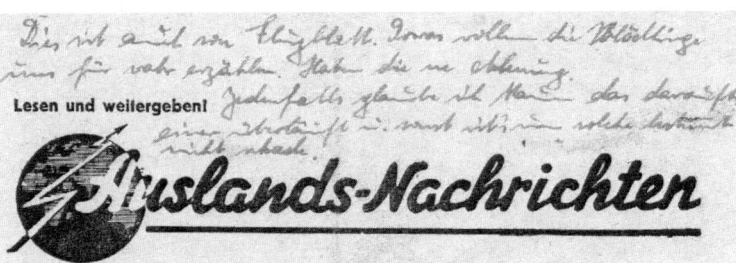

Lesen und weitergeben!

Auslands-Nachrichten

Nr. 3 3. August 1941

Die Weltpresse über die Kampfkraft der Roten Armee

Deutscher Soldat! Die Propagandakompagnien belügen Dich! Lies die Wahrheit über das Scheitern des Hitlerabenteuers im Osten!

Die „New York Times" vom 29. Juli schreibt:

„Die Rote Armee verfügt über unerschöpfliche Menschenreserven und ausgezeichnete Waffenausrüstung. Die russischen Flugzeuge und Panzerwagen sind bedeutend besser als die deutschen. Beim Anblick der Sowjet-Jäger fliehen die deutschen Flieger in panischem Schrecken!"

Die amerikanische Agentur „United Press" meldet am 30. Juli:

„Die Rotarmisten und die sowjetischen Partisanen sind von grenzenloser Kühnheit. Sie dringen tief in das Hinterland der deutschen Armee ein und bringen ihr vernichtende Schläge bei. Der heldenhafte Kampf der Roten Armee hat die militärischen Pläne Hitlers endgültig durchkreuzt. Die Ereignisse an der Front bestätigen durchaus die Worte Stalins, daß es unbesiegbare Armeen nicht gibt und daß die deutsche Armee nicht unbesiegbar ist."

Der Militärbeobachter der amerikanischen Zeitung „New York Herald Tribune" schreibt:

„Die prahlerischen **Prophezeihungen des deutschen Oberkommandos** haben jämmerlich **Schiffbruch erlitten.** In seiner Wut über die Mißerfolge an der Front setzt Hitler einen General nach dem anderen ab. Die Lage wird dadurch nicht besser. **Die Rote Armee vernichtet schonungslos die besten deutschen Truppen."**

Die schwedische Zeitung **„Arbetaren"** führt in einem besonderen Artikel die Einschätzung der Lage an der Ostfront durch die **italienische** Presse an.

„Die Operationen an der Ostfront ziehen sich offensichtlich in die Länge. Diese Verzögerung hat den Deutschen und uns Italienern schwere **Enttäuschungen** gebracht. **Der Blitzkrieg ist gescheitert.** Leningrad ist nur durch den geschwätzigen Korrespondenten einer schwedischen Zeitung erobert worden. Nach Moskau durchzukommen, ist nur einzelnen Flugzeugen gelungen."

Ein Original-Flugblatt der Russen: trotz Verbot heimgeschickt durch einen Kameraden

Meine Berichte schreibe ich weiter. Nur bitte ich Dich, nicht ängstlich zu werden. Das, was wir erleben ist so wenig gefährlich wie die englischen Flieger für Euch. Und jetzt regnet es vom blauen Himmel.

11.8.1941
Sonntag? Auf dem Marsch geht jeder Sinn für Alltag oder Sonntag verloren, wir haben dafür kein Gefühl mehr, wir kennen nur noch den Tag- und Nacht-Unterschied.
Stundenlang habe ich im Urwald gestanden. Man sieht da vor lauter Gestrüpp und Holz höchstens drei Meter weit. Ausgerechnet da sollten die Russen durchgekommen sein. Aber es ist kein Schuß gefallen, und schließlich wurde die Wache abgeblasen. Gestern kam mal wieder son halbes Dutzend Russenflieger, ich habe sie schön durch's Fernglas gesehen. Aber unsere Flak ist jetzt verstärkt worden, und da haben die mächtige Angst vor. Sofort fängt die an zu Schießen, und dann schwenken und drehen die um und hauen ab, und wieder ist alles ruhig.
Heute Mittag habe ich mal unseren Leutnant, Zugführer, gefragt, was er vom Krieg hier hielt, wie lange noch. Der meinte, höchstens noch drei Wochen, dann wäre es aus mit Rußland. Allerdings könne er sich nicht denken, ob wir dann hier rauskommen oder als Besatzung bleiben werden. Nur das nicht, habe ich da gesagt. Aber auf jeden Fall hoffe ich dann schnell Urlaub zu kriegen. Wenn's der Reihe nach so weitergeht, wie aufgelöst worden ist, bin ich bestimmt bei den ersten 10 Mann, die fahren. Aber ob wir dieses Jahr noch einen Sommerabend zuhause verbringen können, das soll wohl aus sein. Wenn's Herbst drüber wird, bin ich noch zufrieden.
Sei bitte bitte immer stark. Für Dich ist jetzt die Versuchung groß und nahe. Bei mir ist's anders. Erstens sind die Russinnen fast alle sehr scheu und hauen ab, sobald sich ein Soldat nähert, und dann sind die fast alle hässlich. Das Einzige, was vielleicht schön wäre, sind bei fast allen die sehr kräftigen Brüste. Da muß man manchmal staunen, was die für ne »stehende Molkerei« haben. Hier werden schon oft Witze darüber gemacht.
Wie ist's mit Gefallenen aus der Gemeinde? Sind's viele? Ich glaube, daß hier in Rußland bestimmt so viele fallen wie bisher im ganzen Krieg. Wir haben ja bisher noch keine großen Kampfstätten gesehen, aber der gemeine Krieg, den die roten Soldaten führen, fordert bestimmt viele Opfer. Aber bald sollen sie ausgekämpft haben, und

wie man so hört, gibt's bei denen ungeheuer viele Tote. Sie haben ja auch jede Rücksicht verspielt. Die Panzer- und Infanteriesoldaten sollen da wohl viel mehr erleben wie wir.

14.8.41, Waldbiwak
Nachts gegen 12 kamen mal wieder Flieger, der eine sagt 3, der andere 8, und dann hieß es 20-25 Stück. Ich weiß es nicht. Bin ganz still liegengeblieben und habe sie fliegen lassen. Ari war keine zu hören, und die Biester waren gar nicht hoch, doch noch weit von uns weg. Man hörte wohl etwas MG-Schießen und einzelne Bombenexplosionen, aber das war doch noch weiter weg. Ich glaube, die wissen nicht, daß wir hier liegen, sonst wäre bestimmt auch bei Tage mehr los. Aber uns ist's so schon noch am liebsten. Wir haben alles gut getarnt, und sobald sich ein Flugzeug hören läßt, ist alles im Wald verschwunden, und die Russkis merken gar nicht, welch schönes Ziel sie bei uns haben könnten. Eigentlich sind die sehr dumm und haben furchtbare Angst vor unserer Flak. Genau schießt die ja jetzt schon. Deshalb kommen die Russen am Tage auch nur noch ganz hoch. Jedenfalls, bis jetzt haben wir noch keinen einzigen Verlust. Weder verwundet noch tot, und den Karabiner haben wir immer noch nur zum Putzen und Tragen bzw. Umhängen. Hoffentlich bleibt's weiter so, dann wird schon alles gut gehen. Gestern bekamen wir gesagt, wir sollten uns unsere Zelte so einrichten, daß wir etwas Regen und Nachtkälte überstehen könnten. Wir werden noch ca. 14 Tage hier bleiben, und es geht die Sch..hausparole, so sagen wir zu allen Gerüchten, daß unser A.K. aus Rußland rausgezogen würde und wieder nach dem Westen käme. Der Spieß sagte, es könne was wahres dran sein, aber bestimmtes wisse noch keiner.
Liebling, ich komme wieder, ich will wieder zu Dir kommen. Ich weiß ja, wie sehr Du mich liebhast, Und daß mit meinem Tode Dein ganzes Leben verpfuscht wäre, an das denken wir lieber nicht. Das überlassen wir der Zeit. Es stirbt noch lange nicht jeder in diesem Krieg. Ja, Du hast jetzt all die neuen Kleider und keine Verwertung dafür. Jedenfalls glaube ich, daß Du die Sachen auch nach dem Krieg noch tragen kannst, und dann kannst Du Dich ja für mich schön machen. Dann hast Du sicher für jeden Tag was anderes. Und der Neid der Schwägerinnen soll nur recht groß sein. Die haben ja dafür ihre Männer zu Hause. Da gönne ich ihnen den Neid von Herzen. Wie sie

die Kleider finden, ist mir auch gleich. Das ist ja alles Deine Sache, und so lange ich nicht bei Dir bin, brauchst Du keinen etwas fragen. Und jetzt kommt was, da habe ich echte Freude gehabt, als ich das las: also die Schwägerinnen meinen, sie könnten mit ihren alten Sachen nicht mit Dir auftreten. Selma, glaubst Du, daß ich mich ganz ehrlich über das freue? Wer hat uns bzw. Dich danach früher gefragt? Keiner! Und jetzt haben sie den Schaden. Kann ich ihnen gut gönnen. Sie sollen sich auch ärgern. Keiner soll mir jemals umsonst gesagt haben, Du wärst bzw. Du hättest zu wenig für mich. Ich hätte ja auch ne andere heiraten können, oder meinst Du nicht auch, daß ich auch eine gekriegt hätte, die mehr »Dreck« gehabt hätte? Jedenfalls kann ich Dir das eine sagen: Ich habe Dich kennengelernt um Deines Hofes willen, aber geheiratet hätte ich Dich aus dem Grund nie. Dafür war ich mir noch zu jung. Der Grund war für mich ein ganz anderer. Das warst nur Du, mein Liebling, meine Selma. Dich habe ich geheiratet und nur deshalb, weil ich Dich geliebt habe und immer lieben werde. Und wenn andere Frauen bzw. Mädchen körperlich auch viel schönere Reize haben. Deine Liebe haben sie ja doch nicht. Die hast nur Du, Liebling. Du bittest mich, daß ich Dich nach dem Krieg bzw. wenn ich mal wieder bei Dir bin, sehr verwöhnen soll. Selma, glaubst Du nicht auch, oder fühlst Du es nicht auch aus allen meinen Briefen, daß ich Dich sehr lieb habe? Ich will und werde Dich verwöhnen.
Seit kurzem ist nun auch das Selbstschlachten innerhalb der Kolonne verboten, und wir kriegen jetzt unser Fleisch wieder zugeteilt. 120 Gramm Rohfleisch pro Mann. Für heute und morgen hat unsere Küche noch von den beiden letzten Kälbern. Aber dann ist's aus. Dann wird wohl wahrscheinlich wieder mancher »Selbstversorger« werden. Leider ist in der Umgegend nicht mehr viel zu holen, dafür liegen wir und viele, viele andere schon zu lange hier. Und 8-14 Tage sollen wir noch hier liegen, heißt's??
Hoffentlich ist das nun endgültig. Honig ist alle auf, und weit und breit keiner mehr zu finden. Beim letzten Heuholen wurden noch einige Stöcke gefunden, aber die Bienen waren schon so frech, daß heute noch verschiedene Gesichter unkenntlich sind. Wir standen etwa 100 m weit weg mit 5 Wagen an einer Scheune und luden Heu auf, während andere Honig holten. Die beiden ersten Wagen, meiner war der 2., sind vollgeladen worden, da mußten die anderen schon ausreißen. Mich kriegte hoch oben auf dem Wagen beim binden eine am rechten Ohr, zwei andere saßen mir schon am Kopf, waren aber

totgeschlagen ehe sie mich stechen konnten. Und so ging es allen, die mit an der Scheune waren. Es wurde da so heimlich unheimlich, daß wir einfach das Feld räumen mußten. Und die anderen haben andere Scheunen suchen müssen. Aber die Mutigsten hatten trotz allem 1 und 1/2 Eimer voll Honig, dazu aber auch total verquollene Gesichter. Für die Arbeit bedanke ich mich jedenfalls, da esse ich doch lieber Zwiebel und Gurken zum Brot und denke nur an den Honig. Nach diesem Krieg wird er schon wieder leichter zu kriegen sein. Überhaupt bin ich den Krieg bald leid. Wir haben ja noch wunderschönes Wetter hier, heute ist es nochmal richtig russisch heiß. Ich schätze so auf 40-45 Grad. Selma, glaubst Du, daß es Dir dabei auch warm würde? Auch wenn Du nichts mehr zu tun hättest als nur die Zeit totschlagen? Wir haben uns dafür schon jeder unser Beil zurechtgelegt. Ja, ja, Spass muß sein...
Liebling, es wäre jetzt so schön, wenn wir zwei zusammen wären. Dann hätte ich alles genug. Da möchte ich sogar Nichtraucher werden. Aber.... Bevor hier oben nicht ganz Schluß ist, glaube ich nicht an ein Wiedersehen. Das Gerücht, daß wir hier weg sollen nach Frankreich, Küstenschutz machen, läuft ja wohl noch, aber wann wird das sein? Wenn's ja mal vor dem Winter wäre, wären wir schon zufrieden. Und dann hoffe ich ganz bestimmt schnell im Urlaub zu sein. Eigentlich kann man sich das ja kaum vorstellen. Heute ist nun schon der 9. Monat um, seit wir beiden zum letzten Mal glücklich zu Hause waren. Was liegt alles schon hinter uns in diesen 9 Monaten. Wenn ich so auf die Landkarte in unserer Schreibstube sehe, und sehe die Straße von Caen bis Smolensk, dann scheint es doch fast unglaubhaft, daß das möglich ist. Und trotz allem ist es doch wahr. Ob das nun wohl davon kommt, daß ich mir immer gewünscht habe, als Soldat so weit wie möglich wegzukommen? Jedenfalls ist die Sehnsucht jetzt bald vollständig befriedigt, und ich habe nur noch die eine Sehnsucht, die heißt: Nach Hause und zu Dir!

Rußland, d. 21.8.1941

Meine liebe Selma!
Nun ist heute schon Donnerstag, und am Sonntag habe ich zuletzt geschrieben. Da wirst Du sicher denken, es sei was besonderes passiert, aber es ist nicht so. Zuerst will ich Dir für die am Sonntag noch erhaltenen Briefe vom 3. und 5. ds. M. danken, und besonders für die Zigaretten. Und jetzt die Erklärung, warum ich nicht

eher geschrieben habe. Dienstagnachmittag wollte ich dran, aber es gab nichts. Montag Vormittags mußten wir Muni vor bringen und Abends wieder welche holen. Wir haben da so 40-50 km gefahren. Gegen 12 Uhr waren wir wieder zurück, und ich war todmüde und fühlte mich sehr schlecht. Am Dienstagmorgen mußten wir um viertel nach 6 schon wieder anspannen und Muni fahren in die Feuerstellung. 20 km einfach, und das bei grausamer Hitze und furchtbarem Staub. So gegen 3 Uhr waren wir wieder zurück, und ich total erledigt. Kopfschmerzen, Bauchweh und alle Glieder schlapp und weh. Habe dem Toni Bescheid gesagt und mich ins Zelt gelegt und bin heute Morgen erst wieder aufgestanden, um zum Arzt zu gehen. Gegen Durchfall gibt der Rizinus und Tabletten, die das Gleiche bewirken. Aber, die Aotheker wollen leben und ich auch. Essen sollen wir nichts. Mein Beifahrer liegt seit gestern neben mir mit der gleichen Krankheit. Na, auf jeden Fall bin ich, und Martin auch, bald wieder dadurch, und fasten tun wir nicht, solange noch Appetit da ist. Leider ist es vor Hitze und vor allem vor Fliegen hier kaum auszuhalten. Das ist direkt schlimm mit dem Ungeziefer in Rußland. Am Tage hat man keine ruhige Minute vor den Fliegen, und nachts stechen einen die Schnaken. Aber mit Geduld und Ruhe nimmt man alles hin. Immer noch besser Fliegen bekämpfen als von Fliegern bekämpft zu werden. Gestern Mittag kamen nochmal einige vorbei, da habe ich auch mal Kugeln pfeifen gehört. Aber gegen Flieger sind wir jetzt gut und sicher im Unterstand. In der Nacht von Montag auf Dienstag, so erzählten uns die von der Ari gestern, waren 300 Russen durch einen See und Sumpfgebiet durchgebrochen, wo kein deutscher Soldat steht. Und der Erfog war: 32 Gefangene, vielleicht 30, die zurückgelaufen waren, und der Rest tot. Und die letzte Nacht ist scheinbar wieder so was gewesen. Jedenfalls hat es dauernd bis zum Morgen schwer gekracht, und weitab ist wieder fast völlige Ruhe.
So aus allem, was man hört, müssen die Russen ganz dolle Verluste haben. Sehr oft versuchen sie, die deutschen Umfassungslinien zu durchbrechen, aber jedesmal werden sie unter schrecklichen Verlusten vernichtet. Allem Anschein nach geht es hier doch bald dem Ende entgegen. Es gibt jetzt jeden Tag neue Parolen, daß wir d.h. unser A.K. hier weg sollen nach Westen. Liebling, wäre das ne Freude. Aber ich warte lieber mal ab. Glauben tue ich nichts mehr, was ich nicht sehe.

So, das wäre das Neueste von hier. Meine Krankheit wird wohl morgen vorbei sein, und ich hoffe dann nochmal zum Schreiben zu kommen. Dann kann ich auch Deine Briefe beantworten.
Gestern erhielt ich einen Brief von W., der ist jetzt auch an der Ostfront, aber scheinbar hat er nen Posten in der Verwaltung erwischt. Er wäre auch lieber am Balkan geblieben, in Rußland sei nichts los. Na, ich kann davon erzählen, was hier los ist.

Biwak, d. 26.8.1941

Wir haben eben beim Appell gesagt gekriegt, daß wir vorläufig noch drei Wochen hier liegen bleiben. Und nun sollen wir unsere Quartiere demnach einrichten, auch vor Regen und Kälte schützen. Na, bei ner Zeltbahn ist das keine schwere Sache. Gesundheitlich gehts's mir noch ganz gut, nur habe ich heute Abend eigentlich etwas zuviel gegessen. Ja, da staunst Du wohl. Erklärung will ich Dir schnell geben: Ich habe mir mal ne ganze Pfanne voll Bratkartoffeln gemacht. Wir liegen ja nahe bei Kartoffelfeldern, und jetzt findet man schon nen Eimer voll schöner Kartoffeln. Erst habe ich die geschält, dann als Salzkartoffeln gekocht und um 6 gab's zur Abendkost Schmalz, und da habe ich gebraten. Aber richtig wie ich sie gerne habe. Sogar etwas Zwiebel dabei. Und jetzt bin ich so satt wie lange, lange nicht mehr. Und wenn wir nun hier liegen bleiben, und es gibt weiter Schmalz, habe ich keine Sorge mehr.
Leider ist es jetzt schon fast dunkel. Es ist 8 Uhr, und da ist hier fast Nacht. Schießerei ist nur noch wenig zu hören, nur ab und zu kracht's irgendwo. Aber für uns hat das nichts zu sagen. Wir liegen immer noch so weit weg, daß nichts passieren kann. Es sind noch immer mindestens 12-15 km bis zur Ari, und davor liegt noch die Infanterie. Und Flieger sind nur noch deutsche gekommen, seit wir die Flak neben uns liegen haben.
Gefangene gibt's auch jeden Tag. Direkt neben uns liegt ein Gefangenenlager. Aber so wie die Landser erzählen, sind es fast alles Überläufer, und sie sind froh, daß für sie der Krieg aus ist.
Vorgestern Abend ging's um 5 Uhr ab, um 7 war es schon dunkel, es regnete da schon, und nachts um halb 4 waren wir endlich wieder hier. Aber alles war platschnass und kalt. Andere spannten sofort in unsere Wagen und fuhren dann nach vorn. Und gleich um halb 11 geht's wieder nach hinten. Da wird's Abend, bis wir hier sind.

Mein Beifahrer ist noch ziemlich magenkrank, und so kriege ich etwas mehr zu essen. Nur hier weg kommen wir noch nicht. Es heißt jetzt, wir blieben bis Ende September noch liegen, und was gibt es dann ??? Jedenfalls lassen wir bald alle den Mut sinken, und finden uns langsam damit ab, daß wir den Winter in Rußland verbringen müssen. Wenn ich nur mal bald Urlaub kriegen könnte, aber da ist noch gar kein Denken dran. Es ist alles eine ganz verfluchte Sch... Wenn nur der Krieg bald zu Ende wäre, aber ich glaube, daß ich nächstes Jahr Weihnachten noch Soldat bin. Es ist doch bald zum Verzweifeln, und das hier in dieser erbärmlichen, gottverlassenen Gegend. Aber wenn man an die denkt, die ganz vorn im Dreck liegen und Tag und Nacht heftigste Angriffe der Russen abwehren müssen, dann bin ich noch zufrieden, daß ich nicht bei denen bin. Diese Woche sind da wieder viele gefallen.

Biwak, d. 30.8.1941

Es ist jetzt die neueste Parole, daß im September noch eine Umschliessung Moskaus und der Gebiete nach Westen hin gemacht würde, und dann soll nach einer vernichtenden Schlacht ein Frieden sein -bzw. Waffenstillstandsangebot gemacht werden. Wird das angenommen, ist's gut, und wenn nicht, so soll den Winter über bis zum Frühjahr der Krieg ruhen, wird's wohl auch, wegen Schnee und Kälte, auf beiden Seiten.

Und was es nun mit uns gibt, ob wir hier in Rußland bleiben oder raus kommen, davon hört man noch nichts. Jedenfalls halte ich es nicht für möglich, daß wir mit unseren Pferden hier liegen bleiben. Ich wollte, wir wären schon 4 Wochen weiter. Vielleicht wissen wir dann mehr. Jetzt muß ich mal eben ne Pause machen. Die Couverts, die Du mir geschickt hast, sind fast alle zugeklebt.

Du, ehe ich's vergesse, kannst Du mir nicht umgehend einige 100 gr. Puddingpulver mit Kochanweisung schicken? Oder ähnliche Sachen. Ich kann ja melken, und Kühe gibt's genug hier, kann also mit Milch kochen, eventuell auch mit Eiern. Also bitte, bitte, meine Selma, tu für Deinen Liebling alles, was Du kannst, und wenn jeden Tag ein 100 gr.-Päckchen kommt oder auch zwei. Verderben tut mir bestimmt nichts.

Da sieht man so richtig, wie traurig ein Krieg ist und wie bitter ernst. Warum muß das alles sein? Man spricht hier von 1/2 Millionen

russischen Gefangenen, und sicher haben die, ich glaube fast das zehnfache an Toten. Warum das alles?
Ich kann denen ja alle gut gönnen, daß sie den Buckel voll kriegen, aber schöner wär es doch, wenn dieser Krieg nicht gekommen wäre. Wenigstens nicht mit Rußland.
So, und jetzt mal etwas Neues. Aber halt Dich fest. Ich habe ja von der Gesundheitsbesichtigung geschrieben, und tags danach, vorgestern Morgen, spürte ich im Stall auf einmal son Jucken zwischen den Beinen. Ich sehe nach und finde.... Läuse. Ja, da erschrickst Du wohl auch. Was glaubst Du, wie es mir wurde dabei? Jedenfalls alles andere als angenehm. Ich habe sofort reine Wäsche angezogen und vorher alles abgesucht und die Haare weggeschnitten. Gerade habe ich den Sani (Sanitäter) mal dabei sehen lassen. Der meinte, es sei noch nicht schlimm, aber ich solle meine Wäsche oft wechseln und gründlich stundenlang auskochen. Jedenfalls glaube ich, daß die meisten jetzt weg sind. Aber was glaubst Du, was der Gedanke, Läuse zu haben, allein schon ausmacht! Mit denen hätte ich doch nicht gerechnet. Aber es ist einfach nichts mehr unmöglich.

*

30. August 41
Wegen Rauchwaren tue ich alles, was möglich ist. Aber das Zeug wird immer seltener. Mit dem Marcel werden wir gut fertig, auch Mama, und so kann ich oft rausgehen. Aber zum französisch lernen habe ich keine Lust, auch wenn Du das im Brief rätst. Mit der Reise nach Frankreich bin ich gern einverstanden.
Was ich dem Marcel begreiflich machen will zu arbeiten, bringe ich schon fertig. Er kommt aus der Stadt, hat einen technischen Beruf und zeigt sich sehr lernwillig.
Ich gehe jetzt öfter aus, kann nicht immer zuhause bleiben und Trübsal blasen. Wo bleibt das Geld, daß ich z.B. für Marcel zahlen muß, täglich kostet er uns 1,30 Mark. Soll ich eventuell auch mit Einzahlungen in die Rentenkasse anfangen?

*

2.9.41
So, nun jetzt wieder zu Deinen Briefen. Die sind für mich das einzig Schöne und Wahre und Liebenswerte, was ich in Rußland gesehen und bekommen habe.

Was die Franzosen und auch andere von Dir meinen, Du wärst zu dick, ist mir egal. So wie Du bist hab ich Dich lieb. Daß es schöner wäre, wenn Du 50 Pfund leichter wärest, wissen wir beide wohl schon lange.
Aber ich bin auch so zufrieden, könnte ich nur mal wieder bei Dir sein, ob dick oder dünn ist mir vollständig gleich, sonst hätte ich da bestimmt schon viel früher was auszusetzen gehabt. Deswegen mach Dir keine Sorgen.
Wie ich lese, hast Du ja Abwechslung genug. Liebling, geniesse die Zeit. Wenn wir alt sind, ist's zu spät dazu. Daß Du immer nur mir gehören willst, danke ich Dir recht herzlich.
Der Blindgänger ist also auch jetzt weg. Hoffentlich gibt's keine neuen wieder dort. Liebling, mache Dir bitte keine Sorgen um mich. Ich habe auch oft überlegt, ob es richtig sei, Dir alles so zu schreiben. Aber ich halte es ...
So an allem, was hier geschieht, scheint's, als wenn wir nochmal zum Einsatz kämen und scheinbar auch wohl recht bald. Es fliegen so allerlei Parolen rum. Unsere Ari und auch Infanterie ziehen seit gestern an uns vorbei zurück. Es heißt, wir kämen auch bald hier weg und 50 km weiter nach rechts Richtung Moskau.
Die Inf. hat hier sehr schwere Verluste gehabt. Vorgestern Abend, als ich Wache hatte, kam ein Rot-Kreuz-Wagen mit dem letzten Offizier von den 37-igern ins Lazarett. Über die Hälfte von denen sind gefallen oder verwundet bzw. gefangen. Da ist's doch gut, daß ich damals ein Gesuch auf Zurückstellung gemacht habe, sonst wäre ich auch vielleicht mit dabei. Hier bei unserem Verein geschieht so leicht nichts, wenn auch die Bayern sich oft so wichtig tun, als wenn sie den Kampf in Frankreich allein gemacht hätten. Ich habe jedenfalls hier während des Vormarsches gesehen, was mit denen in Momenten der Gefahr los ist. Ich glaube jetzt schon eher an das, was der Wirth's Willi von den Bayern immer erzählte.

Biwak, d. 6.9.1941
Päckchen von Bekannten erhalten, aus dem etwas herausgenommen wurde, da die 100 Gramm überschritten wurden. Ja, da sieht man, was 100 Gramm sind...und wie gründlich alles funktioniert...
Heute früh Abmarsch und Muni an den Ort wieder zurück bringen, also umsonst 100 km gefahren in einer Woche. Na, ist ja auch egal. Das kommt daher, daß unsere Division verlegt wird, und wir mit.

Schon seit vorgestern zieht ununterbrochen Kolonne auf Kolonne hier an uns vorbei und Morgen früh fahren auch wir ab. Wohin wissen wir nicht, aber ich glaube, daß es zu neuem Einsatz Richtung Moskau kommt. Da bin ich gespannt, wo wir dann in den nächsten 4 Wochen wohl hinkommen. Hoffentlich wird es dann mal wahr, daß wir aus Rußland raus kommen. Überhaupt sind wir alle gespannt, was noch vor dem Winter hier geschieht. Es wäre sooo schön, wenn es doch noch zum Schluß käme. Wir Soldaten des Ostens sind es alle leid, und jeder hat ein Grauen vor dem Winter. Nur dann nicht mehr hier rum liegen müssen, das wünscht sich jeder.
Unsere Fahrt ging sehr langsam voran, weil die ganze Straße, 25 km, voll Truppen aller Gattungen war. Es war so richtiger Vormarsch-Betrieb. Unterwegs begegnete uns auch mal unser Herr General. Er machte seinen Morgenritt. Aber das ist ein ganz freundlicher Mann. Der grüßte sogar jeden Einzelnen von uns im Vorbeireiten.
Abends um 6 waren wir wieder zurück, und daß wir da Appetit auf Mittagessen hatten, glaubst Du wohl. Du, ich glaube, so ein Jahr Rußland täte Dir auch gut. Da gewöhnt man sich tatsächlich ans nicht satt essen, und ich glaube, dann würdest auch Du etwas schlanker werden. Aber lieber nicht. Ich möchte Dir wahrhaftig sowas nicht gönnen, und Du bist mir so wie Du bist auch recht. Liebling, deswegen brauchst Du Dir gar keine Sorgen zu machen. Ich weiß auch, daß Du, wenn es an Dir läge, nicht so dick wärest, und daß Du, wenn es so wäre schon bestrebt wärest schlanker zu werden, um mir besser zu gefallen. Aber es ist nicht nötig. Ich hab Dich so lieb.
Ich hätte mir ja auch wohl, wenn ich mich ums Äußere so viel gekümmert hätte, 'ne andere zur Frau nehmen können. Selma, Dich habe ich geheiratet, weil Du mir gefallen hast und noch gefällst, bald kann ich Dich mir ja nicht mehr vorstellen, und dann, weil ich Dich liebte und noch mehr jetzt noch liebe und Du meine Liebe immer so stark erwidert hast. Könnte ich doch nur nochmal bei Dir sein, dann hätte ich alles genug.
Heute Morgen kamen auch nochmal, aber ganz weit weg nach Norden, russische Flieger. Wir konnten die nur hören, sahen aber die Flakwolken von der Abwehr am Himmel. Da konnten wir auch schön sehen, wie weit unsere Linie vorverlegt worden ist. Ich schätze mindestens 20 km. Auch die ganze Ablösung für unsere Division liegt schon weit vor uns und nichts ist hier an uns vorbeigekommen, als die, die zurückgehen. Ich möchte nur mal gerne sone Lage-Karte von der Front, wie sie jetzt in Rußland verläuft, sehen. Wir wissen nur,

daß wir nördlich Smolensk liegen, denk mal, schon seit dem 1. August, und jetzt soll es nach Süden gehen.

12.9.1941
Wir sind ja jetzt wieder in »Ruhestellung«, aber was das für uns heißt, davon kannst Du Dir gar kein Bild machen. Einfach nur Arbeit, Ställe, Quartier und Splittergräben bzw. Unterstände müssen gebaut werden, und in unserer Gruppe ist es jetzt so unkameradschaftlich wie nur irgendwo. Mein Uffz. ist nur dann zufrieden und zu gebrauchen, wenn er selbst nichts zu tun braucht und möglichst den ganzen Tag liegen kann und dazu satt zu essen bekommt, ohne selbst was dafür tun zu müssen. Und alles das hat er hier nicht und dazu noch schlechtes Wetter. Der einzige Trost, den ich habe, ist, daß der Krieg auch einmal wieder zu Ende geht.

Das Wetter ist nach wie vor direkt ungemütlich. Ich bedaure nur die armen Infanteristen, die ganz vorne im Dreck liegen. Gestern Abend ist auch der erste Kamerad von uns beerdigt worden. Ja, da sieht man, daß es auch bei uns mal schief gehen kann. Vorgestern Nachmittag fuhr der mit einem Polen und einem Russen, Zivil, zum Wasser holen für die Küche. Seine Fahrt war vollkommen ungefährlich, nur ist er, um Honig zu erwischen, viel, viel zu weit nach vorne gefahren. Infanterie hatte das Fahrzeug gesehen. Die waren da in einem geräumten Dorf im Niemandsland. Auf der Rückfahrt sind sie in ein deutsches Minenfeld geraten und auch auf eine aufgefahren. Der Ruße war kaum verletzt, der Pole ziemlich, und der Kamerad Weckerle, so hieß er, ein Bein ab, die Brust zerrissen und Unterkiefer weg. Infanteristen haben die unter Einsatz ihres Lebens geborgen und ins Lazarett gefahren. W. ist gestern Morgen 4 Uhr gestorben und abends begraben worden. So kann's auch gehen.

Wir warten jetzt auf den Appell. Wenn es nur einmal der letzte sein wollte. --- Aber es war noch lange nicht der letzte. Jetzt sind wir schon wieder einen Tag weiter. Der 13. wäre also heute. Ich sitze im Straßengraben neben den Pferden und habe grade 2 Schnitten Brot und ne Dose Ölsardinen als Mittagessen gehabt. Und das ist alles bis vielleicht diese Nacht, wenn wir wieder nach Hause kommen. Wie sich das »nach Hause kommen« anhört. Wir sind mal wieder auf Munifahrt auf einer ganz miserablen Straße und haben gerade Futterpause. Es ist halb 2, und seit 10 sind wir unterwegs. Ich bin gespannt, wann wir wieder im Lager sind. Wir haben schon son Leben. Wenn

es nur mal richtig satt zu essen gäbe. Zu rauchen kriegen wir jetzt genug. Lieber wäre mir statt der Rauchwaren ein Brot mehr. Bett, ja hätte ich nur ein richtiges Bett. Was das ist, weiß ich ja fast nicht mehr. Die Nacht vom 19. zum 20. März war die letzte, die ich in einem Bett geschlafen habe, und seitdem nur auf Stroh oder blanker Erde. Wie es mir da wird, wenn ich an unser Bett denke, wirst Du wohl verstehen. Und gerade jetzt, wo es hier schon so ungemütlich und kalt wird.
Daß die Engländer jetzt Flugblätter und Geld u.s.w. abwerfen, ist auf jeden Fall für Euch daheim angenehmer als Bomben. Ich weiß jetzt auch, wie die Dinger krachen. Ich wollte ja, Du könntest mal nen Frontbericht von unserer Kolonne hören, dann glaube ich hättest Du keine Sorgen mehr. Wir jedenfalls haben eigentlich noch nichts erlebt, nur viel gesehen. Wir ziehen ja doch immer bloß hinterher. Jedenfalls ist es besser bzw. sicherer als vorne zu sein. Da soll es wohl schlimm sein. Und ich hoffe und glaube immer wieder, daß wir noch lange glücklich zusammen sein werden. Selma, Rußland ist so blöd und so dreckig und erbärmlich, da denke ich an gar keine andere Frau als an Dich allein. In Frankreich konnte man doch tatsächlich sehr leicht auf schiefe Bahn kommen, und ich habe wahrhaftig recht oft gedacht, wenn ich doch jetzt könnte wie ich möchte. Ich kann einfach kein Interesse mehr für ne andere Frau aufbringen. Nur Du bist meine einzige Liebe. Dir allein gehöre ich, und nur Dir allein bin und bleibe ich treu.

22.9.1941

Es ist jetzt bald halb 11, und mit Handschuhen, die von Dir gestrickten, fange ich diesen Brief an. Ich stehe auf freiem Stoppelfeld beim Pferde hüten. Es ist ziemlich kalt und viel Wind. Wir sind seit gestern früh 6 Uhr hier im neuen Quartier und warten jetzt auf den nächsten Vormarsch, der uns wohl noch bis hinter Moskau führen wird. Die Fahrt nach hier war grauenhaft. 1 Tag zu früh schon, nachmittags um 4 Uhr war vorgestern Abmarsch. Hier sind wir 12 km weit vom letzten Quartier weg. Wir mußten aber vorher noch Muni holen und hatten so ungefähr 22 km im ganzen zu fahren. Dafür haben wir ganze 14 Stunden gebraucht. Also je Stunde 1 und 1/2 km. Kannst Du Dir da ne ungefähre Vorstellung machen, wie hier die Wegeverhältnisse sind? Sowas kann's nur in Rußland geben. Die ganze Nacht war um, bis wir am Ziel waren.

Ich muß Pferde rumtreiben. Jetzt sitze ich in einem halb zugefallenen Schützenloch. So ist's wärmer. Also, wir haben mal wieder ne ganz dolle Nachtfahrt hinter uns. Stockdunkel wars, aber Gottseidank hat's nicht geregnet.
Mein Frühstück heute war eine Schnitte Brot und dazu 1/2 Eßlöffel voll Marmelade. Mehr gibt's nicht bis Mittag, und dann gibt's 3/4 ltr. Eintopf, Hauptbestandteil ist Wasser. Weißt Du, wem es da nicht leid wird, der hat mehr Begeisterung wie ich. Daß man da schon mit größtem Appetit Pellkartoffeln mit Salz haufenweise »frißt«, ist wohl leicht zu verstehen. Und seit heute Morgen ist auch das fast verboten. Es sollen keine Kartoffeln mehr geholt werden, und die Russen sind so frech, sobald sie jemand sehen, der sich ne Handvoll Kartoffeln ausmacht, laufen sie schon zu dem nächsten Offizier, und der hungrige Landser kriegt seine Strafe, der Russe - doch eigentlich unser Feind - lacht sich eins und hat allen Grund, noch frecher zu sein. Ihm wird ja geholfen.
Es ist alles ganz große Scheiße und nichts dran zu ändern. Heute Morgen bin ich mal, wie »befohlen«, zum Leutnant gegangen und habe ihn um Brot gefragt. Erfolg war ein Stück Brot, größer wie das gestern gefaßte. Da sieht man dran, wie verschieden es ist. Gerne tue ich das Betteln auch nicht, aber so lange es so ist wie hier, bin ich froh um jede Krume Brot, egal, wo sie herkommt. Die Herren haben jedenfalls soviel, daß sie sogar ihren Reitpferden ab und zu noch was geben können.
Ich will bloß hoffen, daß der Krieg hier bald aus ist. Wir kriegen erstmal keine Winterbekleidung, dann keinen Mannschaftsersatz und schließlich keinerlei Ersatz für Wäsche oder Bekleidungsstücke. Alles darum, weil wir nach diesem Einsatz, es soll für uns der letzte sein, ins Reich zurück <u>sollen</u>! Hoffentlich ist das alles wahr. Glauben kann man ja nichts mehr. Ich glaube nur das, was ich sehe und habe. Beim Kartoffelschälen heute gab's mal wieder was zu sehen. 5 russische Bomber und 3 Jäger kamen und machten nen Angriff auf vordere Linien. Da hab ich zum ersten Mal die Bomben fallen und explodieren gesehen. Da haben wir nochmal Glück gehabt, daß die nicht zu uns kamen. Hoffentlich geht's weiter so an uns vorbei wie bisher.

Kaltes Rußland, den 28.9.1941
Wieder mal ist es Abend und ein Tag vorbei, und es ist so kalt. Ich hab den Mantel an, drunter den Tuchanzug, Drillich und Wäsche.

Dabei sitze ich im Stall, wo 25 Pferde stehen. Es ist ein ganz verfluchtes Leben jetzt. Jeden Tag haben wir jetzt einige Fliegerangriffe, und dabei kommen die Halunken im Tiefflug an, so tief, daß die Flak fast nichts machen kann. Jeden Tag werden die frecher, aber ich glaube doch, daß es bald die längste Zeit gedauert hat hier. Ich hoffe es auch.
Heute wieder ganz früh los ins Heu, 20 km weit einfach ging's bis in das Dorf, wo wir Mittags beim Haferholen gefuttert hatten. Es war wieder ein ganz doller Autobetrieb. Und Flieger, aber nur unsere waren dauernd in der Luft. Einmal 14 schwere Bomber. Als wir in dem »Heudorf« endlich neben der Scheune standen, mit 10 Fahrzeugen und 5 davon Russen, war da schon ein Zettel angeschlagen, daß jegliche Heuentnahme verboten ist, nur mit Genehmigung des Ortskommandanten. Na, da war guter Rat teuer. Ich habe jedenfalls die Zeit da ausgenützt und bin schnell zu der Küche von der Einheit, die da liegt, um Brot. Da kommt mir gerade denen ihr Spieß entgegen. Ich gegrüßt und meine Bitte vorgebracht. Da sagt er:» Na dann komm mal mit rein. Da wird schon noch was für Dich da sein.«
Führt mich in die Scheune, wo die Küche stand und sagt zum Uffz.: »Emil, hier ist ein Landser, der seine Truppe verloren hat. Gib dem mal ein Stück Brot mit was drauf. Der hat Hunger.« Und ich kriegte ein ordentlich Stück Brot und bestimmt ein Viertel Pfund Leberwurst. Da habe ich freudig »Danke.« gesagt und Hacken zusammen und raus. Ich brauchte mal wieder keinen Kohldampf schieben.
Um 2 Uhr hatten wir dann an nem anderen Ort alle Fahrzeuge geladen, und es ging wieder heim. Als wir auf der Vormarschstraße waren, kamen die ersten Flieger. Und die Flak schoss mal wieder genau über uns. Aber wie immer ohne Erfolg. Junge, das ist doch recht ungemütlich. Den Stahlhelm auf ist dann im Handumdrehen geschehen. Na, alles ging gut, und wir weiter bis gegen halb 6. Da kamen auf einmal von hinten rechts und links von uns die Straße entlang 2 russische Jäger und schossen von beiden Seiten M G - Feuer. Das wurde noch doller. Die flogen auch ganz tief, und unsere Flak schoss wieder wie wild ganz dicht über uns. Aber treffen konnten die auch nichts. Uns gegenüber auf ner Nebenstraße etwa 300-400 m weit weg stand ne lange Kolonne Lastautos, und die hatten die Flieger beschossen. Wir sahen noch, wie einige Soldaten weggetragen wurden.
Vorgestern hatten die, die weg waren Muni fahren, einen Zwischenfall. Die wurden ganz plötzlich von Ari-Feuer überfallen. Einer hat nen leichten Streifsplitter an die Stirn bekommen. So allmählich

spüren wir jetzt doch, daß wirklich Krieg ist. Aber ich mache mir keine Sorgen. Das wird jetzt schon bald anders werden, und hoffentlich ist der Krieg dann bald aus.

Vormarsch, d. 4. Okt. 1941

Daß hier jetzt der Kampf weitergeht und hoffentlich bald zu Ende ist, werdet Ihr sicher auch wissen. Wir sind vorgestern Morgen auch abgefahren nach Osten. Wie weit wohl noch, bis es »Kehrt marsch, Richtung Heimat!« heißt?
Allerdings sind wir am ersten Tag nicht weit gefahren, nur bis 11 Uhr, vielleicht 15 km. Da war Halt und bis 1 Uhr Mittagsrast. Und dann Muni abgeben und zurück neue holen und abends waren wir wieder im alten Quartier und blieben da die Nacht über. Halb 5 war gestern Morgen Wecken, und es ging um halb 7 endgültig los in Richtung Feind. Wieder wie vorgestern und heute richtiges Hitlerwetter, so wie wir es brauchen.
Bis Mittag kamen wir gut voran. Ich vierspännig geladen voll Wut, aber was will ich machen als Maul halten und mich damit abfinden. Nach Mittags ging's nur sehr schlecht weiter. Straße verstopft. Außer ganz wenigen Fliegern merken wir wieder nichts vom Kampf. Und für die steht so viel Flak bereit, daß uns keiner gefährlich wird. Und Stukas kamen in rauhen Mengen. Schon vorgestern waren unsere Panzer 50 km bis Mittag vorgestoßen. Infanteristen, Verwundete erzählten uns, daß die Russen sofort, als sie aus ihren Stellungen raus uns vorgegangen seien, wie die Windhunde raus aus ihren Löchern und so schnell sie gekonnt hätten, davongelaufen seien. Das war schon vorgestern. Und gestern kamen uns schon die ersten Gefangenentransporte entgegen. Alles noch auf vorgestern noch besetztem Gebiet.
Gestern Nachmittag um 5 Uhr waren wir in unseren vordersten Linien und um 1/2 6 in den russischen. Die ersten 10 Gefallenen-Gräber, frische Hügel am Wegesrand und etwas weiter tote Russen, bzw. Mongolen. Aber diesmal kann ich doch an mir merken, daß man sich an alles gewöhnt. Damals in Litauen kam in mir ein komisches Gefühl hoch, als die ersten Kreuze und drauf ein Stahlhelm, am Wege standen. Gestern wußte ich nichts davon. Und ich glaube, tote Russen sehen wir in den nächsten Tagen wohl noch viele. Ausgebrannte russische Panzer standen im Gelände. Von unseren sind bisher nur die Spuren zu sehen, wo sie alles, was vor die Raupen kommt,

vor und unter sich zermalmen. Wer da als Einzelner nicht bange vor wird, wenn son Ungeheuer ankommt, der hat schon mehr wie Mut.
Kurz vor 8 waren wir am Tagesziel in so nem zerstörten leeren Dorf. Es stehen gerade noch soviel Häuser da, daß von 5 Kolonnen die Offiziere ein Dach für die Nacht hatten. Mannschaften schliefen auf bzw. unter den Fahrzeugen oder in Zelten. Ich hatte Wache und mußte um 9 bis 11, von 3 bis 4 und 9 bis 10 stehen.
Und jetzt ist es bald halb 2, und wir liegen immer noch hier und warten auf den Abmarschbefehl. Vor uns soll Wald- und Sumpfgebiet kommen, und da sollen die Tage wohl schon so sein. Hoffentlich brauchen wir nicht wieder die Nacht durch zu fahren. Ich bin jetzt so müde, daß mir die Augen fast nicht offen bleiben wollen, und viele Kameraden liegen um mich rum und schlafen. Ich sitze in der Sonne vor einem Haus im Garten auf einem Futtertrog. Auf den Knien ein Tischrest und die Füsse in einem Kohlrabenbeet. Zwischen den Kohlrabi liegen die Kameraden.
Solche Bilder sollten eigentlich gefilmt werden können. Gerade kommen wieder einige Flieger schön ruhig zurück. Die werden schon ihre Eier gelegt haben. Eben hörte man mal ganz weit weg son Bummsen. Die Front scheint schon wieder weit vor uns zu sein. Nur ganz dumpf hört man noch die Abschüsse unserer schweren Ari.
Hoffentlich geht es so weiter da, daß in einigen Wochen alles zu Ende ist. Da kommen die Bomber und die 6 Jäger in geschlossener Formation schon wieder zurück. Alle sind wieder da, ohne einen Ausfall. Jetzt kann ich nicht schnell genug schreiben. Es summt jetzt wie in nem Bienenschwarm über und um uns, 25 Stukas und wieder Jäger kommen den zurückkehrenden entgegen, und weit weg schiesst unsere Flak auf 2 Russen. Nach Westen hin brennt's wieder irgendwo, als ob wohl da Bomben gefallen wären. Schon wieder neues Gebrumm. Unsere Jäger sausen wie die Wilden kreuz und quer und sichern den Luftraum.
Selma, so ist's jetzt da, wo Dein Liebling sitzt und an Dich denkt und schreibt. Das ist der 2. Vormarsch in Rußland, und ich hoffe, daß es mein letzter wird, und daß ich danach bei Dir und bei Jenny und Mama sein kann. Oder muß ich wohl auch noch mit nach England? Lust dazu hätte ich ja wohl auch noch, aber noch viel lieber wäre ich in 4-6 Wochen bei Dir und brauchte nie wieder weg.

16.10.1941
Endlich komme ich nochmal wieder zum Schreiben, aber leider gibt es wieder nicht viel heute. Es ist schon halb 7, und ich hatte die vergangene Nacht Wache, und bin jetzt so müde, daß mir fast die Augen zufallen. Aber zuerst die Mitteilung, daß es mir noch recht gut geht. Gerade heute und die kommenden Tage besonders gut in Beziehung Essen. Gestern Abend und diese Nacht haben wir mal wieder 3 volle Eimer Honig erbeutet. In einem Kasten lagen sogar noch Wäsche bzw. Stoffsachen. Kopftücher sind schöne dabei. Ich habe einen Packen geschnappt und alles schnell ohne genaues Besehen unter mein Gepäck verstaut. Wenn mal wieder ein Ruhetag kommt, will ich sehen, ob einige Päckchen draus werden.

Wir sind noch ohne Unterbrechung auf dem Vormarsch, Marschrichtung ist ungefähr in der Linie Smolensk- Kalinin. Seit gestern haben wir zu dem Frost und Wind jetzt ca. 10 cm Schnee, der gestern fiel. Sehr stramme Tage, noch schwerer für uns als beim ersten Vormarsch, haben wir schon hinter uns. Heute war's mal nicht so schlimm. Nur 15 km, gestern und davor waren's 32 und 72 km, davor 60. Jedenfalls komme ich jetzt ganz gut voran mit 3 Russenpferden. Hängen bleiben gibt's nicht mehr für mich. Vorgestern z.B. ging's mal bis auf die Achse durch son Sumpfloch, aber mit lautem Gebrüll und einigen guten Peitschenschlägen ging es wieder raus aus dem Dreck.
Viele tote Russen haben wir auch noch gesehen.
Quartiere haben wir jetzt immer in den Häusern. Hier sind sie schon schöner gebaut, und die Menschen sind sogar freundlich. Heute standen in einem Dorf sogar Russen mit Brot und eingelegten Gurken, es war direkt überraschend. Grade jetzt, wo wir heute zum erstenmal seit 5 Tagen wieder Brot bekommen haben. Die Verpflegung ist jetzt sehr schwer nach zu kriegen. Tag für Tag fliegen zig JU-Transporter über uns her. Aber die bringen alle Treibstoffe und Muni für die Panzer nach vorne. »Sprit ist jetzt wichtiger als Brot!« sagte uns gestern einer.
Und wir schlachten Hühner.
Vorgestern waren wir Nachts um 3 Uhr erst aus der Feuerstellung, wo wir anschließend an die Tagestour hinmußten. Da sind Morgens für uns 7 Mann 8 Hühner gekocht worden. 3 Eimer hatten wir da zu kochen. Wir schlagen uns schon so durch, Verhungern tun wir

nicht. Hoffentlich geht's diesen Monat noch zu Ende und wir nach Westen und ich zu Dir.

*

Stülinghausen, den 13. November 1941
Nun bin ich wenigstens nochmal teilweise glücklich, denn ich habe heute Post bekommen, und zwar die Briefe vom 9., 16. und 21. Oktober und die Karte an Mama. Nun mache ich mir Sorgen wegen Deiner Mandelentzündung. Du hast sie ja schon oft überstanden, und ich hoffe es auch dieses Mal. Jetzt wirst Du sie wohl wieder weg haben. Von uns kann ich Dir alles Gute berichten.
Mein lieber Alex, heute vor 9 Jahren haben wir uns das erste Mal gesehen, und was haben wir inzwischen schon alles erlebt. Ja, damals waren's noch schöne Zeiten. Und wir waren noch sehr jung. Alt sind wir ja jetzt auch noch nicht, und wenn wir mal wieder zusammen kommen, sind wir bestimmt wieder genau so glücklich wie damals. Denn wir sind ja verheiratet und alles ist erlaubt, selbst wenn es mal schiefgehen und Folgen haben sollte. Aber an letzteres mag ich im Ernst nicht denken.
Jenny ist jetzt schon so groß und erfordert nicht mehr viel Arbeit, und wenn wir ein 2. Kind haben, geht der ganze Krempel von neuem los. Aber noch sind wir nicht so weit.
Wenn Du doch nur mal Urlaub bekämst. Aber von da bis hierhin ist sehr weit, und die Reise soll wohl etliche Tage dauern. Wenn Du es nicht mehr aushalten kannst, mußt Du Dich mal mit einer Russin anfreunden. Ich gebe die Erlaubnis dazu. Mein Liebling, entschuldige, wenn ich so schreibe. Aber schonmal kommt man auf allerhand Gedanken. Eigentlich sollte man nicht so engherzig sein und sich soviel Zwang auferlegen. Lieber ist es mir natürlich, wenn Du mir allein gehörst. Sonst werde ich letzten Endes auch noch eifersüchtig. Wie Du noch in Frankreich warst, hätte ich ja oft Gelegenheit dazu gehabt. Aber ich vertraue Dir. Könnten wir uns nur bald mal wiedersehen. Aber ich kann mir noch nicht denken, wann es sein wird. Es wird wohl so gehen, daß ich dieses Jahr nochmal einen Christbaum suchen muß. Ach wenn Du nur gesund zurückkommst, dann haben wir diese schwere Zeit bestimmt schnell wieder vergessen.
Zusammen sind wir ja stark und können viel. Mein Liebling, muß das schön werden. Ach wäre es nur mal so weit. Ich fiebere förmlich nach einem Wiedersehen. Jetzt, wo ich wieder Post habe, ist alles wieder viel leichter. Ich glaube doch, daß Du sehr weit in Rußland bist. Am

21.10. warst Du 70 km vor Kalinin, und wo magst Du heute sein? Ich dachte immer, die Umzingelung Moskaus wäre bald fertig. Wie mag das Wetter da jetzt sein?
Grade singt einer im Radio: »Weine nicht, denk an das Wiedersehen«, und genau so denke ich auch. Was hat das Trübsal blasen für einen Zweck? Ich nehme nach Möglichkeit alles, was sich bietet. Gestern Abend war ich im Film in Marienheide. Ich war eine mit von den letzten, die reingelassen wurden.
Wenn alles klappt, gehen die 2 kleinen Kälber am 24. weg. Und ein Schwein verkaufen wir auch, vielleicht schon Montag. Augenblicklich fressen sie beide nicht und sind auch noch nicht groß. Auf eine Person werden jetzt für ein Jahr 80 Pfund gerechnet. Dann kriegen wir noch 1 Fleischkarte. Na, wir werden schon sehen und auskommen. Wenn unser Marcel ab 1.12. nicht mehr kommt, können wir auch gut was sparen. Eier sind auch wohl rar, aber heute haben wir noch 3 gekriegt.
Nun ist der Bogen voll und ich mache für heute Schluß. Hoffentlich hast Du inzwischen Post bekommen. Es ist nicht schön, wenn man so lange vergebens warten muß. Sei mir bitte wegen dieser Schreiberei nicht böse. Ich glaube, sie ist aus lauter Freude entstanden. Viele Grüße und Küsse von Deiner sich nach Dir sehnenden Selma.

*

Quartier d. 14.11.41
Es ist jetzt fast halb 6 abends. Vor einer Stunde sind wir von der Fahrt in eine Stadt, zum Bahnhof bzw. Heeresverpflegungslager, zurückgekommen. Die Stadt heißt Lietschewka oder so ähnlich. Und gestern lagen wir den ganzen Tag im Quartier.
Gerade kommt der Rest der Kolonne zurück, und einer von der Gruppe wird gerade laut stöhnend ins Quartier getragen. Hat Krämpfe oder so was. Ja, so ist das. Ich habe auch genug ausgehalten.
Junge, da soll's einer nicht leid werden. Da mußte ich wieder mal mit schreiben aufhören und dem seine Pferde versorgen.- Na, ist alles egal. Mir geht's auf jeden Fall noch gut bis auf die Kälte. Die ist geradezu miserabel. Ich glaube sicher, daß es so 15-20 Grad Kälte ist. Und dabei ein Wind, der nimmt einem glatt das Fell von den Knochen, Fleisch ist sowieso bald keins mehr drauf.
Gestern Morgen habe ich mich nochmal wieder gewaschen, seit 4 oder 5 Tagen nochmal. Und da soll man keine Läuse bei kriegen. Nach dem Stalldienst, etwa ne halbe Stunde, habe ich mir aus Filz

von russischen Sätteln ein Paar Filzstiefel zum Überziehen genäht. Und heute bin ich schon heilfroh drum gewesen. Es war ja wohl ne grausame Arbeit, aber wenn sie sich lont, geht's noch. Als ich die fertig hatte, war's fast 3 Uhr und höchste Zeit zu neuer Arbeit. Wir haben noch etwas Fett vom Schaf-Schlachten und da haben wir noch Reibekuchen gemacht. Die schmeckten auf jeden Fall prima und waren mal ne nette Abwechslung von unserer furchtbar eintönigen und einseitigen Kost. Ja, ja, meine liebe liebe Selma, und so lebt jetzt Dein Alex.

Es ist alles zum Kotzen, was ich diese Nacht getan habe. Ich wurde wach von tollem Sodbrennen und hatte mich gesetzt, und schon mußte ich raus und habe alles ausgebrochen, was im Magen war. Oh Selma, wär der Krieg doch mal zu Ende oder wir aus Rußland raus. Und keine Aussichten bestehen vorläufig, hier weg zu kommen. Morgen fahren wir wieder zurück nach Stariza, das sollen von hier ca. 100 km nach Osten bzw. Nordosten sein. Und gerade aus der Richtung weht jetzt der grauenhafte Wind.

Liebling, denke an mich und hoffe mit mir, daß ich die Kälte gut und gesund überstehe und heil und gerade wieder zurückkommen kann. Gestern Abend haben wir uns schon früh, kurz nach 7 Uhr, gelegt, weil um halb 5 Wecken war heute und halb 7 Abmarsch bei grimmiger Kälte, aber klar. Gefahren sind wir bis halb 10. Leergut abgeladen, am Bahnhof im Betrieb. Dann etwas zurück, und zu 10 Fahrzeugen Mehl geladen, je Sack à 150 Pfund. Das war in großen Scheunen, und dann Haufen von Verpflegung. Rahmklümpchen (Karamellen), Konserven und Brot, ganze Haufen, aber nichts für uns (nichts unterstrichen). Ein Karton Brot lag ziemlich greifbar, aber auch Wächter (Offiziere) genug dabei. Ich habe aber trotzdem eine gute Portion schönes Dauerbrot, fast 10 Pfund, schön geschnitten und in Silber und Papier verpackt. Das ist Frontsoldatenleben, genau wie ich's früher im Film »Im Westen nichts Neues« gesehen habe. Nur schlecht sein und sich nicht kriegen lassen.

Andere Fahrzeuge haben Hafer und Post geladen. 60 Säcke voll Post für unsere Division. Heute Abend soll die noch verteilt werden. Ob wohl was für mich dabei ist??? Es wäre so schön!!! Liebling, Liebling, hoffe, daß ich wiederkomme. Es ist so kalt und so freudlos hier. Und so hoffnungslos.

Rußland, 17.11.41

Wie ich im letzten Brief geschrieben habe, vielleicht liegt der noch in unserem Briefkasten, hatten wir 60 Postsäcke geladen. Die sind von der Schreibstube, abends wenn wir im Quartier waren, durchgesehen worden, ob was für uns dabei wäre. Und ich habe großes Glück dabei gehabt. Für mich waren 3 Briefe und ein Päckchen dabei. Letzteres war von Otto Falter, erinnerst Du Dich noch, unser früherer Uffz. von der Schreibstube. Inhalt: ca. 30 gute Klümpe und 10 gute Zigaretten und ein schöner Gruß an den lieben Alex. Ja, da siehst Du, wie ich mit dem gestanden habe. - Und im übrigen hatte ich da doch wohl nen recht guten Tag. Daß ich mich aber am meisten über Deine Briefe gefreut habe, wirst Du wohl glauben, nachdem ich seit dem 6. Oktober nichts mehr von Dir gehört hatte. Liebling, ich war da und bin jetzt noch direkt glücklich vor Freude, und viele meinten den anderen Morgen, ob ich Post gekriegt hätte. So konnte man mir's ansehen. Hoffentlich kommt nun bald die Zeit, wo unsere Post wieder regelmäßig kommt, und dann werden wohl auch für mich wieder andere Küsse und Grüße aus der Heimat von Dir kommen.
So weiß ich doch wenigstens mal wieder etwas von zu Hause. Und Gott sei Dank sind's nur gute Nachrichten und ich hoffe, daß die nächsten Briefe nicht anders sind. ....
Wir sind noch auf der Fahrt nach Stariza und sind jetzt noch 40 km südlich davon. Wir fahren jetzt nur 15-25 km täglich und sind so immer schön früh im Quartier. Heute haben wir's mal wieder prima getroffen. Von außen ist das Haus ja wie alle anderen, aus rohen Holzbalken, aber innen und die Bewohner sind soviel freundlicher und auch schön sauber. Wir sind hier scheinbar in einer mehr zivilisierten Gegend und liegen direkt vor Rschew, einer größeren Stadt jenseits der Wolga. Heute Morgen um halb 11 sind wir mal wieder über den so weltberühmten Bach gefahren bei Subzow, auch eine ehemals schöne Stadt, die aber jetzt von der Walze des Krieges schwer zertrümmert worden ist.
Vom Feind spüren wir jedenfalls nichts mehr. Nicht einen Flieger haben wir bis jetzt gesehen trotz des schönen Wetters. Schön ist eigentlich viel gesagt. Es ist wohl klares sonniges Wetter, aber doch eisig kalt. Aber durch den Frost ist doch jetzt jeder Weg hart und gut zu fahren. Schnee liegt nur wenig, so daß gerade alles weiß ist. Die Hauptstraße ist frei, und wenn Autos kommen, ist's wie im Sommer eine große Staubwolke. Im Quartier waren wir gestern gegen 2 Uhr, so wie heute auch. Und da haben wir mal das Mehl probiert, das ich

auf dem Wagen habe. 12 Ztr. prima Rogenmehl. Da schmecken die Reibekuchen doch besser als mit Russenmehl.
Gestern Abend haben wir fast 2 Stunden lang gebacken, und die Reibeplätzchen waren prima. Ich war so satt, daß ich auf Wache, die mich gestern mal wieder traf, fast Kolik hatte.
Und sonst geht's mir recht gut jetzt. Heute, in Subzow, entdeckte mein Beifahrer nen Landser mit Zigaretten. Er kaufte 8 12er Schachteln Juno für 9 Mark. Die sind ja wohl teurer als sonst, aber das Geld hat für uns ja doch keinen Wert. Da sind 50 Zigaretten schon lieber wie 10 Mark, und mich kosten die 48 noch bloß 4,50 RM.
Etwas Neues sehen wir hier in der Gegend auch wieder. Hier verläuft die Eisenbahn. Tag und Nacht geht's hin und her. Und wann mag wohl der Tag da sein, wo wir mal wieder Eisenbahn fahren mit der Parole »Heimat« oder »Westen«? Es wäre doch schön, wenn wir Weihnachten nicht hier in Rußland zu verleben brauchten. Und wie schön es wäre, wenn ich dieses Jahr mal wieder bei Dir feiern könnte, ach Liebling, das ist ja doch viel zu schön, als daß wir das Glück hätten.
Und jetzt nehme ich Deine Briefe nochmal vor und beantworte mal wieder so wie früher. Eigentlich müßte ich ja schlafen, aber die Stunde habe ich noch gerne für Dich über.
Ja, die letzten Birnen sind gepflückt worden. Hätte ich eine einzige davon gehabt. Das Rußland, wo wir gefahren sind bis jetzt, kennt kein Obst.
Die Pariser verwahre ich weiter, da ist Garantie drauf bis, ich glaube 1946. Aber wann mag wohl die Gelegenheit dafür kommen? Ich weiß es nicht, nur habe ich die gleichen Wünsche wie Du.
Wie oft habe ich an Dich und Deine Sorgen gedacht, und ich konnte doch nichts dran machen. Man muß eben denken, daß das der Krieg ist. Aber wie Du siehst, habe ich auch den 2. Vormarsch gut und ohne Schaden überstanden. Viel gefährlicher wie der 1. Vormarsch war's ja wohl, aber wenn alles gut geht, ist's ganz interessant.

Ja, die Arbeit ist dort getan. Und ganz ohne mich. Lieber hätte ich alles allein gemacht, als hier durch das verfluchte »Paradies« rum zu fahren.
Daß Du den Kopf nicht hängen läßt, ist ganz recht. So erträgt man alles besser. Ich mach's ja auch so. Schwere Verluste haben wir, d.h. unsere Division, auch gehabt. Unsere und die 26. Div. sollen zusammen nur noch eine Divisions-Stärke sein. Von den Bayern habe ich

auch nichts mehr gehört. Und ich werde schon noch wiederkommen. Da mach ich mir mal gar keine Gedanken drum. Und Radio möchte ich auch noch mal gerne wieder hören. Hier gibt's das nicht.-- Also, Brot haben wir jetzt wieder genug. Und mit K.D.F. ist's noch so, aber: Mer kann och en Sach üwwerdriewe! Also, was wir nach dem Krieg machen, wird sich finden. Auf jeden Fall werden da mal erst einige ganz faule Erholungwochen verlebt. Wenn ich jetzt die Löhnungen am nächsten Zahltage kriege, die noch rückständig sind, habe ich ca. 260 Mark. 200 schicke ich dann Dir als Weihnachtsgeschenk. Mich kriegst Du ja doch nicht. Ich kann's wenigstens nicht glauben, so schön wie's wäre. Ha, fremdgehen, meinst Du. Liebling, wenn Du das Volk hier sähest, glaubtest Du bestimmt, daß das nie in Frage kommt. Und daß ich mich noch mehr auf Urlaub freue, versichere ich Dir. Wenn es mal so weit ist, werde ich Dich schon benachrichtigen, wenn's geht.

Winterquartier, d. 22.11.1941

Meine liebe, liebe Selma, nun ist es so weit gekommen, wie wir es haben wollten. Seit gestern sind wir im festen Winterquartier und damit wohl jede Hoffnung auf »Raus aus Rußland« begraben. So unangenehm dieser Gedanke ist, so müssen wir uns doch damit abfinden. Auf jeden Fall ist das Glück jetzt, daß wir geregelte Verpflegung und was noch viel, viel schöner ist auch, Post kriegen. Mein Liebling, gestern habe ich ganze Berge bekommen. Erstmal hatten wir uns zu 4 Fahrzeugen verfahren auf der Herfahrt vorgestern und hatten unterwegs Quartier gemacht, und kamen daher erst gestern Morgen an. Und schon waren 2 Briefe und 4 Päckchen für mich da, eins davon von Schwester Ilse, das andere alles von meiner lieben Frau. Und gestern Abend gab's nochmal Post. Da habe ich den Vogel abgeschossen. Ich kriegte 7 kleine und 2 große Päckchen und dazu nochmal nen Brief. Und alles war von meinem Liebling.

Wenn man fast ein viertel Jahr nicht die geringste Süßigkeit gehabt hat, dann ist man direkt versessen auf solche Sachen. Und wie schön es erst ist, wenn gleich solche Mengen leckere Sachen ankommen, kannst Du Dir nicht denken. Es war für mich gestern einfach, als wenn Weihnachten gewesen sei. Ich habe noch gesagt, wie wir am Abend am Tisch saßen, und jeder suchte leckeres aus seinem erhaltenen Päckchen: »Jetzt fehlt nur noch der Christbaum, und Weihnachten wäre fertig!«

Um nun Dir etwas an Bericht zu geben, will ich zuerst für die Päckchen danken. Das eine mit dem Pullover und 2 gefrorenen, aber noch eßbaren Äpfeln u.s.w., Speck, Butter, Kuchen und Plätzchen, leider die meisten Krümel, aber schmecken trotzdem, als wär alles noch ganz. Dann war in dem kleinen Berliner Brot, Schokolade, Tabak und Zigaretten und mehr. Ein Päckchen mit Süßstoff war aber noch nicht dabei. Also habe ich wohl noch was zu erwarten. Dann die Briefe. Die sind aber alle schon alt, und ich bin gespannt, wieviele und wann die noch nachkommen. Bis jetzt habe ich ja immer noch alles erhalten, und ich hoffe, daß es auch weiter so bleibt.

29.11.41
So gut wir die ersten Tage hier im Winterquartier versorgt wurden, so schlecht ist es jetzt die letzten Tage wieder. Gestern Morgen z.b. bekamen wir pro Mann ein schlechtes Kommissbrot, und das soll jetzt für 3 Tage reichen. Morgen Abend hat bestimmt keiner mehr was zu essen, und dann heißt es fasten bis.... Und genau so ist's mit allem anderen.
Heute erzählte einer, im Radio sei gekommen, daß alle Truppen ordentlich mit Winterbekleidung versorgt seien, und dabei läuft mal bestimmt unsere ganze Division ohne Winterbekleidung rum, und unsere Uniformen sind fast alle zerrissen und verschlissen. Noch schlimmer ist's mit der Wäsche und den Strümpfen. Nicht mal Wolle zum Stopfen hat man noch.
Und fast alles ist krank. Die meisten magenkrank. Mir geht's nicht besser. Jeden Mittag, wenn ich das Essen auf habe, Sodbrennen ganz schlimm. Da sollte man nun doch annehmen, daß man dafür irgendwas kriegen könnte. Aber weit gefehlt. Genau NICHTS ist zu haben. Weder der Sani-Uffz. noch der Arzt haben was dafür. Ich hab bestimmt schon manchen schlechten Nachmittag dadurch gehabt, und wie oft werde ich nachts mit dem dollsten Sodbrennen wach. Aufrichten im Bett und raus und erbrechen ist eins, dann geht's besser, wenn der Magen leer ist. Oder wie jetzt gerade habe ich ein Stück Knoblauch gegessen, das hilft auch, ist aber sehr schädlich für den Magen. Aber in der Not frißt der Teufel Fliegen, und so geht's mir auch.
Jedenfalls wäre ich Dir sehr dankbar, wenn Du mir sofort, wenn Du diesen Brief hast, ein Päckchen, besser ein Paket schicken würdest,

und zu den anderen Sachen irgendetwas aus der Apotheke oder Natron dazu legen würdest.
An sonstigem Eßbarem hoffe ich, daß Du mir soviel wie irgendmöglich aufzutreiben ist, schickst. An Roland und Hans habe ich auch mal nen Brandbrief um Speck o.ä. Artikel geschrieben. Eigentlich tue ich das gar nicht gerne, aber dafür, daß die noch so schön zu Hause im Warmen sitzen, sollen sie doch wenigstens mal ein anständiges Freßpaket nach Rußland loslassen. Ich bin ja letzten Endes auch für die und ihr Wohl hier und hungere und friere von einem Tag zum anderen.
Selma, einmal sollte jeder, der noch zu Hause ist, uns leben sehen hier, ich glaube, dann kämen für jeden Soldaten ganze Wagenladungen voll Liebesgaben an. Jeder, der noch zu Hause ist, soll nur beten, daß er nicht eines guten Tages Soldat wird und sich in Rußland mit Läusen die Zeit vertreibt. Es ist einfach unbeschreiblich, wie wir hier leben und hausen.
Besondere Wünsche, was Du mir schicken kannst, habe ich eigentlich nicht. Schicke mir bitte, soviel die Post annimmt. Wenn Du was hast. Und wenn es nur trocken Brot ist. Aber Du hast doch sicher auch noch was anderes. Brotaufstrich und Kuchen sind mir am liebsten. Oder Plätzchen, Zwieback, zum Tee oder Kaffee geweicht schmeckt mir das gut zum trockenen Brot.
Also Liebling, ich weiß ja, daß Du für mich tust, was möglich ist. Jetzt kannst Du mir für all die Sachen, die ich Dir aus Frankreich geschickt habe, mit allem was man essen kann danken. Ist der Krieg aus, dann dank ich es Dir wieder. Und jetzt für heute Schluß. Hoffentlich gibt's morgen Post. Mit den besten Wünschen für Weihnachten und vielen Küssen grüßt Dich Dein Liebling.

*

Stülinghausen, den 3. Dez. 1941
Mein Liebling!
Hier ist noch alles beim alten. Wir haben uns schon damit abgefunden, daß wir den Marcel nicht mehr haben. Die Arbeit ist ja auch nicht mehr so wichtig. Am Montag ist der kleinste Zwilling weggegangen, der andere soll Donnerstag folgen. Heute war hier miserables Wetter. Verschiedene Nächte hat es tüchtig gefroren, und seit heute Morgen nebelt es so, daß die ganze Erde mit Glatteis überzogen ist. Der Nebel war so dicht, daß man keine 20 m weit sehen konnte. Wenn sowas ist, muß ich immer am meisten an Dich denken.

Hoffentlich ist Dir noch nichts passiert. Wann hast Du wohl mal Post von mir bekommen? Es waren jedenfalls Briefe und auch Päckchen genug unterwegs.
Mein Liebling, wie mir scheint, machst Du Dir wohl große Sorgen darum, daß mir das Warten auf Dich zu lang würde. Aber deshalb sei beruhigt. Was ich bis jetzt getan habe und noch tun werde, kann ich auch vor Dir verantworten, denn ich hoffe doch, daß Du noch genau so bist wie früher. Ich habe einen Mann kennen gelernt, der mir wirklich ein aufrichtiger Freund ist. Ich glaube, ich habe schon mal gelegentlich geschrieben, daß mich einer nach Hause gebracht hat. Mama kennt ihn auch, und das muß Dich doch auch beruhigen. Der betreffende ist Wachtposten am Gefangenenlager in Marienheide. Er ist 40 Jahre alt und hat auch Frau und Kind. Wie der Marcel noch hier war, gab ich dem abends die Päckchen mit, und der brachte sie zur Post. Augenblicklich hat er mein Rad da zum überholen. Ich wollte jedenfalls, der blieb so lange in Marienheide, bis Du mal in Urlaub kämest. Ich möchte, daß Du ihn auch kennen lernst. Es ist eine ähnliche Freundschaft wie damals mit Erhard, nur mit dem Unterschied, daß Du nicht dabei bist. Mein Liebling, gönnst Du mir nun die Freundschaft, oder wäre es Dir lieber, wenn ich sie nicht hätte? Ich hätte Dir ja schon etwas früher davon schreiben können, aber ich wollte Dir keine Unruhe bereiten. Und vor allen Dingen tut dieses Verhältnis unsrer Liebe und Treue keinen Abbruch. Deshalb meine ich auch, könntest Du mir nicht böse sein. Auch eifersüchtig brauchst Du nicht zu werden, denn das war ich auch nicht, obwohl ich vor etwa Jahresfrist Gelegenheit genug dazu hatte. Also, mein Liebling, verlier das Vertrauen zu Deiner Frau nicht. Und nun höre ich auf. Ich wünsche mir, daß die Antwort auf diesen Brief keine 2 Monate dauert. Aber wer weiß. Ich mache es jedenfalls so, daß ich vor Dir bestehen kann. Gute Nacht, mein Liebling am Wolgastrand. Ich bin und bleibe Dein.
Deine Selma.

5. Dez. 1941

Mein Liebling!
Ich war heute Nachmittag nach Gummersbach und wollte noch was für Jenny für Weihnachten kaufen, aber das ist leichter gesagt als getan. Ich habe ein paar Kleinigkeiten, zusammen für 5,80 RM, gekriegt, und das war alles. Zweimal bin ich jetzt schon mit 100 Mark

*weggewesen und habe sie auch wieder mitgebracht. Geld allein hilft einfach nicht mehr. Ich wollte so gern einen neuen Mantel haben, aber ich glaube, die Hoffnung begrabe ich bis nächstes Jahr. Nötig habe ich ihn ja auch noch nicht.
Was meinst Du denn, was das kleine Kalb gewogen hat? Fast 700 Pfund und pro Pfund gab's 39 Pfennig = 271,40 RM. Davon gingen dann 12 RM für Unkosten. Morgen geht nun das andere auch weg, nach Elberfeld. Ich bin gespannt, was es dafür gibt. Und den Ochsen liefern wir vielleicht am 15.Dez. Der Moos will uns sofort einen neuen verkaufen. Mal sehen. Das Kälbergeld sollen wir wohl auf die Sparkasse tun müssen, sonst kann man ja doch nichts damit anfangen. Vielleicht kommt es uns dann später mal gut. Ich habe mich auch wegen einem elektrischen Herd erkundigt. Den kann man nur gegen Kennziffer kriegen. Wenn es eben möglich ist, kriegen wir dann einen. Du mußt doch mittlerweile auch eine schöne Summe Geld zusammen haben. Willst Du es alle verwahren, bis Du in Urlaub kommst? Ach wäre es nur mal so weit. Hoffentlich lebst Du noch und es geht Dir gut. Dann ist mir um die Zukunft nicht bange. Mein Liebling, hat es Dir auch weh getan, daß ich von meinem »Freunde« geschrieben habe? Durch den bin ich über manche schwere Stunde hingweg gekommen, und nun kommt er von Marienheide nach Duisburg. Und da werde ich ihn wohl nie wiedersehen. Und das trübe Einerlei geht im alten Dreh weiter.
Na, einmal mußt Du doch mal kommen, und dann heißt es Kraft schöpfen für wer weiß wie lange Zeit. Ich freue mich immer wieder, daß wir vor 12 und 1/2 Monaten nicht wußten, wie lange wir getrennt sind, sonst wäre mir der Abschied viel schwerer geworden. Wenn ich nicht an all das denke, was inzwischen schon gewesen ist, meine ich, wir wären erst gestern auseinander gegangen. Aber an allem sieht man, daß man sich mit jeder Lebenslage abfinden muß. Wenn ich heute irgendwo alleine bin, fühle ich mich schon nicht mehr so verlassen wie vor einem Jahr. Früher mußtest Du den entscheidenden Schritt tun, und heute bin ich auf mich selbst gestellt. Aber es geht alles, wenn auch manchmal schwer.
Ich hoffe und wünsche jedenfalls, daß der Krieg nicht mehr allzu lange Zeit dauert oder Du wenigstens mal Urlaub bekommst. Ich wüßte gerne nochmal, was Liebe in der Tat ist. Ob man sowas auch wohl verlernen kann? Mein Liebling, hast Du Dich auch verändert, oder bist Du noch genau so wie früher? Ich glaube, ich bin noch die Alte. Auch daß ich inzwischen ein Jahr älter geworden bin, macht*

mir nichts aus, nur es ist unwiederbringlich verloren. Wenn man so glücklich verheiratet ist wie wir zwei, ist es nicht schön, auseinander gerissen zu werden.
Unsere Jenny ist so groß geworden, daß Du sie wohl fast nicht wiedererkennst. Heute Abend hat sie zum erstenmal den Schuh aufgestellt. In der Schule kommt sie auch ganz gut mit, aber es geht nicht alles auf einmal.
W S. schrieb, er läge am Ladogasee und hätte bis jetzt als Infanterist in vorderster Linie mitgekämpft. Was er bis jetzt erlebt hätte, verlange er nicht nochmal mitzumachen. Er war auch sehr bekümmert um Dich, wie es Dir erginge und wo Du wärst. Seinem ganzen Schreiben nach kann man sehen, daß der Grütze im Kopf hat.

*

Rußland, 7.12.41

Ob wohl Weihnachten schon vorbei ist, wenn Du diesen Brief bekommst? Oder wie lange sind wohl meine Briefe unterwegs? Wir wissen genau nichts. Selma, wer hätte das voriges Jahr gedacht, daß ich so lange nicht zu Hause sein würde? Zweimal geht Weihnachten vorbei, ohne daß ich bei Dir bin, und wie mag es im nächsten Jahr wohl sein? Ist das ein Elend.
Im März geht bestimmt der Vormarsch hier weiter nach Osten, und dann ist es mit dem Urlaub wieder aus. Hoffentlich geht's mir damit nicht wie im vergangenen Frühjahr. Da war ich auch fast an der Reihe, und da kam die Sperre. Wenn ich doch mit allem solches Pech hätte wie mit dem Urlaub, dann würde mir das Leben leid.
Wohl meine Frau und gute Päckchen-Lieferantin, aber ich sage Dir, daß Liebe doch nicht allein durch den Magen geht. Das Herz hat da doch auch etwas mit zu reden. Hoffentlich brauche ich nicht noch mal so lange Soldat und ohne Dich zu sein wie ich es schon bin. Das halte ich nicht aus.
Wenn man anständig behandelt würde, und satt zu essen kriegte, wäre ja schließlich alles nicht so schlimm. Das Schlimmste ist ja das Essen. Wir kriegen jetzt schon Pferdefleisch. Ich denke dabei immer an einen Ausspruch Hitlers: »Das Beste ist gerade gut genug für meine Soldaten.« Junge, wenn es schon so weit ist, daß Pferdefleisch das Beste ist, was Deutschland noch zu essen hat, na, dann danke.
Eben habe ich noch ein Päckchen Feinschnitt für ne Tafel Schokolade weggegeben. Ich rauche ja selbst gerne, aber für so was will ich's schon lieber sein lassen. Also Selma, Du hast mich lieb, so lieb wie

ich Dich. In Frankreich habe ich manche Mark, wo ich mir etwas zu essen oder zu trinken für hätte kaufen können, verwahrt und für den Inhalt eines Päckchens ausgegeben, um Dir eine Freude zu machen. Tu Du jetzt das Deine und sorge wie zu Hause dafür, daß ich was zu essen habe. Was es ist, ist ganz egal.

Meine Liebe Selma, ich tu mir ja fast selbst leid, daß ich solche Bettelbriefe schreibe, aber glaube mir, ich tu es nicht um vielleicht Dir das Leben schwer zu machen oder mir vielleicht ein »Leckerleben« zu schaffen, sondern nur, weil es mir tatsächlich so geht, wie ich es schreibe. Und nicht nur Du allein erhältst solche Briefe. Ich schreibe, seit wir hier sind, an alle solche Briefe. Jeder soll es wissen, wie es uns hier ergeht. Ich glaube auch, daß Du mich verstehst und für mich sorgst. Schicke also, soviel die Post nur annimmt. Und wenn jeden Tag 2 Kilo-Päckchen kommen. Schlecht wird mir nichts, und eine Kiste als Schrank bzw. Vorratskammer wird sich schon finden. Gespannt bin ich ja, von wem ich zu Weihnachten alle was kriege, und wie sich Hans und Roland über neulich die Karte von mir äussern. Hauptsache sie kapieren und schicken was ordentliches.

Und dann gibt's noch was Neues. Ab 10. Dezember gibt's Urlaub für uns. Aber., und jetzt kommt's. Zuerst fahren die Weltkriegsteilnehmer, dann die Kinderreichen, dann die Verheirateten nach Dienstalter und dann die Unverheirateten. Und monatlich fahren 8-9 Mann. Da bin ich mal gespannt, ob ich im 3. Monat, also im Februar, wohl mit dabei bin. Hoffnungen mache ich mir jedenfalls keine großen.

Also, meine liebe Frau, lass den Mut nicht sinken und tröste Dich an mir. Hier ist's auch verdammt nicht angenehm zu leben. Vom Krieg spüren wir ja direkt nichts mehr, sehr viel Geschützdonner haben wir ja die letzten Tage wohl gehört. Regelrechtes Trommelfeuer Tag und Nacht. Aber die Front ist doch von uns recht weit genug weg, als daß noch Gefahr wäre. Und dauernd ist man schlapp und müde, weil wir die ewig gleiche geringwertige Kost kriegen.

Also jetzt gute Nacht, und laß es Dir gut gehen. Viele herzliche Grüße an Mama und Jenny, und nochmal frohe Weihnachten und Dir viele viele süße Küsse sendet Dir aus dem weiten kalten Rußland immer Dein Liebling. Ich gehöre immer nur meiner Selma.

Rußland, d. 13.12.1941

Zu 4 Mann sitzen wir am Tisch und schreiben das gleiche. Jeder überlegt, ob nicht irgendwo ein Bekannter sitzt, der mal ein Päckchen schicken könnte. Es ist ja ziemlich grob, aber so ungefähr sieht unser Galgenhumor aus.
Hunger haben wir alle ganz schlimm. Die Verpflegung ist schon wieder knapper geworden. Morgens gibts nur noch trocken Brot für den, der noch hat. Selma, ich sage Dir nur eins: Rußland ist Verdrußland! Das hätte ich nie gedacht, daß es mir mal so dreckig gehen würde. Und wie lange schon. Nun habe ich noch die letzten Tage immer Pudding kochen können. Aber bald ist der auch aus. Noch einmal, und dann ist's alle. Heute hatte ich wieder 1/2 ltr. Milch und gestern Abend auch, das gibt jedesmal 3/4 ltr. Pudding. Heute habe ich mittags gekocht, und sofort anschließend ans Mittagessen, fast alles gegessen, so warm wie es war. Kalt schmeckt's ja besser, aber da siehst Du, was wir von der Küche kriegen. Heute Abend gab's 1/2 Dose Fisch und sonst nichts. Nichts für Morgen früh.
Zur Fronttruppe bin ich nicht gekommen. Die 15 Mann, alles junge Aktive, sind gestern Morgen weggegangen von uns. Wie mag es denen ergehen?
Und ich träume nachts von Dir und zu Hause und Urlaub. Aber alles ist umsonst. Jeden Morgen ist das gleiche: Kein Urlaub, sondern Kohldampf. Und so geht's einen Tag wie den andern. Du, grad fällt mir's ein: Damit sich keiner beleidigt fühlt, Grüße alle Teilnehmer von der Silberhochzeit von mir. Allen kann ich auf einmal nicht schreiben, dafür fehlen Zeit und Material.
Gestern waren wir wieder weg fahren. Junge, da habe ich fast geheult. So kalt war's und so leid war ich's. Gestern Morgen, eh wir abfuhren um 8 Uhr, waren es 35 Grad und eisiger Wind und um 12 Uhr habe ich selbst gesehen, waren es noch 26 Grad. Viele Kameraden haben schon Hände und Füße erfroren, und was noch viel schlimmer ist, das Gesicht. Einer aus meiner Gruppe hatte eine Backe ganz weiß. Es sind ja alles noch geringe Schäden, aber was wird das noch bei 40-50 Grad, die es hier noch geben soll? Schnee gibt's nicht viel. Und dann nicht satt zu essen, ist ja das Schlimmste. Gestern kam das Päckchen von Ilse an, viel gute Zwiebäcke und Klümpe. Aber heute ist schon wieder alles auf. Nur gut, daß eben wieder was von Dir kam. Übrigens habe ich heute Abend mal den ersten Pudding gekocht, aber ohne Milch und mit Sacharin war's schon so. Aber es war was Eßbares.

*

14. Dezember 1941
Morgen bringe ich unseren Ochsen zum Schlachten, und Du hast ihn nicht einmal gesehen. – Wie lange mag es wohl dauern, bis ich solche Sachen wieder in Deine Hände legen kann? Ich möchte so gerne nochmal nur Frau und Geliebte sein. Ich hoffe, daß wir uns nach dem Krieg noch genau so gut verstehen wie auch vorher. Oft frage ich mich, ob Dich der Krieg und die lange Trennung auch wohl verändert hätten. Ich hoffe nicht. Ich glaube, ich bin noch genau wie früher. Ich hoffe, immer, ich würde mal schlanker, aber bis jetzt merke ich noch nichts.
Unser Kind wirst Du ja wohl kaum wiedererkennen, so groß ist es geworden. Heute morgen meinte sie, ich solle doch mal fahren und Dich besuchen. Mein geliebter Alex, wäre das schön.
Paß gut auf, daß Dich keine Kugel erwischt. Der L.H. wurde in Rußland verwundet. Nun liegt er in Königsberg, ein Bein abgenommen. Ich hoffe, so etwas passiert Dir nicht.

*

Rußland, d. 14.12 1941
Mein liebe, liebe Selma!
Einsam, traurig, hungrig und müde sitze ich mal wieder hier am Tisch, und meine Gedanken gehen mal wieder dorthin, wo ich sein möchte und NIE WIEDER fortgehen möchte. Aber es liegen soviele Kilometer zwischen uns, und dazu, wie heute ein Uffz. erzählte, auch schon wieder ne Urlaubssperre. Da soll man dann nicht bald den Kopf hängen lassen und an der Welt und allem verzweifeln. Liebling, ich bin's doch jetzt bald leid. Nun bin ich so lange von zu Hause fort und wäre so gerne nochmal da und wann mag das nochmal sein? Alles ist als Soldat zu ertragen. Gefahren, da frage ich nichts nach. Arbeit, nun, etwas arbeiten bin ich schon von zu Hause her gewöhnt. Frieren, ist auch nicht das schlimmste, es gibt immer noch ne Stube, wo man sich wieder aufwärmen kann. Müdigkeit, ein Begriff, den wir im letzten Jahr zigmal erlebt haben. Ist nicht schlimm, und es gibt auch wieder lange Nächte, und jetzt ganz besonders, wo man sich wieder ausschlafen kann.
Nur eins ist, wo ich nicht drüber wegkomme. Zu Hause habe ich das nie gekannt. Aber hier in Rußland habe ich das eine Gefühl kennengelernt und spüre es tagtäglich. Das Gefühl heißt: HUNGER !!!

Meine geliebte Frau, was das ist, kann keiner erzählen, keiner kann es sich denken. Nur der, der es selbst erlebt und gespürt hat, weiß was das ist. Und es gibt hier einfach gar keine Möglichkeit, ohne Strafe zu riskieren, sich etwas Eßbares zu beschaffen. Wenn nur wenigstens noch Kartoffeln da wären. Oder wenn's mal satt Pferdefleisch gäbe, wollte ich noch nichts sagen. Aber nichts von dem ist da. Wir sind und bleiben einfach auf das Bißchen von der Küche angewiesen. Und davon kann vielleicht einer von der Schreibstube, der den ganzen Tag still sitzt, vielleicht auch ein Offizier satt werden. Aber kein Soldat, wenn es jeden Morgen 2 Stunden Pferdepflege gibt oder von 8 bis 2 gefahren wird. Ich jedenfalls werde nicht satt davon, nur jeden Tag noch mehr schlapp. Meine einzige Hoffnung liegt nun jeden Abend bei der Post. Abends um 6 Uhr ist Uffz. Besprechung, und die bringen dann die angekommene Post zu ihren Gruppen.
Selma, ich weiß, daß Du mich, Deinen Liebling, über alles liebst. Ich hoffe täglich auf Dich, daß Du mir viel schickst. Und denke immer dran, daß wir so wenig Brot haben. Ich bin gespannt, ob ich heute wieder ein Päckchen kriege. Vorhin habe ich ja nochmal gekocht. Das letzte Päckchen Puddingpulver habe ich mit 3 Löffel Kornmehl -- grade kommt die Post. Aber es ist mal wieder nichts dabei für mich. Nichtmal ein Brief. Ich glaube, daß mich überhaupt alles vergessen hat, ausser Dir. Über Dich klage ich nicht, Du bleibst mir treu und sorgst auch, daß ich Post kriege.
Aber Liebling, sei nur froh, daß Du nicht mit solch nem Päckchen mit nach Rußland kommen kannst. Du würdest mich wohl haben, aber sonst nur Elend kriegen. Rußland ist ein verfluchtes Land. Sogar einer von unsern Russen, der 1914/18 in Gefangenschaft war, sagt: »Verfluchte Schweinerei, Russki!«

*

16. Dez.41
Ich habe gestern den Ochsen nach Niedersessmar zum Schlachthof gebracht. Es ist ja weit, aber nach 3 und 1/2 Stunden war ich mit dem neuen schon wieder hier im Stall... Also der Ochse wog 678 kg, und je kg gibt's 1.01 RM.... Vor 10 Monaten haben wir den für 550 RM gekauft, und jetzt bringt er fast 135 Mark mehr, und für 100 RM hat der Marcel diesen Herbst noch bei Nachbarn damit gearbeitet. Jedenfalls sieht sich die Sache mit dem neuen für 645 RM schon nicht mehr so schlimm an. Wenn dieser neue mal fett ist, wird er wohl ein Gutteil schwerer sein wie der alte.

*

Nur ein Brief von über Tausend an meine Mutter

16.12.41
Da staunst Du wohl, daß ich mal wieder mit Tinte schreibe. Ich fand die heute Mittag hier im Quartier und dies ist der erste Versuch. Das ist russische Tinte, und erbärmlich, wie alles, was Rußland hat.
Gestern Morgen hatten wir unser Quartier tip top in Ordnung, unsere Bude sollte Musterstück werden. Es sollte wieder Besichtigung durch den Div.-Kommandeur sein. Und dazu sollte mittags 1 Uhr Pferdeappell sein. Wir haben wohl ordentlich geputzt, aber wenn den Pferden der Mist mal in und an die Hufe festfriert im Stall, dann geht nicht viel Staub davon. Na, wir saßen gerade um 1/2 1 beim Essen, da kommt der Spiess rein und sagt, daß Besichtigung und Pferdeappell ausfallen und wir sofort anspannen und Hafer fahren müssen. Un et wor so kalt!
Na, wir sind losgefahren, erst zum Standort etwa 3 km und dann zurück nach 6/6 abladen etwa 9 km. Da waren da in der vorigen Nacht, übrigens hatte ich da Wache, Fallschirmschützen gelandet. 1 Gefangener, einer war tot und 6 andere seien mittags noch im Wald gesehen worden. Alle schwer mit MG und Schnellfeuergewehren bewaffnet.
Als wir da wegfuhren, es war schon dunkel als wir hinfuhren, war natürlich alles gespannt, ob wir wohl angegriffen würden. Aber es ist nichts passiert. Wir sind die 9 km im Trab zurück gefahren und waren gegen halb 8 hier. Aber da ging's erst mal los. Es war höchste Alarm- und Marschbreitschaft. Über das »Weshalb« gingen die dollsten Parolen rum. Die schönste war: » Die 7. A.K. sei ausgeladen worden und wir 6. A.K., kämen sofort aus Rußland raus.«

Es war zu schön, um wahr zu sein. Und ab jetzt ist's auch noch nicht wahr. Jedenfalls stand unsere Bude auf dem Kopf. 2 Mann waren hier geblieben und hatten unser Gepäck fertig gemacht und auf einen Wagen verladen. Alles war schön durcheinander. Ich und unser Russe mußten je 10 Säcke Hafer aufladen, und da war's 8 Uhr, bis wir in der Bude waren. Zu essen gab's wie immer Säuglingsportion, und das bei der Kälte. Dann war Ruhe, Alarm war abgeblasen. Aber wir durften uns nicht ausziehen, nur die Stiefel. Na, geschlafen habe ich gut. Ich hatte einen Brief bekommen, für den ich Dir herzlich danke. Wir kriegen als erstes natürlich nun keine Post mehr. Schöne Weihnachtsbescherung. Da gibt's schließlich nicht mal Päckchen. Und das ist so das Neue von mir. Gesundheitlich geht's mir noch gut. Hunger ist riesengroß, und ich habe noch eine Schnitte Brot, und die muß halten bis morgen Abend.

Ja, und dann schreibst Du von Guido. Der arme Kerl tut mir so leid. Ich habe dem auch die Verhältnisse hier so wahr geschrieben. Dem haben bestimmt die Haare schon zu Berge gestanden, als er das zum ersten Mal hörte, sie kämen nach Rußland. So ein verfluchtes Land ist das. Sollte er wirklich in Rußland sein, dann sage dem Hans, daß er sich in den Tod versündigt, wenn er nicht mindestens 2 mal 2 Pfunde pro Woche an ihn schickt. Speck, Schinken, Brot, Butter. Na, Du weißt ja, was alles. Aber sage denen, daß Guido ein Bruder von ihm ist und Roland sage dasselbe. Liebling, Guido und ich haben uns immer gern gehabt, und mir kamen die Tränen in die Augen bei dem Gedanken, daß er in Rußland ist. Es ist einfach fast nicht auszuhalten hier ohne viel Post.

Winterquartier, d. 18.12.1941

Meine liebe Selma! Nun ist es ganze 13 Monate her, seit ich zuletzt bei Dir war. Man sollte es ja nicht für möglich halten, aber doch ist es wahr. Genau heute vor nem Monat, am Jahrestag unserer Trennung, schreibst Du mir den Brief, den ich heute Mittag, wahrscheinlich die letzte Post für die nächsten 5-6 Tage, erhielt.

Was machst Du jetzt da zu Hause? Bist sicher auch für's Christkind am arbeiten. Wie gerne möchte ich dieses Jahr dabei sein und Dir helfen.

Das Grausigste an diesem Weihnachtsmarsch ist nur, daß wir nur Nachts fahren. Vielleicht fahren wir 3 Nächte, vielleicht aber auch 6. Und das bei dieser Witterung, wo es am Tage immer zwischen 10-30

Grad Kälte ist, je nachdem ob es klar oder bewölkt ist. Und so »feiern wir Weihnachten«.
Daß mich dieser Krieg behält, hoffe ich nicht. Man kann's ja nie wissen, was mal passiert, aber hier bei der Kolonne bin ich doch in ner Art Lebensversicherung, so sagen wir wenigstens. Liebling, an das denkst Du am besten gar nicht, ich tu's auch nicht. Denn dann wird das Leben erst recht schwer. Was ich am 18. Nov. gemacht habe, wirst Du aus dem Tagesbericht lesen.
Wie lange magst Du da wohl noch auf Post gewartet haben. Da vom 6.10. bis zum 14.11. war auch eine lange Zeit und ziemlich gefährlich war's nebenbei da auch noch.
Gerade sitzen 2 Flaksoldaten bei uns, die sind heute auch hier angekommen. Morgen sollen laut russischen Flugblättern Bombenangriffe auf Stariza kommen, und ich glaube bestimmt, daß jetzt unser Umzug damit zusammenhängt. Na, wenn es so ist, bin ich zufrieden, wenn wir 8 km weiter weg kommen. Sicher ist sicher, sage ich immer. Vom Abtransport nach Deutschland hört man jetzt genau nichts mehr. Ich habe ja auch schon geschrieben, daß es zu schön gewesen wäre. Dieser Brief hat mehr Glück wie ich. Wenn es klappt, geht der Morgen mit einem unserer Uffz. nach Deutschland. Der verläßt uns, um in München einen Wachtmeisterkursus mitzumachen. Der soll wohl kaum Heimweh nach uns kriegen.
So, und jetzt weiß ich nichts mehr. Es sitzen 8 Mann um mich rum und erzählen und da kriege ich nichts Gescheites mehr dahin. Aber es ist doch wieder ein Brief für Dich, und Du weißt, daß ich noch gesund und munter bin.

*

26. Dez. 41
Ilse lud mich ein für Anfang Januar. Nun meint Mama, ich soll mal für ein paar Tage dahin fahren. Ich habe insofern Lust, weil es Abwechslung gibt. Ob und wann ich wirklich fahre, muß ich sehen. Die Zeit kann ich mir ja jetzt nehmen. Eine Vergnügungstour würde es erst, wenn wir zwei zusammen fahren könnten. ... Gestern Besuch, wie die nach Hause gingen, habe ich noch gelesen bis 12 Uhr, und da rief Mama, ich solle ins Bett kommen. Da habe ich mich dann von meinem schönen Roman trennen müssen, aber jetzt habe ich ihn doch durch....
..alles recht traurig. Aber an den Tatsachen läßt sich nichts ändern, und da heißt es eben hart sein. Deine Gedanken werden ja an diesen

Tagen besonders viel bei uns sein, denn für uns war doch Weihnachten das schönste aller Feste. Was waren wir immer gespannt, was der eine dem anderen zugedacht hatte, und wie schön war es, wenn die Arbeit getan war und wir drei setzten uns an den Tisch und packten aus. Besonders der Heilige Abend vor zwei Jahren ist mir in Erinnerung. Weißt Du noch, wie Du auf dem Chaiselongue lagest und Mama bei Dir saß und Du ihr von unserer Liebe erzähltest? Ich habe mich da furchtbar vor ihr geschämt, und ich werde den Abend nie vergessen. Da war ja auch schon Krieg, aber wir kannten seine Härte noch nicht. Aber dennoch haben wir es doppelt schwer erfahren. Lediglich unsere Jenny weiß es noch nicht. Gestern Morgen wurde sie kurz vor 7 wach, und da sind wir auch aufgestanden. Das erste, was sie sagte, war: »Meine Elli hat das Kleid an, wovon ich den Lappen gefunden habe!« Und dann erst sah sie die andern Sachen. Sie freute sich und war auch ganz zufrieden, auch noch, nachdem sie bei anderen Kindern war. An Spielsachen gab es ja dieses Jahr nicht viel. Unter anderem hatte ich ihr einen silbernen Ring für 4,80 RM gekauft. Von Tante Martha hat sie eine schöne Perlentasche gekriegt. Vorgestern war ich nach Marienheide und habe mir Mantelstoff geholt. Der ist ganz schwarz, und nun habe ich vor, mir ein Kostüm daraus machen zu lassen.
Gerade fällt der Jenny ein, daß sie mit nach dem Holte will. Nun sind es halb 12, und ich muß mich fertig machen. Ich nehme diesen Brief mit an die Post.
Deine einsame Selma in der fernen Heimat

27. Dezember 1941
Nun ist Weihnachten vorbei, und wir sind glücklich wieder vom Holte gelandet. Es war ja ganz schön da, aber dennoch geht nichts für zu Hause. Seit gestern Mittag hat sich hier das Wetter sehr geändert. Gestern gegen 5 Uhr fing es an, und heute liegen bestimmt 25 cm Schnee. Dem Hans sein Franzose hat uns heute mit dem Schlitten zur Bahn gefahren. Es war wohl kalt, aber sonst ganz angenehm. So sind wir wenigstens mit trockenen Füßen hier angekommen. Mama war aber nicht böse, daß wir ausgeblieben sind. Die Arbeit kann sie ja auch gut allein.
Gerade fängt sie an, einen Kopfschützer zu stricken für die Wollsammlung für die Soldaten. Sobald man wieder schicken kann, sende ich Dir noch eine Strickjacke und meinen Angoraschal.

Daß ich Post von Dir bekam, ist schön, Dann sieht sich das Leben doch wieder leichter an.
Heilig Abend und am 1. Feiertag war ich ja doch recht niedergeschlagen und unglücklich, aber nach dem ich Deine Briefe gestern gekriegt habe, geht's wieder besser. Ich hoffe, daß sich so die ganze Sache mal löst und Du eines Tages wieder gesund vor mir stehst. Mein Liebling, was wäre das eine Freude, aber wann sind wir endlich so weit? Hoffentlich lehnt der General nicht wieder ab, wenn die Sperre aufgehoben wird. Ich wollte, Du begegnetest diesem Brief, dann könnte der nach Rußland wandern, und Du kämest zu mir. Ist es wohl zu schön um wahr zu sein? Einmal muß doch auch für uns der glückliche Tag kommen.
Wenn Du so schlapp bist, ist die Gefahr ja nicht so groß, daß Du mir ein lebendes Andenken zurückläßt. Ich sähe Dich ja so gerne mal wieder, aber darauf bin ich nicht neu. So kann man wenigstens noch ungestört gehen und sich das Leben etwas verschönern. Ich freue mich jetzt noch jedesmal, wenn ich daran denke, daß Deine Befürchtungen vom vorigen Urlaub nicht zutrafen. Dann hätte ich jetzt ein 5 Monate altes Kind, und Du hättest es noch nicht gesehen, und wenn Du kämest, bestünde die Gefahr erneut. Auf Deinen Wunsch will ich Dir ja noch ein Kind schenken, aber möglichst erst nach dem Kriege. Und ich glaube, Du bist derselben Ansicht.
Hier in Westdeutschland ist wieder Fliegeralarm. Ich sollte ja mal Ilse besuchen, und hatte es auch vor, aber ich glaube, ich tue es nicht. Hier kann man doch wenigstens ruhig schlafen.

*

Rußland, 30.12.1941
Nun gratuliere auch ich Dir zu Deinem Geburtstag mit vielen papierenen Küssen.
...

Es liegen ja noch so viele Kilometer zwischen uns, daß man fast allen Mut verlieren möchte. Aber noch halte ich den Kopf hoch. Meine einzige Hoffnung ist jetzt, daß ich, so lange ich noch Soldat sein muß, bei dieser Kolonne bleibe. Neulich sind 15 junge Kameraden von uns zur kämpfenden Truppe gekommen, und höchstwahrscheinlich sind die jetzt schon alle restlos gefallen oder in Gefangenschaft, was wohl gleich mit gefallen ist. Selma, halte nur beide Daumen, daß ich nicht mal zu so was komme. Ich bin ja froh, daß ich schon fast 30 Jahre alt bin, da kommt es schon nicht so leicht in Frage.

Der Versand dieser sehr offenen und ehrlichen Briefe war gefährlich: bei Überprüfung wären Strafen wegen »Wehrkraftzersetzung« verhängt geworden, ggf. sogar die Todesstrafe.

Danke für die Päckchen... Ich habe jedenfalls heute, an Deinem Geburtstag, auch mal ein Stück Kuchen zu essen gehabt, und ich danke Dir recht herzlich.

Hoffentlich hast Du nun nicht so miese Weihnachten und Festtage verbracht wie ich hier, und hoffentlich bist Du noch gesund. Mein Liebling, was habe ich getan, daß wir uns so lange nicht sehen und lieben können? Wann mag uns auch mal wieder das Glück eines Urlaubs blühen? Es ist doch eigentlich zu viel, wenn man ne Frau hat und hat sie doch nicht. Meinst Du nicht auch?

Selma, es gibt doch nichts Grausameres als diesen Krieg hier in Rußland. Ich und meine Kameraden haben so viele Klagebriefe geschrieben. Liebling, nach dem, was ich gestern an Jammern und Schreien gehört habe, fühle ich mich fast wie im Himmel, daß ich noch gesund bin und Fahrer.

Als wir die abgeladen hatten, mußten wir noch ca. 15 km fahren. In scharfem Trab bin ich voran nach Hause gefahren. Waren bei 10 Uhr im Quartier. Um halb 11 waren wir beim Abendessen. Also fast 24 Stunden in der grausigen Kälte. Jedenfalls hat meine Nasenspitze jetzt auch den Frost gespürt. Wenn ich nicht mehr erfriere als das, bin ich noch dankbar. Die ganze Fahrt war jedenfalls gut 75 km, also fast von dort bis nach Aachen. Da kannst Du Dir ne ungefähre Vorstellung machen, wie »gemütlich« es bei uns ist.

Aber ich sage jetzt nur noch: Gott sei Dank, daß ich nicht mit vorne bin. Ich glaube, daß von unserer Division nur noch der Nachschub vollständig da ist. Die Ari hat nur noch einige Muni-Fahrzeuge und sonst nichts mehr. Alles wurde zurückgelassen, weil die Russen zu plötzlich kamen. Vom I.R. 58 soll gar nichts mehr sein. Alles total aufgerieben. Dabei waren unsere jungen Kameraden. Und dann die ganze Front bei Nacht eine einzige Flamme und bei Tage eine einzige riesige Rauchschicht.

Als wir abluden, schoss unsere Ari direkt über unsere Köpfe weg. Was eigentlich da gespielt wird, erfährt man gar nicht. Jedenfalls ist jetzt ganz dicke Luft da vorn, und die Kampfeinheiten haben ganz schlechte Weihnachtstage, ohne Quartier, verbracht. Sind die doch arm dran. Jedenfalls, als wir wieder ins Quartier kamen, waren wir auch fast erfroren, und da gab's kalten Tee und kaltes Mittagessen und keine Post.

Junge, habe ich ne Wut gehabt. Aber was soll man da machen als sich drin schicken. Na, alles war wieder gut, als ich heute Morgen die Post von Dir hatte. Aber gleichzeitig kam der Befehl zum fertig

machen, um halb 2 sei Abmarsch. Wir sollen nach Rschew. Aber als wir alles fertig hatten, war natürlich der Alarm mal wieder falsch gewesen, und jetzt ist es bald 7 Uhr. Bis Morgen bleiben wir jedenfalls hier. Was es dann gibt, sehen wir ja dann. Viele Flieger sausen jetzt auch wieder rum. Gestern auch wieder Stukas. Sicher ist das der Gegenschlag.
Ordentlich satt sind wir auch mal wieder geworden. Wir haben auf den Wagen wieder Verpflegung, viel Käse, gefaßt!
Ein Kamerad, der im Frühjahr in Rauental ins Lazarett kam, ist gestern wieder zu uns gekommen. Der hat in der Zeit 2 mal 14 Tage Urlaub gehabt. So möchte ich schon auch den Krieg verleben, wie der. Im Einsatz ist er noch nicht gewesen.
Also, da bist Du in Remscheid gewesen, und daß in Deutschland so wenig zu kaufen ist, kann ich mir gut denken. Die Wehrmacht braucht so viel.- Ob wohl die bestellte Puppe noch gekommen ist? Selma, geht das auch alles gut, wenn Du so nach Hause gebracht wirst? Ich kann mir ja Deine heiße Sehnsucht nach Liebe denken, aber ich bitte Dich nur eines: Bleibe mir treu. Liebling, glaube mir, daß ich so viel Leides in Rußland durchmache, daß ich es nicht ertragen kann, auch nur dran zu denken, daß Du von nem anderen geküßt würdest. Bitte, bitte, Selma, bleibe stark für Deinen Alex, der so erbärmlich in Rußland verfriert. Ich bin oft so traurig, wenn ich an zu Hause denke. Bleib mir treu, das ist alles, was ich noch von Dir erbitte.

*

31. Dez. 1941

Mein lieber Alex!
Weil heute das Jahr 1941 zu Ende geht, will ich nochmal kurz schreiben. Hoffentlich bringt uns das neue schöneres wie dieses. Anbei denke ich vor allem an ein Wiedersehen. Ich meine, das wäre nach so langer Trennung nicht zuviel verlangt. Und in 365 Tagen kann sich vieles verändern. Heute erhielt ich Deinen Brief vom 20. Dez. Ich habe mich ganz besonders darüber gefreut. Demnach bist Du doch noch bei der alten Truppe, und so wirst Du auch wohl alle abgesandten Briefe und Päckchen erhalten. Und vielleicht ist da doch noch eher an Urlaub zu denken als wenn Du weggekommen wärst. Jetzt kann ich ja auch beruhigt nächste Woche wieder Päckchen loslassen.

Für meine Mutter waren aufrichtige Briefe an meinen Vater selbstverständlich, aber auch gefährlich ...

Mein Liebling, am 20. lebtest Du also noch, und das war vor 11 Tagen. Hoffentlich ist auch jetzt noch alles gut.
Am 20. haben wir gedroschen, und dazwischen habe ich die Kaffeemühle repariert. Wir hatten nämlich Kaffeebohnen und konnten nicht mahlen.

Wir haben ein so schlaues Leben jetzt, wie es wohl kaum wiederkommt. Nur schade, daß es nichts einbringt. Wir schlafen morgens jetzt oft bis 9 Uhr, und abends nach dem Essen wird gelesen, bis es uns leid ist. Tagsüber können wir die Arbeit auch gut übersehen. So haben wir eigentlich alles, was das Herz begehrt, nur die ungestillte Sehnsucht nach Dir bleibt.
Draußen ist es jetzt auch recht ungemütlich. Am Sonntag waren hier 11 Grad Kälte, und jetzt ist Tauwetter und man kann kaum vorankommen draußen. Aber trotzdem habe ich vor, morgen nach Gummersbach ins Kino zu gehen. Da komme ich für kurze Zeit nochmal auf andere Gedanken. Und nun schließe ich für dieses Jahr. Ich hoffe, daß das neue die Erfüllung unseres größten Wunsches bringt. Die Treue halte ich Dir im neuen wie im alten Jahre. Ich Grüße und küsse Dich und bleibe Dein Liebling, Deine Selma.
4. Januar 1942
Im nächsten Brief lese ich: »Zweifelst Du eigentlich an mir? An einer Stelle schreibst Du mal so ähnlich. Du meinst, unser Franzose Marcel könnte Dein Stellvertreter sein. Glaubst Du, daß es sowas gibt? Ich mochte den ja ganz gut leiden, aber als Mann würde der niemals für mich in Frage kommen. Und zu dem hatte der selbst Frau und zwei Kinder. Dann meinst Du, ob ich viel an Dich dachte, wenn ich mit dem in der Scheune arbeitete. Ja, mein Liebling, das habe ich... Auch gerade bei der Arbeit vermisse ich Dich sehr. Es geht alles, wenn man muß, und auch ganz gut.
Der meinte, ich solle nicht verzagen. Denn jede Kugel treffe nicht, und ich wäre würdig, daß Du zu mir zurückkämest. Ist das etwa ein schlechtes Zeichen?

*

Rußland, 5.1.1942
Ja, es liegen furchtbare Tage und noch dollere Nächte hinter uns. Und jetzt Bericht, damit Du siehst, wie wir das alte Jahr vollendet und das Neue angefangen haben. An Deinem Geburtstag habe ich einen langen Brief geschrieben, den ich aber nicht loswerden konnte.

Nun weiß ich's nicht mehr, ob wir denselben Tag noch oder erst am 31. weggefahren sind. Jedenfalls haben wir auf der ganzen Linie einen Rückzug gemacht, und die vorderste Linie ist jetzt, anstatt wie vorher bei Kalinin, zwischen Rschew, wo wir jetzt 3 km südlich liegen und Staritza.

Am 1.1.42 ging's dann gegen 11 Uhr wieder weiter. Den ganzen Tag durch. Furchtbarer Verkehr. Sehr viele tote Pferde und kaputte Autos unterwegs. Zurückgelassen. - Abends gegen 11 oder 12 wieder son verdammter Russki über uns, und der Mond schien so klar. Der ließ 20 m links von uns 3 Bomben krachen, daß der Dreck nur so spritzte, und dann machte das Aast dreimal wieder kehrt und beharkte uns mit M.G. Nur gut, daß der mit Leuchtpulver schoß. Da sieht man wenigstens, wohin die Kugeln gehen. Ich hätte jedenfalls nicht geglaubt, daß alles glatt abgegangen wäre. Aber keiner hat was abbekommen.

Die Fahrt ging noch weiter bis gegen 2 oder 3 Uhr Nachts und wieder Quartier in nem voll belegten Dorf. Wir hatten dabei noch Wache. Also wieder nur 2-3 Stunden Schlaf. Da bekam ich die Briefe und das Päckchen mit Butter, Schinken und Süßigkeiten.

Dann am 2.1. ging's um 16 Uhr wieder weg. Gefahren unter M.G.-Beschuß und Bomben, alles ohne daß einem was passiert ist, bis nachts um 3 Uhr und wieder schlechtes Quartier. Am schlimmsten ist das alles mit dem Essen. Durch das Verpflegungsamt haben wir jetzt satt, aber jedesmal ist alles steinhart gefroren. Na, geschlafen habe ich da von 5-11 Uhr. Und da sollte Standquartier sein. Aber Scheiße. Sofort nach dem Mittagessen ging's wieder ab, und da habe ich das schöne Stück Schinken auf dem Ofen liegen lassen. Hab ich mich geärgert. Gegen 6 Uhr waren wir dann hier 3 km südlich von Rschew und sollten Quartier machen. Aber je 2 Wagen von jeder Gruppe mußten die Verpflegung, die wir hatten, wegbringen, und ich mußte mit, 25 km einfach. Und auf der Tour, um 7 Uhr fuhren wir los, da habe ich die mondhellen Nächte verflucht. Mein Liebling, bald wäre ich nicht wiedergekommen. Schon wie wir abfuhren, krachten rund um Rschew die Bomben, und die ruß. Flieger brummten ständig über uns. Ich fuhr an der Spitze, und als wir etwa 5 km nördlich Rschew waren, kam's an. Ich hörte dasselbe Geräusch wie am 1.1. bei dem Angriff und legte mich sofort quer auf den Bocksitz, weil ich mit M.G.-Beschuß rechnete und schon ging's direkt links neben mir vielleicht 10 m weg in eine Schneewehe und blitzte unheimlich. Die Bombe war verdammt gut. Der Dreck, und wer weiß was alles,

spritzte nur so um, neben und über mir. Aber ich bin unverletzt und noch gesund. Meine Pferde und der Wagen haben so kleine Kratzer mitgekriegt. Aber dann war der Flieger wieder weg und es ging ruhig bis gegen halb 2 weiter.
Wenn man das alles zusammen liest und bedenkt, darf man ja wohl sagen: »Gutes Neues Jahr«.
Nun habe ich geschlafen bis heute Morgen 7 Uhr, da war Wecken und sofort höchste Alarmbereitschaft. Russen-Panzer wären da. Na, auch ne ganz nette Bescherung. Aber um 8 war doch nur noch kleine Alarmstufe, und jetzt ist's Mittag.
Die Pferde sind wieder abgeschirrt und im Stall, und jetzt ist mal Ruhe. Aber wer weiß wie lange. Schneegestöber ist auch wieder. Und kalt ist's immer. Gestern Abend, bevor ich mich gelegt habe, habe ich mich seit 8 Tagen zum ersten Mal wieder gewaschen und rasiert, und Läuse habe ich auch wieder.
Was wir sonst so hören und sehen vom Krieg, und Front, erzähle ich Dir später mal.

Mein Vater mit seinen geliebten Pferden

*

Stülinghausen, 1. Februar 1942
Mama liegt seit einer Woche mit schwerer Grippe im Bett. Sogar ein Arzt mußte geholt werden, Dr. B. Schade, daß Mama nicht in der Krankenkasse ist.
Die Wasserleitung, auch die Selbststränke im Stall, ist abgefroren. So trage ich nun täglich mit zwei Eimern das Wasser für unsere Kühe aus dem Keller vom Absperrhahn aus hoch.
Post ist keine gekommen seit drei Wochen, nur alle an Dich geschickten Päckchen zurück.
Seit dem 25. Dezember sind ja an der ganzen Ostfront schwere Kämpfe, und wer weiß, was inzwischen schon alles geschehen ist. Ich glaube ja nicht, daß Du verwundet oder im Lazarett bist, sonst hätte ich doch sicher Nachricht. Ich weiß doch, daß Du zäh bist und wirst somit wohl auch die Kälte aushalten. Wenn doch morgen mal ein Brief käme. Ich weiß gar nicht, wie Du Weihnachten erlebt hast.
Wir haben jetzt 200 Gläser voll Eingekochtes, wer hätte das vor ein paar Jahren gedacht. Gut, daß wir uns damals so viele Einkochgläser kaufen konnten, als Du in der Fabrik Geld verdientest, und zum Kochen ist unser guter Herd dabei. Wir haben es immer schön warm in der Stube.

Stülinghausen, den 21. Februar 1942
Mein Liebling! Ich habe gerade einen Augenblick Zeit und deshalb will ich schon den Brief anfangen. Für Deinen Brief vom 9. danke ich herzlich. Es sind jetzt 12 Tage und 3 Stunden, seitdem Du ihn geschrieben hast. Also ist er sehr, sehr schnell befördert worden. Ich freue mich ja, daß er noch so neu ist, aber er hat auch meine Sorgen vergrößert. Also ist doch eingetreten, woran ich nicht zu denken wagte.
Täglich sind hier Todesanzeigen von Gefallenen in der Zeitung, und verschiedentlich waren Väter dabei, die ihre Kinder nie gesehen haben. Es kann kommen wie es will, ich freue mich, daß ich nur ein Kind habe. Kommst Du wieder, können wir noch mehr kriegen, aber ist es nicht der Fall, komme ich bestimmt mit einem besser durch als mit mehreren. Was es dann gibt, weiß ich noch nicht. Hoffentlich brauche ich es nie zu erfahren.
Eigentlich ist mir Dein heutiger Brief doch recht in die Knochen gefahren, aber ich sage mir auch, daß Trübsal blasen keinen Zweck hat.

Bis jetzt hat noch alles wieder geklappt, und ich denke auch diesmal geht die Gefahr nochmal vorüber. Lieber wäre es mir natürlich gewesen, wenn Du nicht zur Infanterie gekommen wärest. Wenn es nur nicht so lange dauert, bis der nächste Brief kommt. Aber bis dahin werden wohl noch eine Reihe von Tagen vergangen sein. – Diesen Brief beantworte ich nächstens ausführlicher. Ich will jetzt machen, daß ich möglichst schnell ins Bett komme. – Wir müssen das Wasser noch abdrehen, sonst könnte es wohl morgen zugefroren sein, und was das für ne Arbeit ist, habe ich in diesem Winter schon zur genüge erfahren.- Wenn ich morgen nicht fahren kann, gehe ich mal zur Post und sehe, ob noch nichts wieder für mich gekommen ist. Und nun mache ich Schluß für heute in der Hoffnung, daß alles gut geht. Viele Grüße und Küsse Deine Selma, Dein Liebling

1. März 42

Mein lieber Alex! Nun ist nochmal Sonntag und wieder ist ein neuer Monat. Jenny sitzt neben mir und schreibt auch an Dich. Ich muß herzlich darüber lachen, wie sie dabei so verschiedenes fragt. Dadurch komme ich auch noch nicht voran. Ich wollte eigentlich ins Kino. Wenn es dann soweit ist, wird es mir wieder leid. Auch ist wieder nicht viel mit Mama los. Sie hat wieder heftige Kopfschmerzen. Ich hoffe immer, wenn sich das Wetter ändert, wird es sich bessern. Ich wollte, der Krieg wäre mal vorbei und wir könnten wieder zusammen sein. Dann hätten wir auch noch Genuß von solchen Sonntagen. Ich habe noch mein Zeug an, womit ich die ganze Woche gearbeitet habe, und es ist nicht mehr der erste Sonntag, wo das geschehen ist. Man wird eben immer träger und abgestumpfter. Zeit hätte ich ja schon, aber es ist mir zu lästig.
... Und meine Gesellschaft einem aufdrängen möchte ich nicht. Da siehst Du, wie es jetzt mit meinen Vergnügungen ist. Wenn der noch in Marienheide wäre, würde er sicher ab und zu mal mit mir ins Kurhaus gehen, und so könnte ich angenehme Stunden verleben, aber es ist eben nicht so. Den mochte ich gut leiden. In mancher Beziehung erinnerte er mich viel an Dich, und ich hätte mich gefreut, wenn Du ihn auch kennen gelernt hättest. Ich wollte, Du wärest jetzt an dessen Stelle. Der ist in Duisburg, und das ist von hier doch gut zu erreichen, und so könnte ich dann oft kommen und Dich besuchen... Urlaub?? Wenn ich ja denke, das wäre so nahe, könnte ich wahnsinnig werden vor Freude. Es muß ja auch wohl ein komisches Gefühl

sein, wenn man sich nach so langer Zeit zum erstenmal wiedersieht. Fast kann man es nicht glauben, daß es noch einen Menschen auf der Welt gibt, der genau so ist wie das eigene Ich. Sechs Jahre waren wir glücklich verheiratet und zusammen und nun sind schon fast 2 Jahre voll, wo wir räumlich so weit voneinander getrennt sind. Wer hätte das gedacht, wie Du weg mußtest?

*

11. März 1942
Wie es heißt, sollen Fleisch- und Wurstrationen gekürzt werden. Für uns ist das ja doch nicht so schlimm, da müssen wir eben so viel mehr Kartoffeln essen. Die gibt es hier in Rußland.

*

13. März 42
Gerade kommt Jenny. Die kann sich ja morgens immer ausschlafen, auch wenn sie in die Schule geht. Heut und morgen bleibt sie aber bestimmt noch hier. Man merkt ihr nicht an, daß sie krank ist, und sie möchte auch am liebsten gehen. Es ist aber noch so kalt, und ihr Gesicht ist noch recht dick.
Gestern hatten wir wieder Jugendgruppe. Die ist jetzt immer gut besucht, denn die meisten haben ihre Männer bzw. Verehrer im Krieg. Wir üben jetzt Lieder für die Hessen Goldhochzeit. Sonst ist das Leben hier recht eintönig. Wäre wenigstens der Schnee mal weg. Aber dafür sind die Aussichten wirklich noch schlecht. Ich glaube, morgen vor 10 Jahren wurde in Müllenbach die Sprungschanze eingeweiht. Da war ja auch viel Schnee, aber der war ganz anders wie der jetzige. Wie mag das in Rußland sein? Jedenfalls noch schlimmer wie hier. Ich wollte, der Krieg wäre bald aus und wir könnten unser familiäres Leben fortsetzen. Nun bin ich verheiratet und habe doch keinen Mann. Bei Dir ist es ja umgekehrt dasselbe, und daß Du das »zu Hause« auch noch entbehren mußt. In der Beziehung geht es mir ja besser, denn ich kann ja tun, was ich will, aber es ist dann immer nicht das, was ich möchte. Mein Liebling, so allein ist das Leben doch oft nicht lebenswert, aber es wird und muß auch nochmal anders werden. Ich hoffe, daß es gut geht und Dir in Rußland nichts passiert. Dann werden wir wohl noch lange glücklich zusammen sein können...

15. März 42

Ich habe heute am Sonntag mein Rad mal aus dem Schuppen geholt und wie ich da dran am arbeiten war, kamen Pitells. Am Mittwoch oder Donnerstag soll Jenny auch wieder in die Schule gehen. Man merkt nichts mehr an ihr, nur sind die Backen noch recht dick.
Mit Pitells im Kurhaus 2 Gläser Rotwein getrunken, Spaziergang bei Schnee und kaltem Wind. Pitells brachten uns noch 5 Reißverschlüsse. Zucker und noch Tabak und Zigaretten für Dich mit. Sie waren froh, daß wir ihnen die Kartoffeln taten. Ich kann sie ja begreifen. Die gehen beide arbeiten, verdienen Geld und können sich nichts dafür kaufen. Aber so ist es jetzt vielfach. Bei uns ist es allerdings oft umgekehrt. Zu essen haben wir ja satt, und auch sonst kommen wir zurecht. Wenn ich Geld übrig machen kann, kommts auf die Sparkasse, aber vorläufig ist es nur das, was Du schickst. Wenn wir mal eine neue Kuh kaufen wollen, müssen wir viel dabei tun, aber noch sind wir nicht so weit.... Ich stehe jetzt morgens allein auf und melke. Ich tue das sehr gerne, nur tun mir die Arme immer weh. Vielleicht geht das aber besser, wenn ich mich dran gewöhne.
In letzter Zeit macht sich der Engländer in Westdeutschland wieder recht bemerkbar. Wir hören aber meistens nicht viel davon. Wie gestern erzählt wurde, hat es am Freitagabend in Richtung Köln furchtbar ausgesehen. Wohl 100 Leuchtbomben hätten am Himmel gestanden. Ich glaube, es ist auch nicht gut, wenn man alles sieht, dann ist man auch unruhiger. Mir ist es auch jetzt nachts zu kalt, mich ans Fenster zu stellen und sehen, was es draußen gibt. Ich denke immer, wenn ich ein Flugzeug höre, es würde wohl nicht grade über uns eine Bombe fallenlassen, und dann schlafe ich weiter.

20. März 42

Über den letzten Brief habe ich herzlich gelacht. Ich wollte, Du könntest immer so schreiben, und das Leben wäre für mich noch sorgloser. Es ist wohl das Beste, man tut, als ob alles so sein müßte. Schöner wäre es ja, wenn kein Krieg wäre und wir zusammen sein könnten. Es wird ja auch eine Zeit kommen, wo es für uns wieder besser wird. Solange der Kopf nicht abgeht, haben wir ja Hoffnung.
Ich habe heute ein paar Stunden Holz geschnitten und nun ist alles kaputt. Mama hat mit dem Beil gespalten. Jedenfalls solange die Kreissäge funktioniert, schneide ich nicht von Hand. Zuerst war ich

noch etwas aufgeregt, aber das legte sich schnell, und es klappte alles vorzüglich. Zweimal ist mir der Riemen abgesprungen, aber das ist ja egal. Ich habe mich gefreut, daß die Säge vorschriftsmäßig in Ordnung ist. Dann haben wir noch Streu und Häcksel bis über Sonntag geschnitten. Heute Mittag war Roland hier und brachte uns den Dünger.
Mittlerweile ist es 9 Uhr abends. Wir haben noch zweimal »Mensch ärgere Dich nicht« gespielt. Ich habe nochmal eine Platte Plätzchen gebacken und wir haben sie gerade mal probiert. Sie schmecken richtig nach mehr, und Jenny meinte, für Dich sollte ich doch noch neue backen. Freu Dich schonmal, denn morgen backe ich wieder.
Ilse schrieb, daß sie eine ganz schlimme Nacht hatten. Die Möbel hätten in der Wohnung gewackelt. Ich wäre ja auch gern gefahren, aber Mama und Jenny meinten, ich sollte doch hierbleiben.
Das Geld ist alles in meinem Besitz. 350 Mark habe ich davon für Jenny in die Sparkasse getan. Die restlichen 50 soll sie auch noch haben. Ich habe schonmal gesagt, die sollte sie haben, und für das Geld könnte sie sich später die Aussteuer kaufen. Jetzt sagt sie schonmal: »Wohl, Mama, dafür kriege ich Möbel«. Sie paßt immer so genau auf, was gesprochen wird, und sie vergißt sowas nicht.
Du meinst, wenn Du wieder hier bist, wollten wir das Geld verjubeln. Ich glaube, dann brauchen wir fürs erste nicht viel Geld. Dann haben wir sicher mit uns gegenseitig genug. Oder meinst Du nicht auch? Ich meine immer, dann würde es wieder so, als wo wir uns die erste Zeit kannten. Wenn ich an sowas denke, dann wird der Wunsch nach Urlaub riesengroß. Ich möchte nochmal so richtig lieben können und mich verwöhnen lassen. Wenn ich so in der Scheune arbeite und denke an vergangene Zeiten, dann glaube ich auch bald an Märchen. Weißt Du noch, wenn wir Hafer oder Korn reinmachten, dann drehte ich die Wannmühle nicht früher, als bis ich einen Kuß von Dir hatte. Und wie oft haben wir uns gerade bei der Arbeit gezankt. Weißt Du noch, wie wir das Schüttelsieb gemacht hatten? Wenn ich an sowas denke, muß ich noch heimlich lachen. So könnten wir noch manche Begebenheit aufzählen.

22. März 42, Sonntagnachmittag
Ich habe schon drei Spalttabletten auf, aber noch sind meine Kopfschmerzen nicht besser. Hier ist herrliches Frühlingswetter. Wenn Du jetzt hier wärst, würden wir spazieren gehen. Dann wäre vieles

anders, und ich würde auch nicht so drill sein. Gestern Abend war in der Turnhalle Militärkonzert. Da zog wieder etwas Wehmut in mein Herz. Vielfach weiß ich ja gar nichts mehr davon, aber wie ich da so verschiedene mit ihren Männern sah, tat es mir leid, aber ich will, muß und werde dagegen angehen. Was hat alles für einen Zweck. Und was mag uns die Zukunft bringen? Hoffentlich ist sie für mich nicht sehr dunkel. Ich mag nicht daran denken, daß Du nicht wiederkommen könntest. Ich meine immer, unser Glück könnte nicht so plötzlich zu Ende sein. Manchmal erscheint es mir unbegreiflich, daß ich verheiratet bin und meinen Mann doch schon über 16 Monate nicht gesehen habe.
Jetzt ist es Montagmorgen, und es ist mir immer noch nicht ganz gut. Mit zur Goldhochzeitsfeier war keiner von uns. Ich wollte ja mit, aber meine Kopfschmerzen gingen nicht besser. Ich war gestern Nachmittag mit unserem Besuch im Kurhaus. Habe da 2 Gläser Rotwein getrunken, der mir nicht bekommen ist. Jedenfalls mußte ich gehörig brechen, und meine Kopfschmerzen wurden unerträglich. Ich habe dann noch eine Tablette genommen und um halb 9 waren wir alle im Bett. Mit dem Schlafen ging es so leidlich, und die Nacht erschien mir unendlich lang.
Hermine Hesse glaubt nun bestimmt, ich wäre gestern extra nicht gekommen. Wir haben uns am Samstagabend was gezankt. Schlimm war's ja nicht, aber es war ein Wortwechsel, und später war wieder alles gut. Für das, was ich sage, stehe ich grade, und besonders der gegenüber. Andere mögen sich von ihr einschüchtern lassen, aber das kommt für mich nicht in Frage. Grade kommt der Haarhaus. Er wollte mal sehen, ob ich schon wieder besser war. Etwa 25 Mann waren bei Hesse gewesen hier aus dem Hof. Um 1/2 12 war schon alles zu Ende gewesen.
Grüße und Küsse von Deiner Selma, die sich augenblicklich sehr einsam und verlassen vorkommt.

27. März 42

Gestern Abend war in der Turnhalle Versammlung mit einem Stoßtruppredner, und da waren Mama und ich hin. Aber die Sache dauerte nicht sehr lange, und wir waren gegen 10 Uhr wieder hier. Wir waren noch nicht lange im Bett, da war in Gummersbach Fliegeralarm, aber weiter habe ich nichts davon gehört. So ist es mir auch gerade recht, denn warum soll man sich unnötige Sorgen machen?

Vorgestern habe ich mir nochmal neue Dauerwellen machen lassen. Daür war ich 5 Stunden unterwegs. Aber jetzt kann ich mir sowas auch erlauben. Später waren dann Mama und Jenny nach Haarhaus Karl seinem Geburtstag. Aber mir ging es da auch nicht schlecht. Ich hatte Pflaumentorte mit Schlagsahne. Mein Liebling, ich will Dir den Mund nicht wässrig machen, und habe nur den einen Wunsch, daß ich solche Sachen wieder bald mit Dir teilen kann. Nachher will ich Plätzchen backen, und mache dann Päckchen für Dich. Wenn man wenigstens noch ein halbes Pfund schicken könnte, aber so muß man eben mehrere machen. Das gibt eben so viel unnötige Arbeit. Und nachgewogen werden sie auch, und wenn es zuviel ist, kann man sie wieder mitnehmen. Ob Du die Weihnachtspäckchen jetzt wohl alle hast?
Hoffentlich stirbst Du nicht den Heldentod, das wird schon alles wieder werden. Noch 2 Monate, und dann bist Du schon 2 Jahre Soldat. Es ist doch schon eine lange Zeit...

30.3.42
Heute Nachmittag war ich zur Schneiderin und habe mir ein Kleid schneiden lassen, was ich selbst nähen will. Es wird aus zweierlei Stoff, wovon der eine aus Frankreich stammt. Den hast Du vor 1 1/2 Jahren mitgebracht, und ich meine, er läge jetzt lange genug. Wenn Du mal kommst, werde ich Dir eine ganze Reihe Kleider vorführen können, die Du noch nicht gesehen hast. Wenn ich mal gehen will, weiß ich meistens nicht, was ich anziehen soll, und ich habe doch jetzt soviel Auswahl wie nie zuvor. Ich wollte Du wärst hier, und ich könnte mich für Dich schön machen. So allein reizt das alles nicht. Aber was sollen wir machen? Ich weiß, daß es nicht Deine Schuld ist, daß wir so lange auseinander sind. Ich glaube, dann wärst Du immer nicht länger als eine Woche gegangen. ....
Grade kommt die Meldung. Es ist mal wieder ein U-Boot-Erfolg gegen die englische und amerkanische Handelsschiffahrt. 16 Schiffe, darunter 8 Tanker, mit zusammen 110 600 B R T. So allmählich erfahren auch die Amerikaner, was Krieg mit Deutschland heißt. Man freut sich doch über jeden Erfolg, der gemeldet wird.
Schreibpapier wird rar. In allem macht es sich bemerkbar, daß Krieg ist. Genau so geht es mit den Lebensmitteln. Für uns ist es das Schlimmste, daß es so gut wie gar kein Mehl mehr gibt. In Zukunft werde ich deshalb nicht mehr so viele Plätzchen schicken können.

Für den Zweck habe ich ja auch noch Schinken, nur schicke ich den nicht gerne in 100 gr.-Packungen, weil er dann zu sehr austrocknet. Na, der läßt sich ja auch verwahren, und vielleicht kommt nochmal eine Zeit, wo man 2 Pfund schicken kann.
Mein Liebling, da fällt mir grade was ein. Ist es nicht möglich, daß Du Dich aufgrund Deiner Schulbildung der Offizierslaufbahn widmest? Es werden doch immer wieder Anwärter gesucht, aber vielleicht bist Du auch schon zu alt. Solange Krieg ist und Du doch nicht hier bist, ist es doch schließlich auch egal, wo Du bist und was Du machst. Nun, mein lieber Alex, lachst Du doch sicher über meinen Vorschlag, aber bis ich das weiß, werden wohl 3-4 Monate oder noch mehr vergangen sein.
Heute ist wieder der Tag der Wehrmacht, aber man merkt hier nichts davon. Wer hätte vor 2 Jahren gedacht, daß Du mal in Rußland Munition für solche Kanonen fahren würdest, wo ich da mit geschossen habe?

7. April 42
Heute sind noch 5 Päckchen mit Honigkuchen abgegangen. Jetzt sind es insgesamt schon 41. Bei 100 Gramm muß es ja die Masse bringen. Vorige Nacht war sehr rege Fliegertätigkeit hier. Von 9–4 Uhr früh waren hier in der Nähe dauernd Flugzeuge. Eine Bombe habe ich fallen hören, und die soll in der Nähe bei Schmidt & Clemens eingeschlagen sein. Wir sind im Bett geblieben. Da ist es doch immer noch am Angenehmsten, und wo soll man hin? In der Nacht vorher ist in der Nähe von Nümbrecht ein Flugzeug abgeschossen worden. Die Besatzung ist abgesprungen und gefangen genommen. So sind hier auch mal gefangene Engländer. In unserer schönen Heimat sammelt sich so allerhand Gemüse an. Ich bin gespannt, was wir noch alles erleben, bis der Krieg zu Ende ist. Wie lange mag das wohl noch dauern?

Stülinghausen, 12. April 1942
Am Freitagmorgen habe ich dem alten Haarhaus Karl geholfen, Korn reinmachen, und nachmittags genäht. Abends hatten wir Jugendgruppe. Wir waren mit Rädern weg und kamen gegen halb 12 nach Hause. Gerade wie ich das Rad im Schuppen hatte, gab's Fliegeralarm. Kurz darauf hörte ich schon Flugzeuge. Es regnete und war stockdunkel, und ich dachte nicht, daß Flieger gekommen wären.

Aber es wurde eine Nacht, wie wir sie noch nie erlebten. Von halb 12 bis 3 hörte hier das Gebrumme nicht auf, und wir hörten auch oft Bomben fallen und das ganze Haus wackelte. Gewöhnlich höre ich von dem ganzen Zauber nichts, aber da habe ich doch nicht geschlafen. Einen ganz furchtbaren Schrecken habe ich auch gekriegt. Gegen halb 3 war ich am einschlafen und da kam was angeflogen. Ich glaubte, es wäre eine Bombe gekommen, und war darauf gefaßt, daß sie ganz in unserer Nähe einschlüge, aber das Geräusch entfernte sich wieder. Jedenfalls war das sehr, sehr unheimlich. Da hielt es Mama im Bett nicht mehr aus, und sie stand auf und ging mal nach Hellers. Ich bin im Bett geblieben, denn ich wollte lieber da sterben als im Keller. Und ich denke auch, die Bomben können was anderes treffen als uns. Das Geräusch hat sich nun als ein abstürzendes Flugzeug entpuppt. In Meinerzhagen ist es runtergekommen. Aber leider war es kein Engländer, sondern ein deutscher Jäger. Beide Insassen sind tot. Gestern wurde im Radio gemeldet, daß 15 englische Bomber abgeschossen wären in der Nacht, und innerhalb 24 Stunden 3 deutsche Flugzeuge verloren gingen. Die ganze Nacht haben wir gut 3 Stunden geschlafen, und mir war es gestern, als ob ich Katzenjammer hätte. Bis Mittag haben wir dann hier drinnen gearbeitet. Dann haben wir drei Zentner Dünger nach dem Rohland gefahren, und anschließend Mist in den Garten. Der Ochse ist aber schon ruhiger geworden, und es klappt alles gut. Nach dem Kaffee habe ich den Dünger gesät. Mama hat mir beigetragen. Ich wollte schon, wir wären das Zeug alle los. Es war viel Wind, und somit häßlich arbeiten.

Dann haben wir den Gartenzaun repariert. Mama machte dabei noch den Stall fertig, und als wir reinkamen, warens schon halb 9. Jedenfalls war ich müde wie seit langer Zeit nicht mehr. Wir sind dann noch aufgeblieben, bis die Nachrichten weg waren. Und dann habe ich geschlafen, und was in dieser Nacht geschehen ist, weiß ich nicht. Ich bin nicht traurig, wenn mir in der Beziehung was dadurch geht. Mach Dir aber bitte jetzt keine Sorgen um uns. Ich glaube nicht dran, daß uns hier was passiert. Wir zwei wollen doch noch wieder glücklich sein, und zu dem Zweck müssen wir leben. Nach solchen Ereignissen merkt man doch, was die Stadtbevölkerung aushalten muß, denn in letzter Zeit sind viele Angriffe gewesen.

14. April 42
Der Wirths Emil war gerade hier und zählte unsere Hühner. Wir hatten noch eins mehr wie angegeben, und da eins doch nicht legte, haben wir es schnell geschlachtet. Nun kann der Müller unsretwegen kommen und kontrollieren. Es geht immer um's Eier abliefern. Am Sonntagnachmittag bin ich noch mit Jenny spazieren gewesen, und zwar recht weit. Erst bis zum Kriegerdenkmal, dann über Neuenhaus nach Griemeringhausen und bei den Römersteinen her nach Hause. Auf solchen Wegen empfinde ich es am schwersten, daß Du nicht bei mir bist. Aber es ist eben Krieg und nichts dran zu machen. Abends sind wir dann früh schlafen gegangen. Nachts gabs wieder eine dreistündige Unterbrechung. Wir hatten wieder sehr regen Fliegerbesuch. Mama war sehr aufgeregt dabei und sie ist aufgestanden. In Marienheide sind 300 Brandbomben gefallen, aber es ist nur ein Haus, Schmale in Heirslöh, abgebrannt. Dann verspürt man ja doch Erleichterung, wenn keine Flieger mehr zu hören sind. Gegen 3 Uhr war Schluß, und dann ist die Nacht schnell um, wenn man nicht ausgeruht ist.
Gestern ist Dein Kleesamenpäckchen gut hier angekommen. Ich bin auch gespannt, was daraus wird. Wie ist's nun mit den Kaffeebohnen? Hast Du sie wohl noch da? Mama fiebert oft richtig danach. Geld kriege ich doch auch bald mal wieder. Ich tue es auf die Sparkasse, denn zum Leben habe ich jetzt so genug. Ich möchte mal so gerne wissen, ob Du zum 1. wohl befördert worden bist. Viel lieber wäre mir natürlich, wenn Du bei mir sein könntest. Ich kann mir im Einzelnen nicht mehr vorstellen, wie das ist, nur daß es immer sehr schön war. Wenn es einst soweit ist, werden wir wohl nicht vergessen haben, daß wir noch jung sind. Nun, mein geliebter Alex, schließe ich für heute. Mama und Jenny schlafen schon, und ich bin sehr müde. Hoffentlich bleibt der Tommy zu Hause und stört uns nicht.

16. April 1942, Donnerstagmorgen 3.35 Uhr
Zu solch ungewöhnlicher Zeit habe ich noch nie einen Brief angefangen. Seit etwa einer Stunde bin ich nun auch auf. Mama ist sofort aufgestanden, wie Alarm war. Soviel wie heute Nacht habe ich noch nicht erlebt. Ich bin bestimmt nicht eilig, daß ich aus dem Bett komme, aber ich hatte wegen Jenny keine Ruhe. Und es war gut so. Über Meinerzhagen brannte es, und das war das Ziel. Ich stand im Gangfenster und wollte was sehen. Da kam ein Geräusch, als wenn

ein Flugzeug abstürzte, aber diesmal war es eine Bombe. Von hier aus gesehen fiel sie zwischen Schönebergs und Wirths in die Talsperre. Ich hatte 2 Fenster oben offen, und ich hoffe, daß dadurch die Scheiben noch ganz sind.
Ich möchte jetzt mal einen erfahrenen Krieger bei mir haben, der mir die ganze Sache erklären könnte. Es ist ja ganz interessant, aber man weiß nie, wo so Dinger hinfallen. Allmählich scheint es ruhiger zu werden.
In letzter Zeit konnten wir immer eine Nacht schlafen, aber gestern war auch ein solcher Zauber, allerdings nicht gerade so nahe bei. Scheinbar suchen die hier wieder was, sonst würden sie uns doch nicht so oft besuchen. Solange es nichts trifft, ist die Sache ja noch erträglich. Ich glaube nicht, daß ich nach diesen Erlebnissen während des Krieges nach Gelsenkirchen fahre. Da wird schließlich mehr geschossen und so ganz in Natur wie hier ist die Sache bestimmt nicht.

Das Brennen ist in Genkel gewesen. In dem Ort stehen nur 4 Häuser, und eins davon soll abgebrannt sein. Obwohl am andern Tag die Sonne wieder scheint, ist doch noch nicht alles vergessen. Ich habe gestern nicht viel gearbeitet. Erst war ich nach Marienheide wegen Kanit, aber es war noch nichts da. Dann habe ich Mama noch etwas geholfen graben, und dann habe ich mich fertig gemacht und bin nach dem Holte gefahren.
Gerade steht Jenny auf. Die ist ganz nervös von der Fliegerei. Gestern hatten Kinder in der Schule von Flugblättern erzählt. Darauf hätte gestanden, dieses wäre noch nichts. Wir sollten erst warten, bis Hitlers Geburtstag wäre, dann würden wir mal was erleben. Ich tröste mich immer damit, daß sie doch nicht alles treffen und auch so an uns vorbeikommen.
Nun muß ich allmählich aufhören und anspannen. Ich wollte das vorgestern gepflügte eggen, damit ich wieder Mist fahren kann. Ich schicke Dir noch etwas Briefpapier mit. Deinen letzten Brief beantworte ich im nächsten. Also voraussichtlich bis morgen. Ich schicke Dir die ersten Veilchen mit. Die habe ich auf dem Rodt gepflückt.

26. April 42

Mein lieber Alex! Heute war Sonntag, und ich habe kaum Zeit, Dir zu schreiben. Es sind schon 8 Uhr abends durch. Jenny und ich sind

grade aus der Turnhalle nach Hause gekommen, da war zugunsten des DRK eine turnerische Veranstaltung.
Nachts schlafe ich jetzt sehr gut. Die Flieger lassen uns die letzte Zeit in Ruhe. Wie ich heute Morgen gemolken und Kaffee getrunken hatte, habe ich 7 Päckchen für Dich gemacht. Damit war ich heute Mittag zur Post.
Um 3 Uhr war dann Reichstagssitzung. Hast Du davon auch was gehört? Hoffentlich ist der Krieg bis zum nächsten Winter mit Rußland beendet, oder es gibt wenigstens Urlaub für Dich. So ist man verheiratet und hat doch nichts davon, höchstens Sehnsucht. Während der Rede habe ich mein Kleid fertig genäht und dann gleich angezogen. Also hatte das Ganze einen guten Zweck.

28. April 42
Danke für die heute erhaltenen 100 RM. Ich wollte nach Marienheide, und da habe ich es gleich mitgenommen zur Sparkasse und habe noch 50 Mark dazu alles auf Jennys Buch getan. Jetzt hat sie schon 609 Mark, und ich habe die feste Absicht, das Geld für sie für spätere Zeiten aufzuheben. Es ist ja der einzige Zweck, wofür es jetzt verwendbar ist, denn zu kaufen gibt es so vieles nicht. Wenn es so weitergeht, dann haben wir in einem weiteren Jahr zusammen soviel auf der Kasse wie Du einst vom Holte erbst. Fast 150 Mark haben wir auch augenblicklich noch hier. Ich wollte mir heute für 30 Mark Spitzenstoff kaufen, habe aber nichts Besonderes gefunden. Auf die Art bekomme ich ein neues Kleid nach dem anderen. Wenn Du mal wieder hier bist und wir ausgehen, kann ich immer ein anderes anziehen.
Wie es sich nach Radionachrichten anhört, sind allmählich wieder harte Kämpfe im Gange. Ohne die geht es ja doch nicht, und es hört nicht auf, bis wir gesiegt haben.
Uns geht es noch recht gut, was ich auch von Dir hoffe. Den Garten haben wir heute fertig gekriegt.
Für die Landwirtschaft ist hier ganz furchtbares Wetter. Wochen lang hat es noch nicht geregnet, und wir haben sehr starken Ostwind. Es ist gut, daß wir noch Heu haben, denn es ist noch fast nichts gewachsen. An geschützten Stellen dagegen sind schon verschiedene Buchen ganz offen. Ich hätte auch gerne vorm 1. Mai die Runkeln dran, aber unter diesen Umständen ist es zwecklos. Bis nächste Woche will ich

noch warten. Dann müssen wir sicher auch mal Kartoffeln setzen. Lieber wäre es mir ja, wenn es noch vorher regnete.
Vorige Nacht war nochmal Fliegeralarm. Bei uns war es nicht schlimm. Mama ist nur aufgestanden. Der Mond schien taghell, aber vor lauter Sturm hörte man nichts. Für Köln soll es allerdings die bisher schlimmste Nacht gewesen sein. Dort sollen viele Gebäude in Flammen stehen.
Ich denke immer, wir wohnen so abgelegen, und sie würden uns nicht treffen. Ich möchte Dich doch gerne noch wiedersehen.
Augenblicklich ist meine größte Not, daß mein Rad kaputt ist. Ich will versuchen, einen Bezugschein für neue Bereifung zu bekommen. Wenn alles nicht hilft, gehe ich nochmal zum Kritzler. Vielleicht habe ich doch Erfolg. Wenn ich sonst noch überall hin will, brauche ich nicht mehr so viel zu arbeiten. Alle Leute fragen mich, ob ich keinen Gefangenen wieder haben wollte. Vorläufig wollen wir uns das Geld noch sparen, und was dann kommt, wollen wir sehen. Sonst hoffte ich immer, Du würdest mal kommen, aber wir sind schon so oft enttäuscht worden, und da glaubt man eben nur das, was man sieht. Hoffentlich bleiben wir alle gesund, dann soll es schon wieder klappen, selbst wenn es noch was dauert.

2. Mai 42
Wenn es wirklich keinen Urlaub gibt, müssen wir uns damit trösten, daß noch viele mit uns das gleiche Schicksal teilen. In Rußland ist der Winter wohl auch fast zu Ende, und dann wirds wohl weitergehen. Im vorigen Jahr habe ich immer auf den Winter gehofft, und nun wünsche ich, daß der Kampf wieder aufgenommen werden kann, damit es endlich Schluß wird. Selbst wenn das Ende noch so fern ist, so kommen wir ihm doch mit jedem Tage näher. Wenn Du es nicht überlebst, kann meinetwegen der Krieg noch lange dauern. Ich halte es so, wenn es sein muß, noch lange aus. Schonmal fühle ich mich ja jetzt sehr einsam, aber solche Gedanken lasse ich nicht oft großwerden. Ich nütze jede Ablenkung aus, denn so bleibe ich doch wenigstens ziemlich jung. Schonmal wünsche ich mir jetzt, daß ich erst 19 Jahre und nicht verheiratet wäre. Dann wäre der Krieg in mancher Beziehung leichter und angenehmer zu ertragen.

»Heute ist Sonntag. Heute ist der 2. Mai. Lieber Papa, geht es Dir noch gut? Ich komme von Kusserows wir haben schön gespielt. Heute

Morgen hat es wieder geschneit. Heute Nachmittag war der Schnee wieder weg.«
Mit vielen Grüßen Deine Jenny

4. Mai 1942
Ich warte sehnsüchtig auf ein Lebenszeichen von Dir, aber noch habe ich nicht das Glück gehabt. Dein neuester Brief ist immer noch der vom 2.4., wo Du noch krank im Revier lagst. Aber ich mache mir keine Sorgen, denn ich habe schon öfter lange gewartet, und doch ist immer noch was gekommen. Und so geht's hoffentlich auch dieses Mal.

Gestern habe ich nochmal einen recht eintönigen Sonntag verlebt. Zuerst habe ich mich an meine jetzt allsonntägliche Arbeit gegeben, 8 Päckchen sind entstanden, und die habe ich gleich zur Post gebracht. Insgesamt sind jetzt 71 unterwegs. Wie lange mag es dauern, bis Du die alle hast?
Gerade war der Wirths Emil hier und kontrollierte, wieviele Eier abgegeben würden. Bis gestern sollten wir 45 abgegeben haben, aber da war ja Sonntag, und deshalb habe ich es heute nachgeholt. In diesem Monat müssen wir noch 39 abgeben. In letzter Zeit haben wir für uns sehr davon gespart, denn wir haben noch 50 eingelegt. Das ist Reserve für den Fall, daß Du mal kommst. Ach wäre es nur mal so weit. Mir ist es immer so, als ob 2 Jahre voll würden, daß wir uns nicht sehen, aber ich wollte, ich hätte nicht Recht. Mir wäre der erste Tag der liebste. Aber wir werden nicht nach unseren Wünschen gefragt. Wenn ich von dem Urlaub ein Kind gekriegt hätte, ginge es auch, aber so ist's immer noch angenehmer, und für Dich muß es auch so eine Beruhigung sein. Hoffentlich kommt der Junge erst, wenn der Krieg vorbei ist, und Du wieder immer bei mir sein kannst.

10. Mai 42, Sonntagnachmittag
Wenn ich so denke, daß Du zum Zahnarzt gehst, muß ich heimlich lachen. Wenn Du hier wärst, müßte ich doch sicher mitgehen. Rußland scheint ja allmählich schon kultiviert zu werden, sonst gäb's doch sicher kein Kino. Für mich ist es sehr angenehm, daß Du nochmal eine frohe Stunde gehabt hast. Es kann sein, wie es will, Filmerei ist eine schöne Angelegenheit. Wäre ich nicht so weit von Gummersbach, dann würde ich viel öfter ins Kino gehen.

Es freut mich, daß Du wieder Post von mir bekommen hast, und besonders die Päckchen. Mit dem heutigen sind dann noch 54 unterwegs.
In letzter Zeit haben uns die Engländer in Ruhe gelassen. Und das ist schön so. Die Nächte sind so jedenfalls viel angenehmer.

20. Mai 42
Wenn ich nicht alle 2 Tage schreibe, komme ich mir selbst so schuldbewußt vor. Hier ist noch so ziemlich alles beim alten. Nur mit Jenny stimmt es nicht ganz. Gestern habe ich sie noch zur Schule geschickt, aber heute soll sie hierbleiben. Sie hat scheinbar Fieber und hustet auch ordentlich dabei. Aber ich hoffe, es geht so vorüber.
Danke für die Briefe... Ich weiß nicht mehr, ob ich Dir zu dem Verdienstkreuz schon gratuliert habe und hole es somit nach. Die Urkunde ist gut angekommen. Die letzten Briefe waren überhaupt so schön, daß ich in den nächsten Tagen noch näher darauf eingehen werde. Ich glaubte schon, Du könntest nicht mehr solch schöne Liebesbriefe schreiben, aber es ist doch der Fall. Ich dachte, das rauhe Handwerk eines Krieges ließe keine weichen Regungen mehr aufkommen. Aber es ist doch viel schöner so.
Hier bei uns ist die schönste Zeit des ganzen Jahres, und da wäre es schön, wenn wir zusammen sein könnten. Aber ich empfinde das Alleinsein nicht mehr so schwer wie vor einem Jahr, denn was es in Natur heißt, einen Mann zu haben, weiß ich ja fast nicht mehr. Ich hoffe aber, daß die Zeit nicht mehr sehr fern ist, wo es wieder anders wird. Ob Du wohl keinen Urlaub kriegst, bevor der Krieg in Rußland zu Ende ist? Ich kann es mir auch kaum vorstellen. Man wird ja immer anspruchsloser. Ich bin ja jetzt schon froh, wenn die Post nicht zu viel Zeit braucht. Ob Du wohl nochmal durch Luftpost geschrieben hast? Hoffentlich läuft die dann nicht so lange.
Gestern Abend war Muttertagsfeier von der Frauenschaft, da war ich mit hin. Davon war ich aber kurz vor 10 schon wieder hier. Und aus diesem Grund schrieb ich heute Morgen. Vergangene Nacht war nochmal Fliegeralarm, aber er dauerte nur eine halb Stunde. Zu hören war genau nichts, und dann tut es mir immer leid, wenn man im Schlaf gestört wird. Zweimal haben die doch nur in unserer Nähe Bomben abgeladen, und das müßte doch auch genügen.

21. Mai 42
Hier bei uns ist so ziemlich alles beim alten. Jenny hat die Masern. Sie hat Fieber dabei und liegt schon 2 Tage. Sie ist so ruhig, daß wir fast nicht wissen, daß sie hier ist.
Vorhin bekam ich deinen Brief durch Luftpost vom 10. Mai. Viel schneller wie gewöhnlich geht's doch nicht. Aber ich freue mich immer, wenn was ankommt. Die Hauptsache ist ja, es geht Dir gut.
Ob Du im nächsten Jahr wohl auf englischem Boden ackerst? Dazwischen wird's doch wohl noch einmal Urlaub geben. Wir hätten's doch auch bald verdient. Es ist gut, daß wir schon so lange verheiratet waren, sonst könnten wir uns wohl nicht mehr kennen. Weißt Du, über die Antwort, die Du mir auf einen gewissen Brief gegeben hast, habe ich auch gelacht. Aber ich glaube im Ernst, daß ich Dir bei einem Seitensprung nach so langer Zeit nicht böse sein könnte. Ich weiß ja nichts davon. In meiner Gegenwart müßtest Du allerdings wieder bedingungslos mir gehören. Du meinst, ich hätte große Sehnsucht nach Liebe, ja, das habe ich. Aber bis jetzt war es noch nicht so schlimm wie im vorigen Jahre. Man wird so abgestumpft und weiß fast nicht mehr, was Liebe ist und wie schön sie sein kann. Wann kannst Du es mich wieder lehren?
Gestern waren Erna und ich wieder im Kino. Da lief »Der große König«. Es war sehr schön, und die Wochenschau zeigte den ganzen Schlamassel der Ostfront. Ich meinte immer, ich müßte Dich mal sehen, hatte aber nicht das Glück. Ich würde viel öfter gehen, wenn der lange Rückweg nicht wäre.

22. Mai 42
Heute habe ich nochmal Post gekriegt, und zwar den Brief vom 7. Gestern kam der Luftpostbrief vom 10. Den habe ich beantwortet mit 8 Briefumschlägen, je 100 Gramm Schinken enthaltend. Allerdings habe ich nur in einem Umschlag was Geschriebenes. Hoffentlich klappt die Sendung. Besonderes habe ich da nicht geleistet. Etwas arbeiten muß man ja immer, aber aufzählen kann man es nicht.. Mit Jenny geht es etwas besser. Sie hat wieder allerhand Wünsche, und das ist doch gewöhnlich ein gutes Zeichen.
Ich war heute auch wieder recht drill. Zweimal war ich mit dem Ochsen nach Marienheide, 920 Pfund Briketts und 150 Pfund Schwefelsaures Ammoniak geholt. Nach Mittag bin ich dann nochmal gefahren und habe Kohlen geholt. Es waren gerade viel da, und jetzt habe

ich doch mehr Zeit wie im Herbst. Ich habe die Arbeit auch gerne getan. Wie ich anspannte, habe ich auch gleich die Leine dran getan und habe mich auf die Karre gesetzt. Für solche Fahrten wäre es ja allerdings schöner, wenn ich ein Pferd hätte. Sonst ist es ja schöner mit dem Ochsen. Noch ist's ja nicht nötig, aber zum Heu möchte ich gerne Hilfe haben. Es tut mir ja leid um all das Geld, aber wiederum ist das Leben dann auch viel angenehmer. Ob es ja was gibt, weiß ich nicht, noch schwebt die Sache, aber versuchen will ich es mal.
Ich glaube, beim letzten Brief warst Du schlechter Laune. Ich kann es ja gut begreifen. Ich bin auch nicht immer guter Laune, aber was hilft das alles. Ärgern tu ich mich grundsätzlich nicht, dadurch wird ja nichts besser, und ich habe einen schweren Kopf.
Dir geht es jetzt so mit dem Schnaps wie mir mit solchen Sachen. Wenn ich 2 Gläser Wein auf habe, kann ich es spüren.
... In der Wochenschau habe ich die russischen Zustände schon oft gesehen. Solchen Schmier kann man sich in Natur fast nicht vorstellen. Wie lange mag es wohl dauern, bis das Problem Rußland gelöst ist?
... Es ist jetzt Samstagmorgen 9 Uhr. Du mußt schon entschuldigen, daß ich nicht mehr schreibe, aber ich habe jetzt wirklich keine Zeit. Wir haben noch nichts für die Feiertage geputzt, und dabei will ich heute Nachmittag noch die Kartoffeln eggen. Gerade habe ich die Tiere zur Weide getrieben. Proviant für die Feiertage ist auch eingekauft. Viel wird's ja jetzt nicht.
Die restlichen Briefe beantworte ich in den nächsten Tagen. Viel schöner wäre es ja, wenn Du bei mir sein könntest. Wir wollen den Kopf hoch halten, und wenn es mit Galgenhumor ist. Ich lasse mich nicht unterkriegen und hoffe dasselbe auch von Dir, und wenn es noch mehr als 24 Monate werden, bis wir uns wiedersehen. Mit Grüßen und Küssen, Deine Selma.

28. Mai 42

Jenny ist zur Schule und Mama grade im Garten. Eigentlich mußte ich ja gestern Abend schreiben, aber ich war mal wieder im Kino. Kurz nach 1 war ich erst hier, und da wirst Du Dir Mamas Stimmung vorstellen können. Sie sagte, sie wollte es Dir schreiben, und wenn ich nochmal ginge, bliebe sie auch nicht hier. Na, ich habe mich das kalt angehen lassen. Ich hatte ein vollkommen reines Gewissen, und so habe ich dann auch ganz gut geschlafen. Sie hat immer Angst, ich

könne was tun, was Dir nicht paßt. Aber alles, was ich bis jetzt getan habe, kann ich voll und ganz vor Dir verantworten, und das ist meiner Meinung nach genug.
Ich will Dir kurz eine Schilderung des Abends geben. Also mit uns fuhr ein Posten von dem Rodter Gefangenenlager ins Kino. Heute hatte er Geburtstag, übrigens wurde der schon 45, und aus dem Grund wollte er einen ausgeben. Um Punkt 10 Uhr war das Kino aus. Dann waren wir erst im Hotel Köster und nachher noch beim Franke. Da mag es leicht, daß eine Stunde um geht. Jedenfalls täte es mir furchtbare Leid, wenn Mama wegen einer solch harmlosen Sache nicht mehr gestattet, daß ich gehe. Und wie ist da Deine Meinung? Soviel ich Dich kenne, misst Du der Sache keine Bedeutung bei und läßt mich laufen. Bevor ich Antwort auf diesen Brief habe, werde ich wohl nochmal weg kommen. Lieber wäre es mir natürlich, wenn statt einem Brief Du selber kämest.
Gestern Abend tat es mir leid, daß wir zwei nicht zusammen waren. Es war so schön warm, und der Mond schien. Ob wir das Versäumte wohl je nachholen können? Ja, ja, die Liebe ist schuld daran, daß ich so einsam bin... Jetzt ohne Dich leben muß ich ja, auch wenn's oft nicht schön ist.
Der Bösinghaus Werner war für 5 Tage hier, und da haben die gestern geheiratet. Weil da zweierlei Glauben ist, haben die deutsche Trauung gemacht. Ich, und auch Jenny, waren mit, und das hat mir sehr gut gefallen.
Nun gibt es ja hier auch schonmal ab und zu etwas Abwechslung. Ich denke, Du bist mir nicht böse darum, wenn ich mitgehe. Bis jetzt bin ich Dir immer treu geblieben, und wer glaubt, mir wegen meinem sonstigen Tun Vorschriften machen zu müssen, kommt an die unrechte Adresse.
Du weißt ja auch, daß ich nichts ohne Mamas Erlaubnis tue, und was anderes interessiert mich nicht. Wie die auf Ehre hält, weißt Du ja auch. In letzter Zeit bin ich verschiedentlich mit der Erna Kusserwow gegangen, und das paßt ihr auch nicht recht, aber ich habe ja sonst keinen. Sonntagsnachmittag ins Kino fahren möchte ich auch nicht immer, und besonders nicht allein. Da gehe ich lieber mal abends mit Erna, auch wenn wir dann zu Fuß zurück müssen. Wenn Du mal wieder hier bist, wird ja doch wieder alles anders, und bis dahin muß ich mich eben so durchschlagen. Denn hier versauern möchte ich auch nicht.

Gestern war ich ganz »elegant« auf Reise. Mein Kostüm paßt prima, und ich freue mich, mal so mit Dir ausgehen zu können. Dazu trug ich eine Bluse aus franz. rosa Wollstoff, schwarzen Filzhut und meinen Fuchs. Wenn eben möglich, lass ich mich so mal knipsen. Ich habe ja jetzt viele so schöne Sachen, aber schöner wäre es noch, wenn ich 70-80 Pfund leichter wäre. Junge, dann machte ich Dich oft eifersüchtig. Wer lacht da? Wenn Du endlich kommst, mache ich mich schön für Dich, und sonne mich dann an Deiner Liebe und Freude. Aber wäre es nur mal so weit. Bei solchen Gedanken wird es mir immer ganz heiß, und ich meine, Du müßtest kommen und mich lieben.

4. Juni 42
Deinen Brief von Pfingsten habe ich nach 8 Tagen erhalten. Na, da war's in Rußland auch nochmal schön. So Alkohol ist doch ein schöner Tröster. Daß Ihr Euer Quartier so schön gemacht hattet, und dafür noch eine Flasche Schnaps bekamt, ist ja sehr schön. Abwechslung muß ja auch sein. Du scheinst Dich aber jetzt sehr gut mit Deinen Kameraden zu verstehen, und wenn da noch »Herren« dabei sind, ist's vielleicht so viel besser. Ich hoffe immer noch, daß Du mal Uffz. wirst.
Ob Du wirklich vor der nächsten Urlaubssperre auch mal an die Reihe kommst? Es wäre ja sehr schön, aber ich wage nicht an ein solches Glück zu glauben. Mir wäre auch der erste Tag der liebste, aber ich sage mir vernünftigerweise, wir haben 19 Monate ausgehalten, und das können wir auch noch länger. Ich will alles aushalten, wenn Du nur wiederkommst. Wenn Du so lange ohne mich in Frankreich wärst, wie jetzt in Rußland, ob Du mir dann auch so die Treue halten würdest wie jetzt? Böse könnte ich Dir ja deshalb nicht sein, nur müßte ich mir dann auch schonmal so was erlauben dürfen. Besser ist ja, wenn so was nicht vorkommt, und wir halten es auch so noch aus. Du bist immer noch jung und liebeshungrig, und ich kann von mir dasselbe berichten. Hoffentlich können wir uns bald gemeinsam austoben.
Das ist so das Wesentliche aus Deinem Brief. Und nun mache ich für heute Schluß. Morgen wollen wir die Betten raustun, und da heißt es auch schuften.

9. Juni 42

Wieder Deine Päckchen, bis jetzt sind es in genau 3 Monaten 124 Stück. Da siehst Du, daß ich Dich noch ein bißchen lieb habe. Gestern habe ich im Wipperfürther Krankenhaus meine Näherin besucht. Dann weitergegangen die alte Straße entlang zum Holte. Da gehe ich lieber her wie den gewöhnlichen Weg. Wenn ich dann so allein bin, kann ich so schön meinen Gedanken nachhängen. Dann denke ich an schöne, längst vergangene Zeiten. Dann wird der Wunsch am stärksten in mir, mit Dir zusammen zu sein, und ich male mir aus, wie es sein wird, wenn die Zeit mal endlich kommt. Liebling, die Tage und Stunden müssen wir ausnutzen und dürfen uns auf keinen Fall zanken.
Ich habe vorhin mit einem Oberleutnant gesprochen, der auch vom Mittelabschnitt hier in Urlaub ist. Der meinte, es gäbe da keine Sperre mehr, und ich wünsche, er hätte Recht. Mein Liebling, ist es denn möglich, daß wir uns bald wiedersehen? Ich möchte daran glauben und wage es doch nicht. Ich möchte ja gerne unsere Jenny an unserem Glück teilnehmen lassen, aber einmal möchte ich mit Dir allein zum Holte gehen. Dabei kommt es mir nicht auf den Besuch an, sondern nochmal an alten bekannten Stellen mit Dir glücklich sein. Glaubst Du nun, daß ich Dich noch gerne habe? Ach könnten wir nur mal wieder zusammen sein. Wenn ich so allein zum Holte war, ist meine Sehnsucht immer am größten. Gerade da haben wir ja die schönste Zeit unserer Liebe erlebt. Fast 8 Jahre sind wir nun verheiratet, und in Wirklichkeit sind es erst 6. Wenn Du nur zurückkommst, holen wir die verlorene Zeit schon noch nach. Wir sind ja noch jung, und für manche in unserem Alter fängt das Leben jetzt erst richtig an.

11. Juni 42

Es tut mir leid, daß Du traurig warst. Aber schonmal überkommt einen solche Stimmung. Auch bei mir gibt's sowas, aber ich W I L L mich den trüben Gedanken nicht hingeben. So lange wir noch leben, besteht auch die Aussicht auf Glück. Leben und glücklich sein wollen wir doch auch noch, denn wir sind ja noch so jung. Wenn es auch nicht allen so geht wie uns, so wollen wir doch den Kopf nicht hängen lassen. Es gab mir ja einen Stich, wie ich das las, daß es bald wieder voranginge, aber sonst kommt auch kein Ende, und so lange das nicht da ist, bleibt unsere Trennung bestehen. Aber wir wollen nicht schreien und klagen, sondern mutig unserem Führer den Sieg erringen helfen.

14. Juni 42, morgens halb 8

Mein lieber Alex! Ich wollte gestern Abend noch schreiben, aber es gab nichts, und zwar aus dem Grunde, weil wir noch einen Korb voll ausgezogene Kohlrabenpflanzen von Rönchens kriegten. Wie wir da gegessen und gemolken hatten, sind wir gegangen setzen.
Jenny war auch mit und hat fleißig gearbeitet. Sie mußte Pflanzen in die Löcher legen und freute sich, daß sie noch nicht ins Bett brauchte. Erst war das Wetter schön, aber zuletzt regnete es noch wieder, und es wurde uns schubbig. Gegen 10 Uhr waren wir wieder hier, und weil es so eisig war, haben wir die Tiere in den Stall getan. Einen dicken Krob voll Kahlrabenpflanzen haben wir selber, und die haben wir gestern Morgen schon gesetzt. Daran kannst Du schon sehen, wie schlecht unsere Runkeln sind
Wenn es jetzt wieder besser Wetter wird, fangen wir am Heu an. Das heißt, wenn wir gemäht kriegen. Jetzt sieht es damit noch viel viel schlechter aus als in den vorigen Jahren. Moos haben ihr Pferd abgeben müssen und noch keinen Ersatz dafür. Schönebergs Pferd kann jeden Tag melkwerden, und Rönchens und Hessen haben die Maschinen beim Wellers Paul. Ich mache mir keine Sorgen, denn davon geht das Gras auch nicht ab.
Im Augenblick ist das Leben noch gut zu ertragen. Am Freitag habe ich den ganzen Tag genäht, aber das Kleid ist immer noch nicht fertig, und dem soll ich wohl heute den letzten Schliff geben müssen.
Um 9 Uhr muß ich in den Luftschutz, und nach Mittag gehe ich ein paar Stunden ins Bett. Ob ich an die Post fahre, weiß ich noch nicht. Erfolg werde ich ja wohl kaum haben- an den beiden letzten Tagen habe ich je einen Brief gekriegt und zwar vom 29./ 30. Mai und gestern vom 4. Juni. Der letzte hat noch besser geklappt wie die Luftpost. So schnell wie jetzt hat es noch nie geklappt, solange der Rußland-Feldzug am Gange ist. Vom 4. schreibst Du schon, daß mein Pfingstbrief angekommen wäre, und gestern erhielt ich schon die Antwort. Wenn es so geht, kommt einem die Entfernung gar nicht mehr so riesenhaft vor.
Mein lieber Alex! Dieses ist nun der 2. Brief des heutigen Tages, und ich würde auch nicht schreiben, wenn nicht heute Post von Dir gekommen wäre. Ich war zur Post, und da erhielt ich Deine beiden

Briefe vom 27.5. und den vom vorigen Sonntag, dem 7. Juni. Das vom 27.5. war geprüft, aber nichts durchgestrichen. Es war bis jetzt der erste. Ob das wohl wirklich alles gelesen war? Jedenfalls hatte der betreffende viel Arbeit. Sonst wollte ich, daß die Briefe immer durch Urlauber befördert würden, denn das geht am schnellsten.

16. Juni 42
Ist es denn wirklich wahr, daß wir uns bald wiedersehen? Kann ich es mir erlauben, mich den Hoffnungen hinzugeben? Schön wäre es ja, aber wir sind schon so oft enttäuscht worden. Ich sage mir ja auch, daß Du einmal kommen mußt, aber daß wir jetzt so nahe am Ziel sein sollen, will mir noch nicht in den Kopf.
Genau eine Woche ist nun vergangen, seit Du den letzten Brief geschrieben hast, und demnach sind also nur noch 3, bis wir am Ziel sein sollen. Glaubst Du es? Ich möchte schon, aber allzu sehr gebe ich mich dem Gedanken nicht hin, damit ich später die Enttäuschung leichter trage. Vorfreude ist ja immer schön, aber ich will sie diesmal aufspeichern, bis Du wirklich kommst.
Jetzt denke ich immer, wenn Ihr doch nicht nach vorne kämt, damit auch uns das Glück des Urlaubs zuteil würde. Mein Liebling, heute hat sich schon manch schwerer Seufzer meiner Brust entrungen. Ich möchte an das Glück glauben, aber ich habe Angst, es könnte wieder fehlschlagen.
Gestern war ich in Gummersbach, und da sah ich in Marienheide einen Soldat mit einer Brille aussteigen. Ich hatte ihn aber nicht richtig gesehen, und da dachte ich plötzlich, wenn Du es wärest. Wieviele muß ich so wohl noch kommen sehen, bis Du es einmal wirklich bist? Wenn ich so Soldaten aussteigen sehe, passe ich immer auf, ob Du nicht dabei bist. Aber wann?
Ich wollte, Du könntest mir Nachricht geben, wenn Du kommst. Ich möchte Dich gerne abholen. Ich bin regelrecht nervös jetzt, und innerlich aufgeregt, obwohl ich nicht will, und nach aussen ruhig erscheine. Ich möchte so gern an das Glück glauben, tue es aber nicht, damit ich nachher nicht denken muß, es wäre alles umsonst gewesen.
...
Ich glaube, Du hast mich nicht richtig verstanden wegen der Beförderung. Du bist jetzt 2 Jahre Soldat und wenn Du Obergefreiter bist, bekomme ich Kriegsbesoldung, und die ist bestimmt noch höher wie meine jetzige Unterstützung. Ich weiß ja auch, daß Du selber nichts

daran machen kannst. Mir bist Du immer gleich viel, ob Du einfacher Soldat oder Offizier bist. Meine Liebe wird dadurch nicht größer, denn ich glaube nicht, daß sich die steigern läßt. Also mach es, wie es geht, und an den »Befreiten« glaube ich noch lange nicht.

17. Juni 42

Dank für Briefe. Weißt Du, wenn ich so darüber nachdenke, kann ich immer nur sagen: Son dolles Küken. Ist das nicht 'ne schöne Schmeichelei? Wenn ich so drüber nachdenke, was Du alles kannst, ist es mir fast unbegreiflich, daß Du nur Bauer bist. Gibt es denn keine Möglichkeit, noch einen anderen Beruf einzuschlagen? Einer, der müheloser ist und besser bezahlt wird. Aber Du mußt es wissen. Nun sind es schon 20 Monate, daß wir zwei die letzte Nacht zusammen waren. Es ist doch gut, daß wir damals nicht in die Zukunft sehen konnten, sonst, glaube ich, wäre der Abschied unerträglich geworden. 20 Monate - kein Kuss, keine Liebe und dabei waren wir doch gegenseitig so anlehnungsbedürftig. Aber wenn es sein muß, sieht man, was alles zu ertragen ist. Ich glaube, ich habe mich inzwischen nicht viel verändert. Nur in einem. Ich kann sehr gut andere sehen, die mehr Glück haben wie wir, ohne neidisch zu sein. Ich weiß nicht, ob Du das vestehst, was das heißt. Viel Überwindung hat es bestimmt gekostet. Deshalb trage ich es auch ganz ruhig, daß Du nicht kommst. Eine ganz fruchtbare Erschütterung würde es nur für mich geben, wenn Du gefallen wärst. Aber so weit wird es wohl nicht kommen. -
...
Gestern habe ich 2 Kleider von mir gewaschen. Die sind eingelaufen und dadurch modern geworden. Eins ist das bunte, weißt Du, wo mir der Panzer so dran gerissen hat, und das 2., welches ich für Hansens Hochzeit gekriegt habe. Das hatte ich so schon kürzer gemacht, aber nun ist es richtig. Weißt Du, es tut mir ja doch oft leid, daß ich nicht schlank bin. Oder meinst Du, es wäre gut? Dann würde ich jedenfalls für jünger gehalten als jetzt, und das muß doch schön sein. Vor allen Dingen ließe sich dann leichter auf Männerabenteuer ausgehen wie jetzt. Na, na, was sagst Du jetzt? Oder darf ich so nicht mehr schreiben? Aber ich weiß doch, daß Du mich kennst, und warum soll ich es da nicht tun, das schreiben..

... In diesen Minuten vor 20 Monaten haben wir uns zuletzt küssen können. Ich wollte, ich wäre da noch mit Dir bis Düsseldorf gefahren. Aber da sah es auch noch nicht so aus, als ob wir uns eine solche Ewigkeit nicht sehen würden. ....

18. Juni 42

Nach dem Abendessen will ich noch Jauche fahren. Der Jauchekeller ist wohl noch nicht ganz voll, aber wenn es Heuwetter gibt, kann ich nicht fahren, ohne die Weide zu verbrennen. In den letzten Tagen hat es sehr viel geregnet. Heute war es nicht mehr so schlimm. Wir haben jetzt die Runkeln nachgesetzt und vorhin den Anfang des gründlichen Hackens und Dünnpflückens gemacht. Es ist gut, daß das Stück nicht so groß ist. Mir ist das Arbeiten jetzt schon so leid. Mein Liebling, heute hat der 20. Monat unserer Trennung begonnen. Und wie oft mag sich dieser Tag noch wiederholen? Ich möchte so gerne an den Urlaub glauben, aber ich wage es einfach nicht. Es ist wirklich zu schön, um wahr zu sein. Ich vertreibe mir die Zeit schon, so gut es geht.
Post von Dir ist noch keine wieder gekommen. Ob Du jetzt wohl mehr vom Urlaub weißt? Hoffentlich nicht, daß es nichts gibt. Obwohl ich nicht daran glaube, wäre es doch eine große Enttäuschung.
Heute haben wir das Geld für Fanni, 441,25 RM, gekriegt. Wenn möglich, kaufen wir uns in den nächsten Tagen noch eine solche Kuh wie die neue. Ich hätte gern gehabt, daß Du das Fanni nochmal gesehen hättest, aber es war wirklich nicht mehr viel damit los.

1. Juli 42

Viel Post erhalten und kaum Zeit, diese zu lesen vor lauter Arbeit, Heuernte...
Gerade kam die Sondermeldung, daß Sewastopol gefallen sei. Also wieder ein Schritt mehr zum Sieg. Wann mag der wohl sein? Und wann sehen wir uns wieder? Man weiß ja wirklich nicht, ob man an ein solch freudiges Ereignis in Kürze glauben soll. ...
Bald ist es dunkel, und ich bin müde und muß schlafen. Ich komme auf eine ganz neue Matratze. Jenny hat jetzt unsere alte. Diese neue ist mit französischem Barchent überzogen, den Du mir geschickt hast.

3. Juli 1942

Danke für Brief und Bilder. Na weißt Du, ich habe laut gelacht, wie ich Dich mit Deinem Schnurrbart gesehen habe. So kann ich mir Dich doch nicht als meinen Mann vorstellen - der Satz ist doch furchtbar komisch. Ich glaube doch, wenn Du so angekommen wärest, wäre in das ganze Wiedersehen ein Tropfen Wermuth gefallen. Jedenfalls würdest Du mir sehr fremd gewesen sein.- Also, mein Liebling, wenn Du mal kommst, überrasche mich nicht so. Über 20 Monate haben wir uns nun schon nicht gesehen, und ich habe Dich am besten in Erinnerung, wenn Du am Fenster sassest und Dich rasiertest. Und da darfst Du es mir nicht antun, so zu kommen.
Gute Nacht, hoffentlich träume ich nicht von Deinem Schnurrbart... Das Wetter ist zum verzweifeln. Die Heuhaufen werden mit jedem Tag kleiner. Seit genau 2 Wochen hat die Sonne überhaupt noch nicht geschienen. Man merkt wirklich nicht, daß es Sommer ist. Gestern waren Jenny und ich nach Klaswipper zu Ediths Geburtstag. Für solche Zwecke ist das Wetter gut.
Wieder Päckchen abgeschickt, damit in dieser Woche elf Stück.... Urlaub??? Hoffentlich wirst Du nicht, wo Du jetzt Dolmetscher bist, immer weiter zurückgeschoben. Letzten Endes sind wir doch genau so gut wie alle anderen auch. Ich mache mir eigentlich jetzt mehr Sorgen um Dich wie früher. Hoffentlich rächen sich die Russen nicht eines Tages an Dir, denn Du wirst doch sicher jetzt als derjenige angesehen, der ihnen nicht helfen will. Wenn man so hört, was da alles geschieht, könnte man wahrhaftig Angst kriegen.
In Klaswipper, die waren noch nicht in die Waldbeeren gewesen, weil da so viel durchgebrannte Russen rum liefen. In einer Woche waren da 28 gefangen worden. Von so was hört man hier ja kaum. Ich weiß aber auch hier kein Lager. Nur Russinnen sind in jedem Betrieb. Roland hat eine Ukrainerin. Der Franzose ist auch noch da. Hoffentlich hilft dem der Krieg mal auf den Thron. Ich wollte ihm eine Ladung Brennholz abkaufen, aber das verkauft er nicht. Na, da machen wir uns demnächst selbst was ab. Ich dachte die Arbeit sparen zu können. Buchenholz haben wir fast nichts mehr. Aber es steht noch was sonstiges, alte Weidepfähle u.s.w. da rum, und das werde ich dann mal schneiden. Damit kommen wir dann hoffentlich bis zum Herbst. Dann soll's wohl Rat geben.

5. Juli 1942

Es ist halb 10 Uhr. Jenny und ich sind gerade von der Marienheider Kirmes gekommen. Es war nur ne Raupe und 3 Läden. Jenny hatte aber keine Ruhe, und ich mußte mit ihr gehen. Ich wäre ja viel lieber hier geblieben und hätte geschlafen. Aber es geht oft nicht wie es soll. Die ganze Woche habe ich mich auf den Sonntag gefreut, aber nun war es doch wieder Essig. Gestern meldete sich Familie Baudis für heute an, und die waren auch hier. Du weißt ja auch, was so Besuch für ein Zwang, und besonders mitten in der Ernte, ist. Wir hatten allerdings kein Heu ab.
Gestern Morgen waren wir eben in die Waldbeeren und haben dann nachmittags den ersten Kuchen gehabt. Er schmeckte noch genau so gut wie in früheren Jahren. Dann habe ich noch auf 20 Viertelscheid Dünger gesät. Und die Kartoffeln haben wir auch geritzt. Dann nebenbei noch 10 Gläser eingekocht. Daran habe ich aber nicht zu helfen brauchen. Gegen 9 Uhr haben wir die Helga nach Hause geschickt und haben dann noch geschrubbt. Wenn sie das gewußt hätte, wäre sie bestimmt noch hier geblieben
Dann gibt's wieder Geld. Am Freitag kriegten wir 50 Mark Milchgeldvorschuß. Am Montag war ich in Marienheide und habe neue Schuhe und Korsett, und da muß ich noch 2 RM bezahlen. Dann habe ich noch verschiedenes fürs Nähen zu bezahlen. Das kann ich besser als dauernd einen Franzosen zu behalten. Dann wären wir auch nicht allein fertig geworden.
Mein Liebling, Du mußt schon etwas Nachsicht mit meinen letzten Briefen haben. Ich weiß, sie handeln fast nur von Arbeit. Aber es wird auch nochmal anders. Dann beantworte ich wieder Deine Briefe, und es fällt mir bestimmt wieder was Schönes Liebes ein. Nur möchte ich viel lieber nochmal Liebe in Natur erleben. Ob es für uns wirklich mal Urlaub gibt? Manche Enttäuschung haben wir schon hinnehmen müssen. Jetzt werde ich mich ins Bett begeben. Du, ich glaube, die neue Matratze wird sich für einen bestimmten Zweck gut eignen. Aber wann sind wir so weit?

7. Juli 42

Wie ist es dir gesundheitlich? In den letzten Tagen war es mir oft, als ob nicht alles stimmte. Hoffentlich waren die Sorgen auch diesmal unbegründet. Jedenfalls seid Ihr wohl jetzt wieder im Einsatz. In

der Gegend scheint ja nochmal allerhand los zu sein, denn umsonst wird das nicht täglich im Wehrmachtsbericht gemeldet. An Urlaub wird unter den Verhältnissen wohl gar nicht mehr zu denken sein. ... Hoffentlich bist Du unter den vielen, die zurückkommen. Unser Glück kann doch nicht so schmählich zu Grunde gehen. Mit unseren jungen Jahren liegt wohl noch ein ganzes Stück Leben vor uns, und wir w o l l e n doch noch glücklich sein.
Gestern hatten wir Wäsche von 4 Wochen, und die hat unsere Helga heute auf Seite gearbeitet.
Mit Mama ist mal wieder nicht viel los. Ich arbeite so zwischendurch an einem Kleid für Mama. Den Stoff habe ich ihr gestern von Marienheide mitgebracht. Wenn sie sonst nie was kriegt, wird sie schließlich noch böse.
Heute Nachmittag waren wir wieder in die Waldbeeren. Es sind sehr wenige, und da wirds nicht viel in die Einkochgläser geben. Inzwischen hatte Mama mit viel Erfolg im Garten Erdbeeren gesucht. Da haben wir schnell alles fertig gemacht, Gläser gewaschen und eingekocht. Insgesamt 7 Erdbeeren, 1 Waldbeer und 2 Stachelbeeren. Etwa 40 Gläser haben wir nun schon voll. In den nächsten Tagen muß ich ans Marmelade machen. Apfelpflaumen und Zwetschen gibt's in rauhen Mengen. Birnen sind auch ganz gut, nur die Äpfel hapern wieder. Im Garten ist auch alles sehr schön. Wenn Du nur mal kommen könntest und alles sehen.
Eine Klucke haben wir auch, aber leider nur mit 3 Küken. 10 Eier waren wohl nicht befruchtet und daher faul. Damit haben wir eben nie Glück.
Sonst geht das Leben seinen alltäglichen Gang. Es ist alles viel ruhiger, und verschiedene sind eben Soldat. Von letzterem können wir ja auch ein Lied singen. Schöner wäre es ja, wenn Du auch mal Urlaub kriegtest, aber ich ertrage alles mit Geduld und Ruhe. Meine äußere Erscheinung ist noch die alte, und gelegentlich kann ich auch noch lachen.
...Das Wetter läßt wieder zu wünschen übrig. Deshalb bin ich dann am Mittwochnachmittag mit Helga ins Kino gefahren. Wir freuen uns immer wieder, daß wir die für die 3 Wochen genommen haben. Sie ist lieb und fleißig und für jede Arbeit zu gebrauchen. Mit Jenny versteht sie sich sehr gut. Die will morgen mit nach Kotthausen und bei Helga schlafen. Ich bin gespannt, was das gibt.
...

Heeresstandortverwaltung Paderborn
Standortgebührnisstelle

, den ?/? 194?

Gehaltsabrechnungszettel

Besoldungsgebührnisse für Monat *August 4?*
für *G. Gefr. Alex Hohfeld*

	RM	Rpf
Grundgehalt	98	–
Wohnungsgeldzuschuß	18	
	116	–
ab Gehaltskürzung		
	116	–
zu Zuschuß (+ RM 15,–)		
	116	–
ab Ausgleichsbetrag ___% in Höhe des Wehrsolds	6	96
	109	04
zu Kinderzuschlag für 1 Kinder	20	–
Zehrzulagerest (– RM 15,–)		
Gesamt-Bruttoeinkommen	129	04

Abzüge:	RM	Rpf
Lohnsteuer	–	50
Winterhilfswerk		
D. Beamtenvers.		
Miete		
Unterhaltsrente		
_____ Darlehn		
Vorschuß		
Eisernes Sparen		
Summe der Abzüge	–	50
Monatliches Nettoeinkommen	128	54
Netto-Ausgleichsbetrag lt. Rückseite	132	16
Ausgezahlter Betrag:	260	70

Zur Beachtung! Veränderungen, die sich auf die Besoldung auswirken, wie Beförderung, Verheiratung, Geburten, Arbeitsurlaub, Entlassung usw., sind jeweils **sofort** unter Vorlage beglaubigter Abschriften bzw. Urkunden mitzuteilen.

A. 168 III. C. Heinrich, Dresden N. II. 43. DIN A 5.

Aufbewahren! Weitere Übersendung nur bei Veränderungen in der Besoldung! Neue Anschrift unter Angabe des Aktenzeichens stets hierher mitteilen!

Beleg über den Soldatenlohn (»Sold«) meines Vaters

Schwieriges Heuwetter, alles auf dicke Haufen gemacht, auch Erna half noch mit. Auf dem Heimweg sind wir noch ziemlich nass geworden. Dazu donnerte und blitzte es heftig.
... Ich vermute, daß Du wieder Dolmetscher bist. Und scheinbar bist Du mit dem Posten zufrieden. Für mich ist das auch schöner als Klagen zu hören. Na, die noch fehlenden Briefe werden wohl Aufklärung bringen.
... Wenn Dir nichts passiert, soll's wohl ein Wiedersehen geben. Und dann wird gefeiert. Einmal kommt ja auch für Dich der Tag, wo es Richtung Heimat geht. Kannst Du Dir vorstellen, daß Du nicht immer für alles selbst sorgen mußt? Und in einem richtigen Bett, dazu noch mit Deiner Frau, schlafen kannst? Hoffentlich lacht auch uns bald das Glück... Leider müssen wir die Küsse nochmal papieren austauschen.

12. Juli
Aber alles will ich in Ruhe hinnehmen, wenn Du nur wiederkommst. In der letzten Woche waren hier wohl 20 Todesanzeigen von Gefallenen in der Zeitung. Gestern war ein Isenburg aus Kalsbach dabei. Der war lange Jahre in Frankreich und ist vor noch nicht sehr langer Zeit mit Frau und 5 Kindern zurückgekommen, und nun hat er bei einem Banditen-Überfall in Rußland sein Leben lassen müssen.
Daß Leutnant Paul Kollenberg gefallen ist, schrieb ich ja schon, und neuerdings noch einer aus Müllenbach.
Wie mag es Dir wohl ergehen? Oft ist es mir, als ob wir uns nicht wiedersähen, aber daran will ich nicht glauben. Wenn mein Papa und Großvater auch so früh gestorben sind, so mag es mir doch wohl besser gehen. Nun mache ich Schluß mit diesem Kapitel, denn weshalb sollen wir bange vor ungelegten Eiern sein? Kopf hoch und den Mut nicht sinken lassen! Denn noch ist nicht aller Tage Abend. Hoffentlich klappt alles, und wir sehen uns in den nächsten 3 Monaten. Denkst Du denn, ich hätte daran geglaubt, wie Du vom 9.6. schriebest, innerhalb 4 Wochen wärst Du auch hier? Sehr schön wäre das gewesen, aber dran glauben konnte ich nicht. Ich wüßte auch gern nochmal, was Liebe ist, aber das Verlangen danach wird immer seltener.

13.7.42
Du hattest ja gute Tage: 14 Päckchen zusammen ist schon ein netter Haufen. Überhaupt schreibst Du sehr zufrieden. Bist Du denn nun wirklich richtiger Dolmetscher? Junge, was machst Du für Sachen! Nach allem brauche ich mich wohl auch nicht zu wundern, wenn Du Dich für die Offizierslaufbahn meldetest. Am besten versuchst Du es mal. Bis Du dann fertig bist, mag der Krieg auch wohl aus sein. Aber mach, was Du willst. In den Tod treiben will ich Dich durchaus nicht. Habe ich wirklich nicht geschrieben, daß das Verdienstkreuz angekommen ist? Ich weiß es nicht mehr. Also, sei unbesorgt, es ist gelandet.
Rauchwaren schicke ich keine mehr.
Solches Elend wie da ist, wird's wohl in Deutschland niemals geben. Hier hat jeder seine Lebensmittelkarten, und was darauf steht, bekommt er auch, und wer sich einzurichten weiß, braucht nie zu hungern.

15. Juli 1942
Uns gehts noch genau wie früher, nur Jenny ist mal wieder nicht zur Schule, weil sie Leibschmerzen hat. Morgen bekommt sie wohl Ferien und ein Zeugnis. Es kann ja eigentlich nicht schlecht ausfallen. Gestern Abend kam nach 19 Monaten der Platen Ernst in Urlaub. Von der linken Hand hat er von 3 Fingern die ersten Glieder ab. Im Allgemeinen ist er noch wie früher. Der hatte auch als Infanterist gekämpft.
Nun will ich noch schnell Deinen Brief beantworten. Ich glaube, es ist der schönste, den Du je von Rußland geschrieben hast.
... Hoffe auch auf Urlaub. Bei uns sind ja noch keine so »wichtigen Gründe« vorhanden, und ich will auch lieber noch was warten als daß erst einer sterben muß. Ich habe ja gern, daß Du mir treu bleibst, aber ich bin Dir bestimmt nicht böse, wenn Du jetzt mal entgleisest. Nur wenn der Krieg über ist, und Du wieder bei mir bist, mußt Du ganz mir gehören. Ich fordere keine Rechenschaft von dem, was Du jetzt, und besonders im Ausland, machst. Später wirst Du es mir ja erzählen, aber ich werde Dir deshalb nie wieder böse sein. Allerdings freut es mich, daß Du immer nur mir gehören willst.

19. Juli 42

Den neuesten Brief hast Du heute vor 14 Tagen geschrieben, und gestern kam der vom 28. Juni. Am 6. und 7.7. war es mir so komisch an, und das kann ich noch nicht vergessen. Hoffentlich ist Dir da nichts passiert. Walter von Griemeringhausen ist auch verwundet. Er hätte einen Splitter im Knie.
Im vorigen Monat habe ich Dir mal von einem Oberleutnant geschrieben, der meinte, es gäbe keine Urlaubssperre mehr. Das war dem Lampe aus Reppinghausen sein Schwiegersohn. Am 20. Juli mußte der nach Rußland zurück, und gestern ist schon die Nachricht gekommen, er sei gefallen. Hoffentlich ergeht es uns nicht auch so, bevor wir uns nicht wenigstens einmal wieder gesehen haben. Schonmal weiß ich von nichts, und wiederum ist es mir schwer. Wenn doch nur bald Post käme, damit ich wüßte, daß Dir an den beiden fraglichen Tagen nichts passiert ist. Gestern waren hier wieder 7 Todesanzeigen von Gefallenen in der Zeitung. Auch die vom Paul Kollenberg
...Roland war hier und brachte uns nochmal 60 Zaunpfähle. Ich habe noch mehr in Aussicht. Wenn am Donnerstag kein Heuwetter ist, fahre ich mit Jenny dahin. Dann hat Edith Geburtstag und bei der Gelegenheit frage ich mal, ob er uns nicht einen Wagen Brennholz liefern kann. Schneiden kann ich ja selbst, aber dann brauchen wir vielleicht nichts abzumachen. Die haben wohl einen großen Betrieb, aber bestimmt nicht immer so viel Geld wie wir.
Vor den Engländern haben die große Angst. Und dann muß ich immer lachen. Hoffentlich mache ich keine schlimme Erfahrung damit. Gestern Nachmittag war auch Alarm. Vorhin wurde durchgegeben, daß sie da mal wieder in Duisburg waren.
Die beiden Hilden habe ich am Freitag nochmal gründlich geärgert. Zeitweise habe ich mir eine neue Haarfrisur beigelegt, und die mögen die nicht leiden. Wenn ich nun dahin gehe, kämme ich die extra so. Die alte Hilde meinte, wenn Du mal kämest, würdest Du mir die Frisur verbieten. Ich bin gespannt, was Du sagst. Auf dem Bild, was ich Dir zu Weihnachten geschenkt habe, sind sie auch so. Vielleicht ist Dir das nicht mal aufgefallen. Mein Liebling, es ist ja eigentlich großer Quatsch, daß ich Dir sowas schreibe. Aber neues passiert nicht viel, und das Papier muß doch immer voll werden. Ich meine, die Schreiberei ist doch genau so interessant wie ein Roman.

26. Juli 1942

...
Hier aus der Gegend haben viele Soldat werden müssen. Auch der Herr Graf. Die Männer werden hier in der Heimat immer seltener. Die Engländer sind auch wohl wieder recht rege. Innerhalb 24 Stunden wurde hier viermal Fliegeralarm gegeben. Flak Schießen haben wir kaum gehört, und noch weniger Flieger. Am Tage kommt einem sowas doch recht komisch vor. Fast täglich wird gemeldet, Duisburg wäre angegriffen worden. Ich würde gerne mal Ilse besuchen, aber ich tue es nicht, nur höchstens mal mit Dir.
Es ist doch komisch, daß unsere Luftpostbriefe so lange Zeit brauchen. Ich habe schon oft gehört, daß einer in 3 Tagen hier war. Scheinbar seid Ihr recht weit vom »Schuß«.
Rauche vorerst mal Deinen Tabak. Zigaretten verwahre ich mal. Wenn es sonst sein sollte, daß Du doch noch kommst, hast Du wenigstens hier was.
Wie ist es mit Deinem Hals geworden? Ich kann gut verstehen, daß Du froh warst, wie die Ausgebombten weg waren. Was das für ne Arbeit gibt, habe ich bei den paar Kölnern gemerkt.
Ich glaube, heute Morgen habe ich die ersten männlichen Russen gesehen. Wie ich hörte, sind hier viele Zivilisten am arbeiten. Morgen müßten 500 nach Köln zum entlausen.
Ob Du wohl noch an der alten Stelle bist? Und wie sieht es mit Urlaub aus? Hoffentlich stirbst Du nicht auch den Heldentod, so haben wir doch Aussicht, selbst wenn es bis Kriegsende dauern sollte. Den Hans-Gustav Pauly kanntest Du doch auch. Die Eltern haben gestern Nachricht gekriegt, daß auch er gefallen ist. In Marienheide sind es jetzt schon viele. Fast 3 Jahre ist auch schon Krieg.

*

Ende Juli 42

Über 20.000 Gefangene sind in der letzte Woche hier eingebracht worden. Vor der Stadt zuerst ein Gef.-Lager, da liegen circa 11.000, und jeden Tag kommen neue. – Hier: alle Maschinen kaputt, Handwerkszeug fehlt überall, nichts als Hunger und Dreck.- Dolmetscher war ich tatsächlich, mir machen eben fremde Sprachen Spaß.
Die Familien sollen möglichst nicht getrennt werden. Man soll freundlich zu ihnen sein und Härten vermeiden. Aber mit Negern könnte ich bestimmt noch schneller fertig werden, und noch leichter mit ner Herde Vieh. Ich muß fragen, und dann schreiben, schreiben.

Heute vor Mittag habe ich einfach 200 Personen der Reihe nach neu aufgeschrieben, und die werden um 6 Uhr heute Abend vorgelesen und verschickt.

Gestern waren einem Russen, der für uns nen Traktor fährt, 30 Pfund Fleisch und Kartoffeln gestohlen worden. Drei Täter, sogar Einwohner, kamen in Frage. Hausdurchsuchung und Verhöre. Fleisch und Kartoffeln gefunden, und ein kleines Kind verriet die Täter, die aber von nichts wissen wollten. Also Rock und Hose runter und einen nach dem andern verwalkt. Zwei streckten sich und lagen sogar ne ganze Weile wie tot da, aber kamen wieder zu sich. Der Hauptverdächtige, wo wir ca. 20 Pfund Fleisch gefunden hatten, bekannte aber erst, als er die Pistole im Nacken hatte und verriet dann alles. So sind die Russen nun mal. Nur bei Anwendung rohester Mittel nehmen sie Vernunft an. Junge, das ist ein Geschäft hier. Jedenfalls haben die für ne lange Zeit genug gekriegt.

Dann abends spät noch ne Stunde draußen im Gras gelegen, mit Gewehr. Ich sah einen Zivilisten über die Straße huschen, und weg war er. Dabei weiß die Bande ganz genau, daß sofort scharf geschossen wird, wenn sich bei Dunkelheit einer auf der Straße oder gar im Gelände aufhält. – Morgens haben wir jetzt jedesmal 300 Zivilisten, die zum Arbeiten geschickt werden. Das ist auch jeden Tag ein Film für sich. Die Leute habe ja alle nichts mehr zu essen, und nun kommen bald Säuglinge und 80-jährige daher, obschon jeden Tag gesagt wird, das sollte nicht in Frage kommen. Ohne Stöcke und Fußtritte geht das überhaupt nicht, und alles kommt zu mir, dem Dolmetscher, und die Rindviecher glauben, mir könnten sie ihr Leid klagen zwecks Abhilfe.

Naja, ich verstehe ja viele Sprachen, jetzt auch Russisch. Aber tatsächlich wäre ich oft genug besser dran, wenn ich kein Wort verstünde. Es ist bestimmt nicht jedermanns Sache, immer und immer wider hart und rücksichtslos zu sein und zu bleiben. Aber was will ich machen: die Völker zwingen einen ja bis zur höchsten Wut. Und dann, ... na, Du kennst ja Deinen Mann. Ja, dann ist alles schön in Ordnung...

Oh Liebling, habe ich die Nase voll, und dabei keinen Schimmer von Urlaubshoffnung... Alles wird je zehnmal verändert und dann doch wieder anders gemacht. Es sind fast zwei Jahre seit dem letzten Urlaub vergangen. Und Ihr habt so viel Arbeit zuhause ohne mich, 3.000 km entfernt. Trotzdem muß ich hier lachen, daß die mich auf die Ortskommandantur holen als Dolmetscher. Und dann sitzen wir nochmal einen Winter hier, wie es aussieht. Oh Schreck, laß nach! Ist das doch ein Elend, dieser verfluchte Krieg! Und immer noch mit einem Pferdegespann, wie lange muß ich das als Landser noch mitmachen, bis dieser elende Krieg zuende ist?

*

2. August, 8 Uhr morgens
Seitdem Du geschrieben hast, Du kämest hoffentlich bis zum 10., habe ich keine rechte Ruhe mehr. Ach, würde es doch mal keine Enttäuschung. Und wenn es sein soll, werde ich auch diese ertragen. Wenn Du kommst, kann ich für 2 bis 3 Wochen nochmal das sein, was ich Dir 6 Jahre vor dem Kriege war: Frau und Geliebte. Verheiratet sein und doch keinen Mann haben ist nicht schön. Wenn man es so bedenkt, ist das ganze Privatleben doch jetzt großer Quatsch. Wärst Du bei mir gewesen, hätte ich am Freitag vielleicht nicht die Rheintour gemacht. Es war bestimmt schön, aber ich wäre glücklicher gewesen, wenn ich mit Dir in irgendeiner verlassenen Gegend am Waldesrande hätte liegen können. Früher, wie das möglich war, zog ich belebteres vor. Aber es ist und bleibt: Was man haben kann, reizt nicht.
Und jetzt mal Tatsachen. Also ich danke Dir für die gestern erhaltenen 100 Mark vom 15.7. Ich war nur ganz erstaunt, denn einen Brief, wo Du sowas ankündigst, habe ich bisher nicht erhalten. Es müssen überhaupt noch Briefe zurück sein. Aber es ist nicht so schlimm. Bis einer kommt, der nach dem 24.7. geschrieben ist, das wird wohl noch dauern.
Mein Liebling, es ist nicht auszudenken, daß Du persönlich kommst. Täglich warte ich, daß Du plötzlich auftauchst. Am Freitagmorgen habe ich in Marienheide erst aufgepaßt, ob Du nicht ausstiegest. Das ist wohl so der Hauptzug, wo die Ostfrontler mitkommen. Wenn Du kommst, und es ist nicht anders möglich, dann kannst Du doch noch von Marienheide anrufen. Wenn Du es nicht tust, sind wir auch vielleicht genau so früh zusammen.
Ich will Dir kurz unsere Reise schildern. Um 7 Uhr fuhren wir von Marienheide und waren um 9 in Köln. Da haben wir uns die Stadt angesehen. Es ist doch furchtbar, wenn man solche Zerstörungen sieht und denkt, daß da Menschen drunter waren. Bis aber alles kaputt ist, müssen noch viele solcher Angriffe kommen. Ich hatte da noch Glück und konnte zwei Paar Strümpfe kaufen und sogar an einer Stelle. Um 12 Uhr bestiegen wir dann den Dampfer und fuhren

rheinaufwärts. Es waren gut 50 km bis Unkel. Bei Godesberg gab's Fliegeralarm, und da blieb das Schiff bis zur Entwarnung liegen. Auf eigene Gefahr konnte man darauf bleiben, und das haben wir auch getan. Von Fliegern und Flak war nichts zu hören. Es dauerte aber auch nicht lange, und wir fuhren weiter. Es waren 3 schöne, vor allem gemütliche Stunden. Nur mit der Verpflegung kann es im Allgemeinen besser sein.

In Unkel wollten Pitells möglichst Obst kaufen, aber es war zu spät, sonst wären wir nicht wieder nach Hause gekommen. Zurück kamen wir über Troisdorf- Siegburg und waren um 10 Uhr in Gummersbach. Dann kam noch das Anstrengendste vom ganzen Tage, der Fußmarsch, aber wir schafften das auch. Bei Franke haben wir noch ein Glas Bier getrunken, und waren dann kurz nach 12 hier. Es war alles ganz schön, nur hatte ich nachher ganz furchtbare Kopfschmerzen. Und das ganze hat mich nur 3 Mark gekostet, weil Willi da zufällig nicht bei uns war. Ich konnte ihm nicht mal das Fahrgeld zurückzahlen. So sind eben Pitells.

Nach 22 Monaten Trennung endlich der ersehnte Fronturlaub – 3 Wochen zuhause in Stülinghausen, August 1942: v.l.: meine Mutter, mein Vater, meine Großmutter und ich.

27. August 42

Mein Liebling!
Nach 3 Wochen sitze ich nun wieder hier und schreibe an meinen Geliebten in weiter Ferne. Wo magst Du zu dieser Stunde wohl stecken? Vielleicht noch in Brest? Hoffentlich ist der Trennungsschmerz überwunden. Ich denke lieber nicht daran. Die vergangenen 3 Wochen erscheinen mir fast wie ein Märchen. Ach, fingen die Tage doch morgen erst an. Es kann jedenfalls sein wie es will, wir haben uns gesehen! Mein Liebling, es wird heute Abend nicht viel mit meiner Schreiberei. Es sind schon halb 10 Uhr abends, und ich bin müde. Außerdem haben wir noch Besuch. Heute Morgen ist Ilse mit Familie hier gelandet. Dann ist der alte Haarhaus noch hier, und wie es dann wird, weißt Du doch. Gestern und heute habe ich mich ziemlich geschont. Ich glaube, all der vermisste Schlaf und die furchtbare Hitze machen sich bemerkbar. An Arbeit haben wir bis jetzt nur das Nötigste getan. Morgen mäht uns der Rönchens Willi den Berg. Hoffentlich bleibt das Wetter schön. Wie es mit dem Hafer wird, müssen wir dann mal sehen.
Ach, ich weiß einfach nichts mehr. Es geht uns gut, und das ist wohl die Hauptsache. Es tut mir oft leid, daß wir wieder auseinander sind, aber ich werde es zu ertragen wissen. Hoffentlich geht alles gut, und wir sehen uns gesund wieder. Mit vielen Grüßen und Küssen, Deine Selma.

3. Sept. 42

Wo magst Du jetzt wohl sein? Ich habe noch kein Lebenszeichen von Dir erhalten. Und wenn alles schief geht, so habe ich Dich doch noch einmal wieder gesehen. An die Urlaubstage möchte ich lieber nicht zurückdenken. Da war man nochmal Mensch, und nun heißt es wieder sämtliche Gefühle abstellen. Ich komme mir oft vor, als wäre ich nicht richtig da. Durch unseren jetzigen Trubel habe ich auch nicht viel Zeit zum nachdenken. Und für meine Gemütsverfassung ist es gut, sonst wäre ich bestimmt oft sehr traurig. Mein Liebling, wir wollen hoffen, daß alles klappt und wir noch lange glücklich sein können. Einmal geht auch dieser Krieg zu Ende, und dann wird's wieder wie früher, und vielleicht noch schöner.
Die Saegers sind grade weg Kartoffeln hacken. Ich muß noch Fleisch holen. Hoffentlich habe ich für den nächsten Brief mehr Zeit. Aber

dieser kommt auch von Herzen. Ich Grüße und küsse Dich und bin Dein Liebling. Deine Selma.

4.9.42
Es ist Freitagabend 10 Uhr. Vor einer Woche und 2 Stunden haben wir wieder Abschied nehmen müssen. Wenn es auch schwer ist, so geht das Leben doch weiter. Viel Zeit zum Nachdenken hatte ich ja bis jetzt noch nicht. Der Besuch bringt viel Zerstreuung, und dann habe ich auch noch genug Arbeit. Vorhin mußte es eine halbe Stunde länger hell bleiben, dann wäre der Berg abgemäht.
Es ist ja eigentlich alles egal. Wenn ich nur mal wieder Post von Dir hätte. Ich möchte mal gerne wissen, wo Du steckst. Hoffentlich hast Du weiterhin Glück, und wir können nach dem Krieg noch lange zusammen glücklich sein. Wir sind doch noch so jung, und da kann noch nicht alles zu Ende sein.

6. September 1942
Heute hab ich nun den 1. Brief von Dir bekommen. Wie ich mich freue, wirst Du Dir denken können. Ob Du jetzt wohl wieder bei der Kolonne bist? Inzwischen sind doch nun 7 Tage vergangen, und da kann sich vieles ändern.
Mein Liebling, es war mir auch sehr schwer, aber geweint habe ich kaum noch. Es ging alles viel besser wie ich selbst dachte. Zuerst war es mir sehr komisch, aber am anderen Tage habe ich viel hier rum gelegen. Ich glaube, da waren meine körperlichen Umstände schuld. Da machte sich der wenige Schlaf und die Hitze bemerkbar. Dann wollten wir uns einen ruhigen Sonntag antun. Und da kamen Ilse und Familie. Wir wollten mittags nicht viel kochen, und so gab's dann sofort eine Menge Arbeit. Und ich hatte keine Ruhe mehr zum nachdenken.

10. Sept. 42
Ach, wäre es einen Monat früher. Da waren wir zwei glücklich. Aber alles geht vorüber, und es ist kaum zu glauben, daß Du schon fast 2 Wochen wieder weg bist. Mein Liebling, war das eine schöne Zeit, und wann kommt sie wieder? Hoffentlich kommt bald mal Post von Dir, und ich habe Gewissheit, daß Du angekommen bist.

16. Sept. 42

Heute kann ich den Empfang des 1. Briefes von Deinem Bestimmungsort bestätigen. Es ist der vom 6. und war also in 10 Tagen hier. Scheinbar ist es aber nicht der erste, den Du von dort schreibst. Grade ist Fliegeralarm und das schon um halb 9 Uhr. Da kann man annehmen, daß Berlin ein Besuch bevorsteht.
Mir ist es jetzt jedenfalls viel leichter ums Herz, nachdem ich weiß, daß Du wieder bei Deiner Einheit gelandet bist. Gestern war ich im Kino, aber ich konnte mich nicht freuen, sondern mußte immer daran denken, wo Du wohl rum warst. Es kann ja alles sein wie es will, schön war der Urlaub doch. Jeder hat sich nochmal überzeugen können, wie der andere aussieht. Na, und daß es bis zum nächsten 30 Monate werden, wollen wir mal abwarten. Bis dahin kann sich vieles ändern.
Hier ist alles wieder wie vor dem Urlaub. Hoffentlich bist Du mir nicht böse, daß ich nicht immer traurig bin. Schonmal überkommt mich auch Wehmut, aber es hilft doch alles nichts. Im übrigen haben wir ja auch genug Arbeit, und da gibt's vonselbst Vergessen. Hoffentlich gibt's noch wieder etwas schönes Wetter, damit wir den Grumet noch vollends kriegen. Heute haben wir ihn mal und haben dabei tüchtig gefroren. Zum Zusammenmachen war es noch zu nass. Am Montag habe ich Hellers den Hafer gedroschen. Es klappte alles, nur der große Riemen riss wieder zweimal. Aber fest werden tue ich so schnell nicht. Mit Klammern war der Schaden schnell geheilt. Gestern wollte ich eigentlich zum Holte, aber daraus ist Gummersbach und Kino geworden. Ab Freitag läuft der schöne Film, wo Du Dich wenigstens so drüber gefreut hast: »Quax, der Bruchpilot«. Wenn ich Zeit habe, gehe ich nochmal hin. Sonst läuft das Leben hier in seinen ruhigen Bahnen weiter.

...

Wenn Dich dieser Brief erreicht, bist Du bestimmt wieder richtig eingelebt. Ja, ich verstehe gut, daß Du in Gedanken oft hier bei uns dreien und zu Hause weilst. Jetzt weißt Du wenigstens mal wieder, wie es bei uns aussieht. Ich hätte Dich am liebsten auch hierbehalten, aber es geht nun einmal nicht, und wir müssen hart sein bis zum Siege. Soviel ich mir denken kann, warst Du am 4. wieder bei der Kolonne. Das hat ja noch einigermaßen geklappt. Mein Liebling, wenn der Abschied auch schwer war, so wollen wir uns doch freuen, daß wir uns überhaupt mal wiedergesehen haben. Wenn jetzt im Monat auch

nur 3 Kameraden fahren, so wird es doch auch mal wieder anders. Einmal verblutet sich der Russe doch bestimmt.
Es freut mich, daß Du noch einige Päckchen von mir bekommen hast. So hattest Du wenigstens noch einen schöneren Anfang. Ich freue mich, daß Du mich der Schokolade noch vorziehst, was ich allerdings auch erwartete. Ich weine nicht viel, aber trotzdem würde ich mich gerne von Dir in die Arme nehmen lassen und küssen. Wenn man an sowas denkt, dann ist das jetzige Leben doch Kappes. Aber wir sind noch jung, und wenn wir alles gesund überstehen, ist alles schnell vergessen. Oder kam Dir der Urlaub vor, als ob Du mein Gast wärest? Mir war es, als wären wir nie auseinander gewesen.

20. Sept. 1942
Grumet gewendet und auf Haufen gemacht. Trockenwetter war ja nicht, aber etwas muß man schon tun. Am Freitag war es nicht besser, und da bin ich nachmittags zum Holte gefahren. Ich hatte das Rad mit und habe 32 Pfund Birnen für 3,50 Mark mitgebracht. Aber die Kuh habe ich nicht gekauft. Da kann ein anderer mit selig werden. Die ist doch schon verschiedene Monate melk, aber 2 Striche kann man noch nicht packen. Mit Hans war auch kein gutes Umgehen, und ich habe vor, so schnell noch nicht wieder hin zu gehen. Muß mal sehen.
....
Mein lieber Alex, wenn es Dir lieber ist, so will ich Dir noch zur Beruhigung versprechen, nicht wieder zu küssen noch mich küssen zu lassen. Es war ja immer sehr schön, aber es geht auch so. Ich möchte, daß Du mir ganz gehörst, und dafür kann ich mich Dir auch ganz zu eigen geben. Also lieben wir zwei uns nur noch gegenseitig und damit Schluß.

26. Sept. 42
Seitdem Du hier gewesen bist, schreibst Du viel, viel lieber. Mir wird es ja nicht zu viel, aber ich freue mich riesig darüber. Ich glaube, soviel liebes kriege ich nicht mehr zusammen. Wenn ich an die Urlaubstage zurückdenke, erscheinen sie mir als ein Märchen, und dabei waren es gestern schon 4 Wochen, seit wir auseinander mußten. Jetzt denke ich schon immer, wie lange es bis zum nächsten Urlaub dauern wird. Dann meine ich immer, es könnte nicht möglich sein,

daß es nochmal 22 Monate werden könnten. Dann erscheint mir einfach alles trostlos.
Aber wir wollen den Kopf nicht hängen lassen und den Mut nicht verlieren, denn wir können nicht in die Zukunft sehen. Wenn Dir nur nichts passiert, dann wird alles wieder gut, und auf die Zeit freue ich mich jetzt schon. Ich glaube, zum lieben wird man nie zu alt. In unserem jetzigen Alter wissen bestimmt viele noch nicht, was wahre Liebe ist. Dafür wäre ich auch jetzt manchmal zu müde. Wir haben nämlich heute die ersten Kartoffeln gehackt. Dann können wir uns morgen, am Sonntag, nochmal was ausruhen. Wenn es immer so klappt, mache ich mich nicht bange. Die meisten Erdgold haben wir aus. Wenn wir nicht mehr kriegten, 4 Zentner, wie ein Normalverbraucher, hätten wir jetzt schon für 2 Personen im Keller.
Heute Morgen haben wir zweieinhalb Stunden gehackt. Nach Mittag haben wir die Kühe auf die Weide getan und den Ochsen mit der Karre mitgenommen. Ebenso Brecheisen und Leine. Da haben wir dann den Ochsen drangebunden zum weiden. Der tat, als ob es so sein müßte. Erst fraß er, und dann legte er sich hin, und so können wir dann gleich alles mit nach Hause nehmen. In den nächsten Tagen machen wir es genau so. Dann hat man wenigstens keine unnötige Lauferei.

27.9.42

Mein lieber Alex! Ich habe vorhin zu Jenny gesagt, sie solle Dir schonmal einen Brief schreiben. Ich will darauf sehen, daß sie das jetzt jeden Sonntag tut. Sie sagt gerade, Du möchtest aber schön schreiben, wenn Du ihr schriebest, sonst könnte sie es nicht lesen.
Ich habe gestern Abend geschrieben, und deshalb gibt's keinen besonderen Sonntagsbrief. Ich war an der Post, habe aber nichts erhalten. Jeden Tag kann es ja auch nicht sein. Uns geht's noch gut, was ich auch von Dir erhoffe.
Gerade meldet das Oberkommando der Wehrmacht wieder schwere Kämpfe bei Rschew. Hoffentlich fällt Stalingrad bald, so daß mal wieder ein anderer Wind weht. Wenn ich mir auch Sorgen um Dich mache, so hat doch alles keinen Zweck. Man muß eben nicht sehen und doch glauben. Einmal hat der Krieg ja doch ein Ende, und ich hoffe, daß Du dann noch lebst und zu mir zurückkommst. Nun Schluß. Mit vielen Grüßen und Küssen
Deine Selma

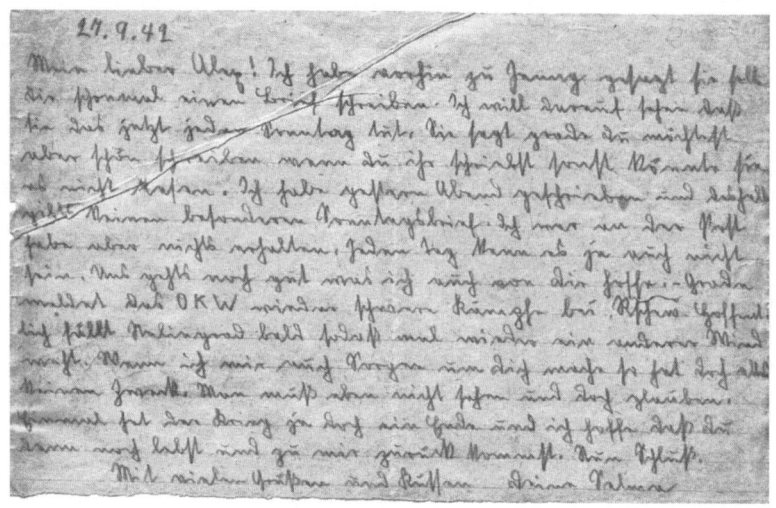
Brief von meiner Mutter im September 1942

Heute ist, der 27.9.42
Lieber Papa!
Heute war Sonntag. Jetzt ist es Abend. Mama ist am Essen kochen. Oma ist am melken. Tante Olga, Onkel Fritz und Karl-Friedrich waren noch eben hier. Ich bin den ganzen Tag drinnen gewesen. Morgen müssen wir wieder ins Kartoffelfeld. Ich muß auch schon auflesen. Wir haben 3 Wochen Ferien. Mama hat Pflaumenkuchen gebacken, der schmeckt gut. Ich treibe die Kühe schon auf die Weide. So kann ich schon immer helfen arbeiten.
Viele Grüße sendet Dir Dein Tochter Jenny

28. Sept. 42, halb 8 Uhr
Mein Liebling!
Montagmorgen, es ist noch so früh, und weil es regnet, habe ich etwas Zeit und nutze sie, um noch etwas zu schreiben. Wir wollten wieder an die Kartoffeln, aber wenn es so bleibt, wird's wohl nichts geben. Schade. Na, da tue ich eben jetzt, was ich heute Abend vorhatte. Gleich hole ich Zucker und Mehl, und dann backe ich für Dich. Mein Liebling, heute ist nun schon ein Monat voll seit unserem Abschied. Ich wollte jetzt, es wären schon 10, dann hätte man eher Hoffnung auf ein Wiedersehen. Aber was nicht ist, kann noch

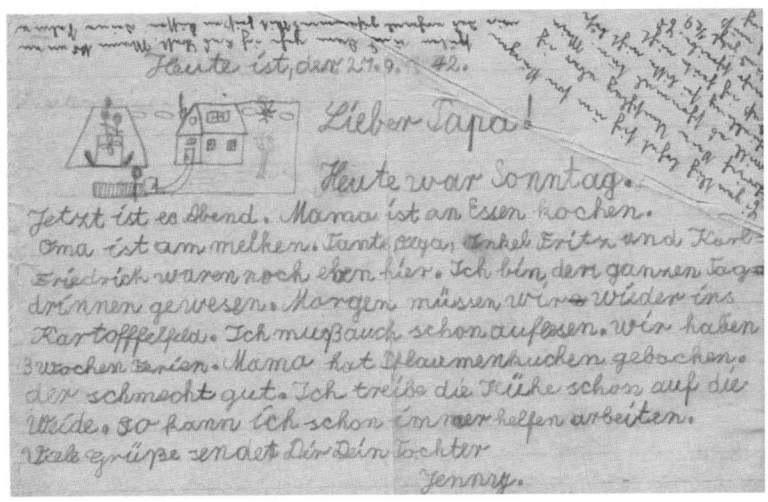

Ein Brief meiner Mutter vom 27.9.42, in dem auch ich einige Zeilen an meinen Vater geschrieben habe.

werden. Wenn Dir nur nichts passiert. Ich weiß nicht, seitdem Du hier gewesen bist, habe ich oft viel schwerere Gedanken. Aber ich sage mir ja selbst, daß alles keinen Zweck hat. Ich weiß ja auch, daß Du vorsichtig bist, aber es kann doch mal was vorkommen. Besser ist, man denkt nicht über sowas nach und lebt einfach in den Tag hinein. Ich glaube, dabei kommt man am weitesten.
Gestern Abend, bevor ich ins Bett ging, habe ich mir Deinen Brief vom 14. nochmal durchgelesen. Da schilderst Du so richtig, was Krieg ist. Da weiß ich auch, in welcher Gefahr Du oft bist. Aber schreibe mir ruhig weiter alles, so weiß ich doch, was los ist. Deine Briefe sind jetzt überhaupt so liebevoll. Ich glaube, die richtige Liebe hat Dir gut getan. Es war auch alles sehr schön, nur die Arbeit durfte nicht dabei sein. Liebling, es kommt mir jetzt oft vor, als wären die damaligen Tage ein Märchen gewesen. Ich kann mich ja oft selbst nicht begreifen, daß ich alles in solcher Ruhe ertragen habe.
Sei bitte nicht böse um das, was ich jetzt schreibe. Aber ich glaube, meine Freundschaft mit dem Albert hat viel dazu beigetragen. Mit dem konnte ich mich fast so gut unterhalten wie mit Dir, und ich wußte, daß er mich gern hatte. Aber wir waren doch beide verheiratet, und dazu ich noch sehr glücklich, so daß es für uns doch niemals Aussichten gab. Fast 10 Monate sind es her, seit ich ihn zuletzt gesehen habe. Wir haben uns damals versprochen, möglichst für die

Dauer des Krieges im Briefwechsel zu bleiben. Du hast ja verschiedene Briefe gelesen, und ich glaube, diese kleine Freude gönnst Du mir auch. Nun aber Schluß davon. Ich muß jetzt einkaufen gehen. Schreib so oft es geht und denke immer an Deinen Liebling, der sich so nach Dir sehnt.

2. Okt. 42

Ich will Dir kurz nochmal schreiben. Eigentlich wollten wir jetzt nach Kotthausen sein. Onkel Wilhelm ist vergangene Nacht gestorben, und am Tage war die Zeit zu kostbar. Jetzt ist aber Fliegeralarm, und da möchten wir Jenny nicht allein lassen. Einesteils ist es mir so ganz recht. Ich bin ziemlich müde und möchte gerne schlafen.
Nun kann ich Dir die erfreuliche Mitteilung machen, daß wir die Kartoffeln aus haben. Wir haben viel schwitzen müssen, aber wir sind fertig. Olga hat uns 3 Nachmittage, Alma Schmitz und Erna Kusserow 2 Tage und heute Emmi Kronenberg und ab 4 Uhr der Günther Plate geholfen. Gegen 6 Uhr waren wir fertig. Nun sind wir eine gute Arbeit los. Daß es so schnell ging, hätte ich nicht gedacht. Und der Ertrag war glänzend. Für uns haben wir genug im Keller, und die Marienheider habe ich gestern und heute geliefert, 20 Ztr. (Für damals 4 Personen normal!). 40 liegen auch wohl noch in der Scheune. 20 kriegen Schmitz. Am Sonntag will ich nach Gogarten fahren, und wenn Tante Martha noch keine hat, kriegt sie auch welche. Und den Rest sollen wir wohl noch so loswerden. Jedenfalls hat man bei solchem Ertrag auch Freude an der Arbeit. Morgen wollen wir dann abeggen und das Kraut wegfahren. Dann kriegen wir das Korn schnell dran. Es ist mir ja selbst komisch, daß wir schon fertig sind, und besonders, wo es feinstes Heuwetter ist. Nächste Woche werde ich dann wohl auch zum Kühehüten kommen.
Übrigens, mein Liebling, habe ich heute vor 10 Jahren zum erstenmal von Dir gehört. Daran kann man sehen, daß wir älter werden. Schade. Oder meinst Du nicht?

5. Oktober 1942

Am Samstag erst geschrubbt, nach dem Essen wieder zum Rodt gegangen, das Kartoffelstück rein machen. Erst haben wir 5 Karren Kraut weggefahren. Und dann habe ich noch zusammengeschleppt. Mama und Jenny haben dabei noch fast 100 Pfund Kartoffeln aufgesucht.

Dann mußte ich dem Hellers August noch 2 Karren voll Kartoffeln nach Hause fahren, kurz vor 8 war ich damit fertig. Da habe ich noch die restlichen Zwetschen hinter der Scheune gepflückt. Etwa 20 Pfund haben wir auf dem Baum geerntet und ich habe noch nicht bereut, daß ich ihn vor 2 Jahren beschnitten habe. So kann ich doch wenigstens alles ernten. Nachdem ich dann einen Kuchen gebacken hatte, sind wir schlafen gegangen, und gestern Morgen brasselten wir erneut los. Mama steht jetzt immer sehr früh auf, und ich wundere mich immer, wie sie alles aushält. Mich lassen meine Arme vollkommen im Stich. Sogar augenblicklich schlafen meine Finger. Melken kann ich am schlechtesten aushalten, aber das tut auch Mama jetzt fast immer.

Also gestern Morgen haben wir zuerst 20 Ztr. Kartoffeln abgewogen, und dann habe ich sie nach Schmitz gebracht. Kurz nach 9 Uhr war ich fertig. Habe mich dann angezogen und bin nach Gogarten gefahren. Die bekommen vielleicht die Kartoffeln anderswo. Wir können noch 25 Ztr. verkaufen. Na, ich hatte nicht lange Zeit, denn um 1Uhr wollte Mama gehen. Onkel Wilhelm (Kotthausen) wurde beerdigt. Wie sie dann weg war, habe ich gegessen und bei einer herrlichen Rede Görings habe ich meine Küchenarbeit getan. Um 2 Uhr war die dann zu Ende und ich soweit fertig.

Dann bin ich mit Jenny gegangen Zwetschen pflücken. Bis 4 Uhr hatten wir 50 Pfund. Nach dem Kaffee habe ich dann entsteint und eingekocht. Ich wollte nur 5 Gläser fertig machen, aber da kam Pauline und mit meiner Schreiberei gab es nichts, da habe ich weiter gearbeitet. So ist dann ein Nachmittag schnell um. Und ich hätte so schön mit Dir allein sein können. Nachdem Du weg bist, war es der 2. Sonntag, wo wir allein waren. Kannst Du es verstehen, daß wir uns danach sehnen? Es ist doch der einzige Tag der Woche, wo wir uns Ruhe gönnen können, und das möchten wir auch ausnutzen. Dazu scheint jetzt die Sonne vom wolkenlosen Himmel. So richtig geschaffen für zwei, die sich lieben und zusammen sein können. Wer weiß, wann uns das Glück nochmal blüht. Vor 2 Jahren kamst Du jetzt bald, aber jetzt müssen wir wohl noch lange, lange warten. Aber ich will alles geduldig ertragen, wenn Du nur gesund bleibst.

Seit voriger Woche, vom 16. September, habe ich noch keine Post wieder erhalten. Gestern habe ich noch gefragt, aber es war noch nichts da. Gestern Abend war ich auch nach Kotthausen und habe Mama wiedergeholt. Dann wollte ich noch schreiben, aber es war schon halb 11, und da sind wir ins Bett gegangen. Ich hätte es gerne noch getan, aber ich war zu müde.

Am Berg, 6. Oktober 1942

Zum ersten Mal in diesem Jahr bin ich am Kühe hüten, und bald schon ist es Abend. Bis jetzt habe ich gelesen. Nun ist der Roman aus. Ich bin in der glücklichen Lage, Dir heute den Empfang zweier Brief bestätigen zu können. Sie waren vom 18. 8. und 20.9. Zehn Tage habe ich vergebens warten müssen. Aber es ist alles nicht schlimm, wenn Du nur am Leben bleibst. Von hier kann ich Dir alles Gute berichten.
Gestern Morgen haben wir das Korn dran gekriegt, und nun haben wir Zeit für andere Arbeiten. Diese ist hauptsächlich Zwetschenverarbeitung. Leider ist der Zucker sehr knapp, und die Einkochgläser sind alle voll.
Die Ernte ist ziemlich reich ausgefallen. Ich staune oft selbst über meinen Mut beim Pflücken. Aber ganz in die Spitze komme ich nicht, dafür ist die Leiter nicht lang genug.
Weiter bin ich nicht gekommen. Da wollten die Tiere unbedingt nach Hause. Jetzt sind es halb 9. Mama und Jenny sind schon schlafen gegangen. Wenn ich mit schreiben fertig bin, gehe ich auch. Wann kannst Du mal wieder mit von der Partie sein? Du bist doch immer gerne bei mir gewesen und wärst es bestimmt jetzt.
Ob Eure Formation wohl den 2. Winter in derselben Gegend verleben muß? Dann hoffe ich, daß Du noch einmal gut davon kommst. Sonst kann ich doch nichts dran machen. Bald bekomme ich doch sicher auch wieder Geld von Dir. Heute habe ich Unterstützung geholt, und soviel dabei gelegt, daß 300 RM voll wurden und die dann in die Sparkasse getan. Nun habe ich auch schon 525 Mark. Bis 1000 ist es ja noch weit, aber die werden erst voll gemacht, bevor andere was kriegen. Jedenfalls ist es für später ein schönes Kapital, egal, was wir machen.
Hast Du auch schon Pläne für die Zukunft? Ich möchte ja ganz gerne Bauer bleiben, aber ich fürchte, meine Arme halten das schwere Arbeiten nicht aus. Sogar vieles schreiben strengt mich an. Aber es ist alles egal, und wir können den Winterschlaf bald beginnen. Ach, mein Liebling, dann müßtest Du wieder bei mir sein. Dann hätten wir auch was davon.

*Der Wirths Emil fragte mich gestern, ob Du mir nichts hiergelassen hättest, und da habe ich gesagt, es würde sich schon rausstellen. Ich werde doch sicher von vielen heimlich beobachtet. Die Freude sollen sie nicht haben. Dafür wird es auch wohl noch eine günstigere Zeit geben. Und wenn nicht, komme ich mit Jenny allein besser durch die Welt. Was es heißt, ohne Vater groß geworden zu sein, weiß ich an mir selbst.
Aber Du mußt wiederkommen und mich noch lange glücklich machen. Ich kann es mir kaum vorstellen, wenn der Krieg aus ist, und Du kannst immer bei mir bleiben, ungezählte Tage, Wochen, Monate und Jahre. Liebling, muß das schön sein. Kaum auszudenken. Und doch waren uns 6 solcher Jahre vergönnt. Eigentlich ist es ja besser, man denkt nicht an solche Zeiten zurück, sonst wird die Sehnsucht immer größer. Es ist ja auch nicht viel, wenn man sich in zweieinhalb Jahren zweimal gesehen hat. Hoffentlich dauert es bis zum nächsten Urlaub nicht nochmal so lange. Ich kann es fast nicht mehr begreifen, daß wir uns 22 Monate nicht gesehen hatten. Aber auf jeden Dezember folgt wieder ein Mai. Auch für uns.
Unser Kind wird groß, ohne daß Du es merkst. So haben wir später gleich das Kindermädchen fertig. Aber das Problem hat wirklich noch Zeit.*

*

11.10.1942
Ein Gefangener heute, der mit 7 andern durch die Hauptkampflinie gekommen ist. In Wäldern haben die sich rumgetrieben, bis der Hunger ihn zu uns zwang. Die Dörfer wären ja alle kaputt gewesen. Er ist 17 Jahre alt. Auch von anderen Gefangenen hörte er, daß es auf der anderen Seite nicht mehr gut sei. Es seien keine Soldaten mehr da und kaum etwas zu essen. Es würde sehr viel davon gesprochen, daß sie alle überlaufen wollten. Nur wären so viele Kommunisten da, und die schössen sofort auf jeden Verdächtigen.
Wir arbeiten hier im Akkord, Holzabmachen und Bunkerbau, auch Ställe für unsere Pferde. Unser Bunker ist vier mal vier Meter, mit zweistöckigen Pritschen, Höhe: in einer Hälfte des Bunkers kann man stehen, Platz für sechs Mann, in Schlaf- und Wohnhälfte aufgeteilt. An einer Wand hängen sechs Mäntel und Tuchröcke, an der anderen ein aus Ziegel und Lehm gebauter Ofen. Vor dem »Fenster« ein Tisch, 160 mal 90 cm, an jeder Seite eine Bank. Darüber ein Brett mit 6 Stahlhelmen, Gasmasken, Gewehre und Koppeln. (Soldatengürtel)

Der ganze Aufenthaltsraum ist nur zwei mal vier Meter, und jetzt kannst Du Dir ausrechnen, wieviel Platz dann für 6 Mann zum Bewegen ist. Wir wohnen ja soweit ganz nett und vor allem schön warm. Aber was ist das alles gegen zuhause? Oh Junge, ist das Soldatenleben hier in Rußland doch be...scheiden.
Daß mir etwas passiert, will ich nicht hoffen. Wir sind ja noch so jung... und wir sind oft in Gefahr... und so erbärmlich klein und ohnmächtig dem Grausamen gegenüber.
Eben gibt es Marketenderware: 100 Zigaretten, Rasierklingen und Briefpapier. Mir wäre Eßbares viel lieber.

*

Stülinghausen, den 11. Okt. 1942
Ich bin grade ziemlich aufgeregt. Ich kann nämlich meine Raucherkarte nicht finden. Wo sie ist, ich weiß es nicht. Ich hatte sie mit der von Olga zusammen, und die habe ich noch. Der Haarhaus Karl ist noch hier, aber wenn der weg ist, suche ich weiter. Mama und Jenny sind schon lange im Bett. Mama hat mal wieder Kopfschmerzen. Und dazu hatten wir noch Besuch, der Karl von Lüdenscheid mit seiner Frau. Ich sollte Dir, mit 25 Zigaretten, viele Grüße bestellen. Nun bin ich wieder allein und suche weiter.
...
Also, die ganze Aufregung war umsonst, ich habe sie wieder. Ich zog die Schublade raus, und da flog sie auf den Fußboden. Wenn ich sie nicht wiedergefunden hätte, hätte ich mich doch sehr geärgert. Aber so ist's besser. Nun kann ich auch wenigstens in Ruhe schreiben. Gerade ist es halb 10 Uhr. Was machst Du wohl jetzt? Ich wollte, ich wüßte, daß Du noch lebst. In letzter Zeit mache ich mir viele Sorgen um Dich. Eigentlich könnte auch bald nochmal ein Brief kommen. Hoffentlich ist der dann nach dem 27.9. geschrieben. Das sind doch heute schon 14 Tage. Aber oft wird man auf eine harte Probe gestellt. Heute war ich auch zur Post, habe aber nichts bekommen. Ich habe einen Brief und drei Päckchen aufgegeben. Und dann habe ich noch ein 2-Pfund-P. fertig gemacht. Und dieses wird Dich durch den Haasen Artur über Frankreich erreichen. Der fuhr heute Abend wieder. Wenn ich noch mehr solche Gelegenheit habe, nutze ich sie aus. Soviel ich eben kann, schicke ich in nächster Zeit 100 gr.-P. So hast Du dann die Sperrzeit über hoffentlich auch was. Du weißt ja auch, daß dein Liebling alles mögliche für Dich tut.

Heute bin ich seit langer Zeit nochmal allein aufgestanden. Aber frag nicht, wie das Melken ging. Meine Arme sind einfach zu schwach. Aber was soll ich machen. Wenn wir keine Bauerei hätten, würde ich mich als Nachrichtenhelferin bei der Luftwaffe melden. So geht es ja nicht. Ich hätte wohl große Lust dazu, und dann müßte ich mit in den Osten in Deine Nähe kommen.

...

Jenny ist auch heute wieder nicht zum schreiben gekommen. Am Donnerstag muß sie wieder zur Schule, und dann ist alles anders. Ich will auch sehen, daß ich ins Bett komme. Morgen haben wir wieder große Wäsche. .. Arbeit haben wir immer. Das Kühe hüten nimmt auch sehr viel Zeit in Anspruch. Vielleicht muß ich auch morgen bei Haarhaus an den Kartoffeln helfen. Die haben noch nicht angefangen. Damit haben wir doch wirklich Glück gehabt. Ich wollte, der Ertrag wäre immer so.

Gestern Abend habe ich noch Eierlikör gemacht. Von dem Zeug möchte ich mich mal satt trinken, wenn Du bei mir wärest. Liebling, ob das schön wäre?

29. Okt. 42

...

Kurz nach 6 sind wir gestern aufgestanden, dann habe ich mich fertig gemacht und bin um 7 Uhr nach Gummersbach gefahren. Ich habe das Radio geholt. Um halb 9 war ich dann schon wieder auf dem Rodt. Ich weiß wirklich nicht, was dem Kasten fehlte, aber er läuft wieder, und das ist schließlich die Hauptsache. So hat man wenigstens wieder Unterhaltung. Bis Mittag haben wir dann dem Hellers August das Korn drangetan. Nach dem Essen sind wir nach Gervershagen gegangen, Preisselbeeren suchen. Dabei habe ich immer denken müssen, das wäre ein Fall für uns zwei. Da könnten wir schnell was suchen und hätten dann noch Zeit zum poussieren. Na, vielleicht später mal. Wir hatten dann noch schnell was und gingen um 5 Uhr nach Hause. Da haben wir schnell Kaffee getrunken und sind noch eine Stunde in die Kohlraben gegangen. Und dann war's dunkel. Wie wir da hier soweit fertig waren, sind wir ins Bett gegangen. Ich schlafe auch ganz gut, und Mama weckte mich, es wäre höchste Zeit zum Aufstehen. Ich habe sofort die Milch weggebracht, und dann sah ich mal, wie spät es war, und da habe ich mit Bedauern festgestellt, daß es erst viertel vor 6 waren. Ich bin aber nicht wieder ins Bett gegangen, sondern habe gearbeitet.

Ich wollte wegen Schuhen für Mama zum Bezugscheinamt, und da ist immer starker Andrang. Ich war um 8 Uhr da, und da waren schon 9 Mann vor mir. Aber nach nur einer halben Stunde war ich wieder draußen.
Ich hatte Frühkartoffeln halb 10 war ich damit hier. Dann habe ich noch 3 Stunden Kühe gehütet. Heute Nachmittag wollten wir die Kohlraben aus haben. Die waren aber doch ganz gut geraten. Hoffentlich hält sich das Wetter und wir, so daß wir morgen alles nach Hause fahren können.
Vielleicht fahre ich auch noch mal nach dem Holte und sehe, daß ich was Mehl kriege. Du, die Päckchenmarken halte ich für mich, da weiß ich auch, was rein kommt. Gerade jetzt wird es mir ja etwas schwer, besonders wegen dem Zucker, aber erst kommst Du und dann das andere. Bis zum 30.11 kann ich ja noch schicken, und bis dahin habe ich neue Karten. Bis Weihnachten kann ich ja dann noch für uns sparen. Was eben möglich ist, wird für Dich getan. Wenn keine Marken mehr dazu kommen, kann ich jede Woche ein Päckchen schicken, und das läßt sich auch gut machen.
Ich glaube, wenn Du mal im Winter Urlaub kriegst, vermisse ich Dich hinterher viel mehr wie neulich bei der furchtbaren Hitze. Da war ich überhaupt viel zu müde, um noch für irgendetwas zugänglich zu sein. Hoffentlich ist's beim nächsten Mal besser. Wenn alles klappt, fällt der Urlaub mal in eine arbeitsärmere Zeit. Zwei Monate und ein Tag sind wir nun wieder auseinander. Wie doch die Zeit vergeht. So geht ja auch alles vorüber, auch dieser Krieg.

*

1.11.1942
Ob es besser ist oder schlechter, wird die nächste Zeit ja wohl zeigen. Jedenfalls halte ich nicht mehr viel Gutes von dieser Sache. Ja, Du wirst Dich wohl wundern, mein Liebling, daß ich so komisch anfange. Mir wurde es gestern Morgen auch komisch und jetzt habe ich mich damit abgefunden. Also, damit Du weißt, was eigentlich los ist, ich bin mal wieder auf Kommando. Aber dieses ist nicht so angenehm wie im Sommer, wo ich Dolmetscher war. Gestern Morgen um acht Uhr kriegte ich den Befehl, sofort meine Sachen zu packen, und um halb 10 ging's zu 7 Mann, ein Offizier, ab, ziemlich dicht vor Rshew. Wir sollen hier einen Ski-Lehrgang mit sonstiger Ausbildung mitmachen.

Ein Brief meines Vaters, der mit dem Stempel »geprüft« versehen wurde.

Neue Bestimmung zur »Skikompagnie«. Freiwillig meldeten sich dafür nur wenige Soldaten in Russland.

Da lerne ich nun noch auf den alten Tag das Ski-Laufen. Das Ganze wäre ja wohl nun ganz nett, wenn nur nicht noch vieles andere Neue dazu käme. Jedenfalls glauben wir alle, daß das Ganze nichts Gutes für uns bedeutet. Am Schluß folgt nachher dann bestimmt noch Versetzung, und dann bleiben wir nicht mehr so schön in Sicherheit wie es bei der Kolonne war. Aber warum schwere Gedanken machen, hat ja gar keinen Zweck. Es müssen ja so viele in den sauren Apfel beißen, und wenn's nun schief geht, dann habe ich auch mein Leben oder Gesundheit für Großdeutschland hingegeben. Ist nun mal Krieg, und da ist einfach nichts unmöglich. Aber mein Liebling, sei nicht bange, so wie es heißt, soll das Ganze nur 14 Tage dauern und eine Sicherheitsmaßnahme für die rückwärtigen Bereiche sein, daß nicht wie im vorigen Jahr plötzlich für einen eventuellen Durchbruch die Gegend ohne ausreichenden Schutz ist. Im übrigen geht es mir bis auf die Läuse aber recht gut. Sogar anstatt des schweren Karabiners trage ich jetzt eine Pistole, auch ganz nett....

*

4. November 1942
Ich habe vorhin noch einen Kuchen für Dich gebacken, und so gibt's morgen wieder ein großes Päckchen. Heute sind nochmal 3 kleine abgegangen. Zuerst will ich Dir nochmal für die gestern und heute erhaltenen Briefe danken. Gestern kam der vom 27. und heute der Luftpostbrief. Na, der hat sich nochmal Zeit genommen, aber gefreut habe ich mich trotzdem.
Mama ist wieder ziemlich hinfällig. Am Tage, wenn sie dauernd arbeitet, hört man nichts, aber abends ist es so viel schlimmer. Wenn ich daran denke, daß eine Zeit kommt, wo sie nicht mehr arbeiten kann, wird mir jetzt schon bald alles leid. Hoffentlich ist bis dahin der Krieg wenigstens zu Ende. An Arbeit mangelt es mir auch so nicht.
Gestern Morgen war ich in die Mühle. Ich habe mir einen Sack Hafer und Gerste aufs Rad gestellt und bin dahin geschoben, und wie er gewogen wurde, waren es 145 Pfund. Ich habe aber auch feste schieben müssen. Auf das Mahlen brauchte ich nicht lange zu warten, und habe auch noch 5 Pfund Hafermehl mitgebracht. Natürlich gegen Hafer. Wieviel weiß ich nicht. Bei der Gelegenheit habe ich mir auch 35 Pfund Saatweizen bestellt. Und jetzt riskiere ich es auch ohne Kalk. Wenns nichts gibt, ist's doch immer nur weggeworfenes Geld. Ich habe mich dann auch gleich ans Pflügen gegeben. Nach Mittag wollte

ich auch wieder dran, aber es regnete. Jetzt, bei der »alten« Zeit ist es doch schon sehr früh dunkel. Heute habe ich dann den Rest und die Hellers Haferstoppeln genommen.
Nach Mittag hatte ich es allerdings besser. Um 3 Uhr war Amtswalterinnentagung, und da mußte ich hin, und wie ich zurückkam, war es dunkel. Da habe ich noch Kaffee getrunken und mich ans Backen gegeben. So kriege ich dann wieder ein Päckchen zusammen. Für 25 Tage habe ich nun noch 7 Marken. Aber größere wie 2 Pfund halte ich nicht für richtig und schicke sie deshalb auch nicht. ...
Ich freue mich immer wieder, wenn es Dir gut geht und Du satt zu essen hast. Die da angekündigten 6 Päckchenmarken sind alle wohlbehalten gelandet, und ich will versuchen, sie gut zu verwerten. Über die Vorschriften bin ich orientiert. Ich wünschte auch, Du könntest nochmal Weihnachten bei uns verleben, aber daran wollen wir nicht denken. Mit den Päckchen kann es auch nicht immer so bleiben, sonst können wir demnächst nur noch Kartoffeln essen. Die selbst keine Bauerei haben, können wirklich nicht soviel schicken. Wenn eben möglich, schicke ich mal eine Kerze mit. So wie in den vorigen Jahren geht es eben nicht.
Hoffentlich gibt das mit der Infanterie noch nicht so schnell was, damit Dich wenigstens die Päckchen alle erreichen. Daß ich mir sonst Sorgen mache, hat ja doch keinen Zweck. Dadurch läßt sich nichts aufhalten. Bist Du denn jetzt Gruppenführer?
Mit meinen Armen geht es viel besser. Ich war nicht zum Arzt. Ich glaube nicht, daß es dafür was anderes als Schonung gibt.
Ja, Du möchtest gerne Speck und solche Sachen haben. Etwas vom Rollschinken habe ich noch, und das schicke ich mit, aber das bißchen Speck müssen wir halten. Und mit eingekochter Wurst ist es zu gefährlich. Viel haben wir ja auch nicht mehr, und die soll auch nicht verderben. Über Deine Briefe freue ich mich immer, und wenn sie noch so lang sind, so habe ich sie noch viel zu schnell durch. Mach ruhig weiter so.

6. November 1942

...
Gestern Abend habe ich dann noch den größten Teil von der Wäsche gebügelt. Heute Morgen regnete es immer noch so. Aber ich mußte Geld holen, und dann kann man schon durch viel Wetter. Ich bin erst kurz vor Mittag gefahren, und da wurde es auch etwas besser.

Bei der Gelegenheit habe ich mir noch 350 Mark auf die Sparkasse getan. Nun habe ich 875, und ich möchte so gerne dieses Jahr noch die 1000 voll haben. Bis dahin kriege ich dann sicher nochmal was von Dir.
Ich habe mir auch ein Paar Schuhe mitgebracht. Ich wollte gerne schwarze haben, aber die da waren, gefielen mir nicht, und da habe ich ganz einfache blaue genommen. Wenn ich dann unbedingt schwarze haben muß, kann ich sie ja färben lassen. Aber ich hoffe, Du tust mir den Gefallen und bleibst am leben.
Übrigens wollen die Klaswipperer Dir unbedingt ein Päckchen schicken, und ich konnte nicht sagen, ich gäbe ihnen keine Marke mit, ohne sie zu beleidigen. Heute habe ich ja in einem Brief noch eine gekriegt, und so bleiben mir immer noch 7. Hoffentlich geht es gut, und Du behältst diese Adresse, damit nicht alles verloren geht. Dann wäre unser jetziges Sparen doch sehr ärgerlich. Wenn Du es nicht kriegst, werden sich wohl andere darüber freuen.
Heute Nachmittag war ich mal wieder im Konsum. Für Weihnachten gibt es pro Person über 18 Jahre 50 Gramm Kaffeebohnen, und dafür mußten jetzt die Bestellscheine abgeschnitten werden. Ich gehe nicht mehr oft hin, denn man kann ja nicht mehr kaufen wie auf den Karten ist.
Vorhin habe ich die ersten Weihnachtsplätzchen für Dich gebacken. Sie sind ja nicht ganz so gut wie früher, aber dafür ist ja auch Krieg. Morgen backe ich noch 'nen Kuchen, und dann geht am Sonntag die nächste Sendung ab.
Hoffentlich ist im nächsten Jahr der Krieg zu Ende, und die Schickerei nicht mehr nötig. Aber man ist jetzt so an diesen Zustand gewöhnt, daß man es sich kaum anders vorstellen kann. Ordentliches Familien- und Zusammenleben erscheinen einem fast wie ein Märchen. Hoffentlich klappt die Sache mit dem Urlaub. Dann wollte ich, es wäre jetzt schon Weihnachten vorüber. Was Besonderes dafür gibt's doch nicht. Ich möchte Dir auch gerne, wie in den vorigen Jahren, Kerzen schicken, aber ich weiß nicht dran zu kommen. Und wir haben nur noch 6, und die möchte ich behalten. Ich glaube auch nicht, daß Du mir deshalb böse bist.

8. November 42, ein Sonntagabend
Ach, wäre es doch möglich, daß wir uns in 4 Monaten wiedersehen. Wer hätte aber auch gedacht, daß der Krieg so lange dauern würde.

Jetzt haben wir den Führer am reden. Wir haben vorhin die Kundgebung nicht gehört, und so nehmen wir die Wiederholung.
Ich war im Kino in der ersten Vorstellung und bin um 5 Uhr zurückgekommen. So geht es am besten und am günstigsten. Der Film war ganz schön. An der Post habe ich keine Briefe bekommen, aber es waren zwei Päckchen da, ein kleines und ein großes. Aber nach Gummersbach konnte ich sie nicht gut mitnehmen, und nun muß ich bis morgen warten, bis ich Dir berichten kann, was das ist.
Als ich dann nach Hause kam, war Tante Martha hier. Sie war auch erst gegen 4 Uhr gekommen, und dann sind ein paar Stunden schnell um. Wir haben ihr noch 10 Pfund Obst und 1 ltr. Milch getan, und sie war sehr erfreut darüber. So geht doch ein Tag schnell zu Ende. Gestern habe ich nochmal Kühe gehütet. Das Wetter ist hier immer noch so mild. Solange müssen die Tiere auch noch raus. Gestern hat Mama das letzte Gras von der Hofwiese geholt.
...
Die E. hat ihre Verlobung mit dem H. vor ganz kurzer Zeit gelöst. Und gestern Abend brachte sie sich einen anderen mit. Die kann sich doch freuen, daß der H. im Sommer die Papiere nicht zusammen hatte, denn zusammen kommen geht doch viel leichter als scheiden. Ich glaube, das hat die H. schon erfahren. Es heißt, sie würde nicht geschieden. Ich bin froh, nicht in solcher Haut zu stecken. Durch solides Leben kommt man immer noch am weitesten. Ich lebe und erlebe auch gern was, aber ganz tief kommen könnte ich nicht. So sind die Menschen eben verschieden. Durch meine äußere Erscheinung kann ich kaum einen Mann fesseln, und doch habe ich Dich sehr früh bekommen. Es gibt immer noch genug in meinem Alter, die unerheiratet sind, und ich habe schon ein großes Kind.

*

Winter 1942, Rußland
Bin viel zusammen mit unseren Russen, Holz schneiden und ganz »nach vorn« bringen zum Bunkerbauen, und es heult und kracht, oft fliegen uns Brocken um den Kopf, viele Gefallene.
In der Sauna wurde ich bewußtlos, nur Russen dabei. Einer von denen brachte mich raus. Du siehst, wie gut wir uns verstehen. Ich war so schwach, aber endlich ohne Läuse.
Mama will nun Briefträgerin werden, darauf die Antwort aus Rußland: »Ich lache mich kaputt! Junge, ich als Russenkommandeur und

Du an der Post? Du in Uniform? Hast wohl gedacht, wenn ich kein Beamter werde, versuchst Du es.

An der Wolga

Der Winter ist diesmal viel milder als vor einem Jahr, nicht mal die Wolga ist ganz zugefroren. Und jetzt haben wir Winterbekleidung, für 50-60 Grad Kälte zu überstehen. Voriges Jahr gab es die nicht. Daß unsere Jenny im Vergleich zu anderen so artig ist, freut mich. So habe ich es gern. Was hat sie denn zu den Skiern gesagt?
Hundert Meter von mir entfernt fließt die Wolga, und 700 m weit liegen meine Kameraden den Russen gegenüber. Ich liege im Revier mit geschienten Beinen, es fließt viel Eiter aus Füßen und Waden. Da ein Offizier, der hier im Revier lag, mit Fleckfieber weggebracht wurde, haben wir alle 14 Tage Quarantäne...Und das Neueste: wieder mal Urlaubssperre!«
Läuse fangen wir wie Halbwilde. Vor zwei Jahren sagte mir Ms. Oblin, daß wir bald Krieg mit Rußland bekämen und daß ich noch Läuse, Flöhe und Wanzen kennen lernen würde. Damals habe ich den ausgelacht, und wie recht hat der gute Mann da gehabt.
Daß unsere Jenny so schön lernt und lieb ist, freut mich am allermeisten. Sag ihr bitte, daß ich sie dafür auch ganz lieb hätte, und sie

solle immer so bleiben. Dafür nehme ich sie dann nach dem Krieg auch mal mit und zeige ihr und Dir Frankreich.

... Hoffentlich bist Du noch nicht auf die schiefe Bahn gekommen und bleibst mir auch weiterhin ganz treu und meine liebe Selma. Wenn Dich die Versuchung lockt, dann denke an mich und das Grauen alle, das ich hier erlebe. Hunger, Kälte, Gefahr, ob tot, verwundet oder gefangen ist alles gleich schlimm.

Gerade kracht's wieder zum dritten Mal hier im Dorf heute Morgen, M.G. ist auch dabei. Und Entbehrungen, die ich ertrage, sagen meinem Liebling wohl deutlich genug, daß es Dir nicht schwer wird, andere Liebe als die von mir zu meiden. Selma, bleib mir treu. Mehr verlange und bitte ich Dich nicht.

Behelfsbrücke über die Wolga

*

15. Nov. 1942

Mein lieber Alex!

Obwohl ich gestern noch geschrieben habe, will ich es heute auch tun. Ich danke Dir für 2 heute erhaltene Briefe. Ich habe sie gerade nochmal durchgelesen, und nun habe ich richtig Herzklopfen. Der eine ist vom 30.10. und der andere vom 7.11. Das Warten ist mir diesmal

nochmal richtig schwer geworden. Und nun weiß ich nicht, ob ich mir Sorgen machen soll oder nicht. Hoffentlich geht es nochmal gut. Ich warte nun sehnsüchtig auf die zwischen den beiden Daten geschriebenen Briefe. Eine Aufklärung werden die wohl bringen. Soviel ich aus dem einen Brief sehe, bist Du jetzt Infanterist. Ich hoffe, daß das Schicksal gnädig ist und Dich mir erhält. Alles klagen hilft ja schließlich auch nicht, und ich sage mir eben: Kopf hoch. Bisher habe ich den Mut nicht verloren, und in einigen Tagen werde ich mich auch damit abgefunden haben.
Der Rupp schrieb mir heute auch vom 25.10. Ich sollte Dir Grüße bestellen. Der hat auch schon viel mitgemacht, und ist auch jetzt direkt vorm Feind. Aber verheiratet ist er immer noch nicht. Damit will er warten, bis eine günstigere Gelegenheit ist. Sein Brief ist kurz, aber so fidel hat er noch nicht geschrieben bisher. Er meint, für ein junges Pärchen wären nur zweimal Urlaub im Jahr in so langer Zeit nicht genug. Ich meine das ja auch, aber was nützt es?
Unsere Jenny ist nicht ganz zurecht. Sie ist erkältet und hat fast den ganzen Tag hier rum gelegen. Morgen will ich sie mal nicht zur Schule schicken, und dann wird es sich wohl wieder bessern.
Jenny hat den ganzen Tag auf dem Chaiselongue gelegen. Ich habe auch etwas Schnupfen und Husten. Aber davon sterbe ich nicht.
Heute haben sich hier, zusammen mit Regen, die ersten Schneeflocken gezeigt. Na, in 6 Wochen haben wir ja auch schon Weihnachten gehabt. Hoffentlich klappt es mit dem Urlaub. Wäre das schön. Aber ich glaube es nicht früher, bis ich Dich sehe. Dafür sind wir zuviel an der Nase rumgeführt worden. Es ist doch schade, daß Krieg ist, sonst hätten wir jetzt ein schlaues Tempo. In 2 Tagen könnten wir mit dem Dreschen fertig sein, und uns dann gewissermassen in den Winterschlaf begeben. Müßte das schön sein. Komisch, 10 Jahre kennen wir uns schon und haben uns immer noch lieb. Möge es immer so bleiben....

18. Nov. 1942

...

Mein Liebling, ich habe jetzt 2 Flaschen vor mir stehen. Die eine mit Tinte und die andere – Eierlikör. Ach, wärst Du jetzt hier, und wir könnten uns zusammen einen Schwips antrinken und dann zusammen ins Bett gehen. Wenn es möglich ist, braue ich für den nächsten Urlaub auch so was. Dieses würde sich vielleicht nicht so lange halten, und für zu verderben ist das Zeug zu schade. Dieses hat Ilse

damals gemacht, und sie meinte, wir sollten eine Flasche bis Weihnachten verwahren. Am Sonntag habe ich sie offengemacht, und nun hatte ich grade Lust drauf. Eine Flasche steht auch noch im Keller. Wenn Du nur bei mir wärst.
»Nur ein Viertelstündchen Liebe...« singt gerade einer im Radio. Möchtest Du nicht auch? Aber ¼ Std. ist viel zu kurz, weil bei solcher Gelegenheit die Zeit viel zu schnell vergeht. Ach, noch einmal nach Herzenslust lieben können. Bis ans selige Ende. Das müßte dann allerdings noch sehr lange auf sich warten lassen. Mein Liebling, wenn Du dieses liest, glaubst Du sicher, ich wäre besoffen, aber es ist nicht der Fall.

20. November 1942

...
Nun will ich mal von hier berichten. Das Wetter ist noch ganz milde, und meistens nebelt es. Jenny war heute wieder zur Schule. Mama hatte gestern und heute viel Kopfschmerzen. Ich war gestern Morgen zuerst ins Konsum. Gleichzeitig wollte ich Kappes mitbringen, habe aber keinen angetroffen, und warten konnte ich nicht.
Die Frau Erlinghagen wurde beerdigt, und weil Mama krank war, bin ich mitgegangen. Bei der Gelegenheit war ich nochmal auf dem Bezugscheinamt. Ich habe für mich ein Paar Hausschuhe beantragt und wegen Mamas Arbeitsschuhen gefragt. Und nun hat sie heute den Bezugschein schon gekriegt. Wie ich da nach Hause kam, war es längst Mittag. Die paar Stunden, bis es dunkel ist, vergehen sehr schnell. Und dann war ich mit in die Turnhalle. Da war eine Veranstaltung, genannt »Operettenzauber«, und ich habe nochmal von Herzen gelacht. Um viertel nach 10 Uhr war ich schon wieder hier. Geschlafen habe ich auch gut, nur war die Nacht zu schnell um.
Heute Morgen habe ich Jauche gefahren, der Keller war voll und lief über. Dann waren wir in den Eberg Grünzeug holen für den Friedhof. Voraussichtlich schlachten wir in etwa 3 Wochen. Es geht nur drum, wer das tut. Der Schönebergs Eugen will nicht mehr, und das gleiche wird vom Platen Ewald gesagt. Ob Roland das nicht kann? Bis Du mal kommst, können wir doch auch nicht warten.

21. Nov. 1942

Ich habe gerade 2 Päckchen fertig gemacht. Hoffentlich hast Du wenigstens Weihnachten was. Irgendwelche Geschenke kann ich Dir

nicht machen, und ich glaube, von den eßbaren Sachen hast Du am meisten. Ich habe alles mit viel Liebe gebacken und eingepackt. Den Tannenschmuck denk Dir bitte dabei. Ich habe mit Absicht nichts beigelegt, damit nicht nachher die Krümmel mit Nadeln vermischt sind. So kannst Du wenigstens ohne sortieren essen, und ich wünsche Dir guten Appetit dazu. Wenn Dich diese Sendung erreicht, wird es wohl nicht mehr lange bis zum nächsten Urlaub dauern. Mit vielen Grüßen und Küssen, die so süß sind wie die Plätzchen bin ich immer
Deine Selma

27. Nov. 1942

Soeben habe ich das letzte Päckchen in diesem Jahr fertig gemacht. Nun hoffe ich, daß es Dir etwas Freude bereitet. Ich habe nur Eßbares geschickt, weil ich glaube, daß es Dir am liebsten ist. Ich wußte aber auch tatsächlich nicht, was ich Dir sonst schenken sollte. Wie Du die Marken schicktest, habe ich erst gedacht, was ich in all die Päckchen tun sollte, aber nun sind sie schon alle, und hätte ich noch mehr, dann hätte ich auch dafür noch was gefunden.

Albert schrieb mir auch, daß sie keine ohne Marken schicken könnten, und bei ihnen ließen sich auch keine auftreiben. Es ist ja schade, daß das nicht geht, sonst würde ich Dir über den schicken. Aber so mußt Du eben auch mit dem gleichen auskommen wie andere, und ich sage mir, was die können, kannst Du auch. Nach Weihnachten kann man sicher wieder 100 gr. schicken und dann sind wir weit genug.

...

Gestern Nachmittag waren Jenny und ich nach Klaswipper zu Besuch. Ich wollte möglichst noch Weizen erben, aber Bestimmtes weiß ich noch nicht. Wie es dunkel wurde, war Jenny bange, wir kämen nicht wieder nach Hause. Wie wir von da gingen, konnte man kaum die Straße sehen, und wir sind durchs Ohl gegangen. Von Marienheide hier rauf ging's bedeutend besser. Wenn ein Zug ankommt, ist jetzt auf den Bahnhöfen volles Licht, und man kommt sich vor, als ob Weihnachten wär.

Am Montagmorgen sind in Kotthausen 2 Züge zusammengestoßen. Tote hat es keine gegeben.

Ich war gestern auch noch eben im Konsum. Es gab eine Zuteilung von 100 Gramm Mandeln pro Person, und so hatte ich für 2,40 RM. Wieviel Geld es heute kostet ist ja egal, wenn man nur was kriegt.

Welche davon habe ich heute Morgen ins Berliner Brot gebacken. Überhaupt schmecken die Plätzchen noch nicht nach Krieg. Hoffentlich hast Du wenigstens Weihnachten was da. Mein Liebling, jetzt sind es schon 3 Monate, seit wir zwei die letzte Nacht zusammen verbrachten. Da waren wir noch zusammen und doch quälte der bevorstehende Abschied schon. Wie doch die Zeit vergeht, und nochmal 3 Monate, dann bist Du hoffentlich wieder hier oder weißt wenigstens, wann Du kommst. Abschied nehmen ist nicht schön, und obwohl man weiß, daß es wieder sein muß, wartet man doch sehnsüchtig auf den Augenblick, der das Wiedersehen herbeiführt. Ach, wäre es schonmal wieder so weit. Heute in 4 Wochen ist der 1. Weihnachtstag schon um.
Mir ist es gar nicht, als ob es schon soweit wäre. Nun ist es schon das 3. Mal, daß wir allein feiern müssen, aber ich hoffe, Du kommst einmal zurück, und dann wird es wieder schön.
Nur wird dann Jenny nicht mehr an das Christkind glauben. Oder kriegen wir dann ein 2. Kind und erleben das alles noch mal? Allerdings müßte dann Friede sein.

24. Nov. 1942
Gestern schneite und regnete es durcheinander, und vergangene Nacht wurde es klar, so daß alles hart gefroren war. Und wir haben kein Holz. Wir rechneten schonmal, Hans würde heute kommen, aber es war nicht der Fall. Da sind wir eben selber gegangen. Ich suchte einen schönen günstigen Baum aus, und das Schneiden klappte sehr gut. Aber statt auf die Erde zu fallen, hing er sich ganz ungünstig auf, und da war eben nichts anderes zu machen als mit Gewalt ran. Aber bis halb 2 kamen wir keinen Schritt weiter, und da mußten wir nach Hause gehen, weil Jenny aus der Schule kam. Wir haben dann gegessen und sind wieder gegangen.
Wir haben dann noch 4 Stücke unten abgeschnitten, aber frag nicht, unter welchen Umständen. Mir war es immer, als ob irgendwas schief ginge, aber es war nicht der Fall. Ich bin ja sonst immer schnell gelaufen, aber heute habe ich richtige Angst gehabt. Hätte Mama gewußt, was in mir vorging, würde sie bestimmt gesagt haben, wir wollten den Baum hängen lassen. Wie wir den letzten Schnitt fertig hatten, habe ich vor Angst geweint, weil mir der Ausgang so schwer dünkte, aber was mußte gemacht werden, und da habe ich so lange geschlagen, bis das eine Stück wegrutschte und der übrige Stamm

mit großer Wucht zu Boden fiel. Da sind wir glücklich nach Hause gegangen, und nun sollen wir wohl morgen damit fertig werden. Du weißt vielleicht noch von früher her, wie man sich bei solchen Sachen unnötig müde machen kann. Ich muß mich eigentlich wundern, daß ich noch so gut schreiben kann. Anfangs war meine Hand doch recht zittrig, aber jetzt nicht mehr. Bist Du nun auch böse? Sei es nicht. Ich kann mich bestimmt in nächster Zeit wieder dafür schonen. Gestern hatte ich es ja auch besser. Mama war nachmittags nach Kotthausen. Von denen haben wir noch ein Küken bekommen. Nun haben wir insgesamt 7, aber es ist ein krankes Huhn dabei. Mit 6 haben wir auch genug. Dann brauchen wir auch nicht so viele Eier abzuliefern.
Ich wundere mich wirklich darüber, daß Du wieder Dolmetscher bist. Sind denn da noch so viele Zivilisten?
Wenn auch nicht mehr vom Mittelabschnitt gesprochen wird, so scheint doch noch etwas los zu sein. Aber ich hoffe, daß Du mit heiler Haut davon kommst. Ich will doch noch von Dir geliebt werden und mit Dir glücklich sein. Ich freue mich, daß Du die Ölsardinen selbst gegessen hast. Ich habe sowas auch sehr gerne, aber Du hast es doch jetzt nötiger. Wir haben doch auch so manches mehr wie Du. Nach dem Krieg kann ich mich an solchen Sachen noch satt essen. Diese Woche schicke ich das letzte Päckchen in diesem Jahre ab. Ich hatte ja nun nichts Besonderes für Dich zu Weihnachten, und was ich schicke, ist nur eßbares und Zigaretten. Ich glaube auch, daß Du damit zufrieden bist. Nach dem Krieg können wir uns wieder mit sonstigen Geschenken erfeuen. Bis dahin wird eben alles übrige Geld gespart. Sorge nur, daß Dir nichts passiert, damit wir noch lange was voneinander haben. Dann wird der Krieg nur noch eine Erinnerung sein. Also Kopf hoch und nicht unterkriegen lassen. Auch wenn düstere Augenblicke kommen, denke immer an die, die Dich lieb hat, und mit vielen Küssen bin ich Dein Liebling, Deine Selma

5. Dez. 42
Gestern sind wir den ganzen Tag in der Scheune gewesen. Wie wir fast alles gedroschen hatten, riss der Riemen, und da wollte es einfach nicht mehr klappen. Mal war er zu kurz und riss wieder, und dann war er zu lang. Wie es einigermaßen ging, habe ich mich damit beholfen, denn bis zur nächsten Ernte ist noch so lang. Bis Mittag war alles aus, und vom ganzen Stroh der diesjährigen Ernte ist

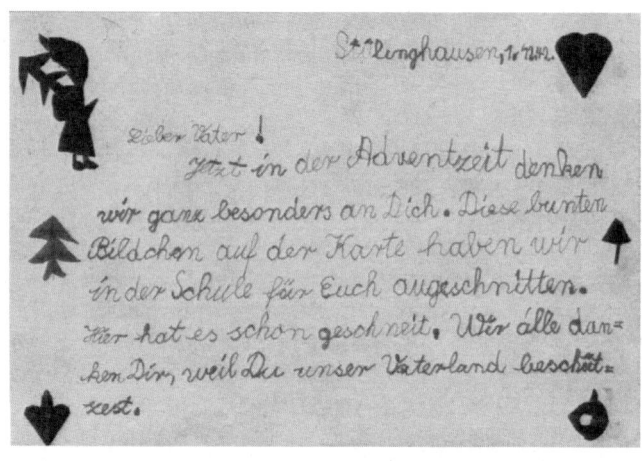

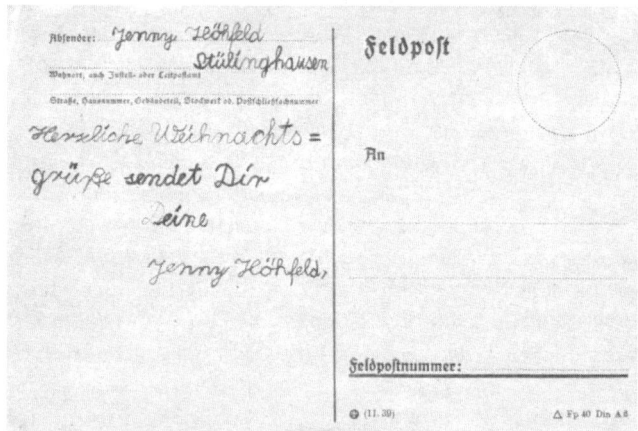

So schrieben wir Kriegskinder an unsere Väter

kein Halm vor die Tür gekommen. Das Haferstroh ist alles in dem neuen Schuppen. Das andere über der Tenne und noch etwas neben der Maschine. Ich habe den Motor gleich rumgestellt (Er wog mehr als einen Zentner), und sobald ich Zeit habe, schneide ich Holz. Du, bei dem Korndreschen habe ich sehr viel an Dich gedacht. Bei jedem Knoten, den Du gemacht hattest, ganz besonders. Ja, heute vor 4 Monaten warst Du so eben auf der Reise zu unserem, nach so herrlichem Wiedersehen. Und wie lange müssen wir noch warten, bis es wieder so ist.

Gestern sah es so aus, als ob es mit Gewalt in den Winter ging, aber nun regnet es in Strömen. Heute Morgen war es sogar noch so kalt, daß ich zu Fuß nach Marienheide gegangen bin statt mit dem Rad. Ich mußte das »Gehalt« holen. Ich glaube doch, daß es mir noch in diesem Jahre gerät, 125 RM übrig zu machen für mein Sparkassenbuch. Wenn es nicht mehr glatt ist, fahre ich das Korn in die Mühle, und dann gibt's schon wieder was dabei. Ich hoffe, daß wir 8 Ztr. verkaufen können. Wenn es nun mal richtig Winter wird, brauchen wir wenigstens nicht mehr in der Scheune zu stehen. Ich fühlte mich so gut, wie ich endlich heute Mittag den Dreck abwaschen konnte. Heute Nachmittag bin ich wegen meinem Mantel zur Näherin gewesen. Nun habe ich Hoffnung, daß er noch vor Weihnachten fertig wird. Ich habe vor, die Feiertage in diesem Jahre hier zu Hause zu verleben. Wenn es allzu langweilig wird, gehe ich mal ins Kino.

...
Es werden wohl nicht viele Soldaten das Glück haben, im Kreis ihrer Familie zu sein. Ob ich in diesem Jahre wohl mehr Glück mit der Post habe? Voriges Jahr hatte ich auch 3 Wochen vor Weihnachten vom 17. Nov., und der eine Wunsch, nochmal was vor Weihnachten zu kriegen, ging nicht in Erfüllung. Nun habe ich wieder vom 17., und wann kommt das nächste?

Sonntagabend 7 Uhr
Was wir heute getan haben, ist noch nie vorgekommen. Wir brauchen sonntags keine Milch mehr zu liefern und haben deshalb schonmal bis 8 Uhr geschlafen. Regen fiel noch in rauhen Mengen. Wie Mama gemolken hatte, ging sie in den Schweinestall, aber das Schwein war zum fressen nicht zu bewegen. Wenn man an die Schnauze kam, wurde es wild. Richtig gefressen hatte es ja schon lange nicht mehr. Ich holte mal den Wirths Emil, um dessen Meinung zu hören. Und der meinte auch, wir sollten sofort schlachten. Dem und auch Schönebergs - und man hört auch noch von anderen - sind sie in letzter Zeit kaputt gegangen, und das wollten wir verhüten.
Also ich zum Eugen, und er sagte auch ja, nur müßte, um weitere Schwierigkeiten zu vermeiden, der Rönchens Karl hiergewesen sein. Na, ich von nebenan dahin telefoniert, und da kam der auch schnell. Der meinte, es sei noch nicht so schlimm, aber er wollte uns nicht vom Schlachten abraten. Gegen halb 12 kamen dann Schönebergs.

Erst wollte das Schwein nicht aufstehen, aber dann kam es raus. Aber nur bis auf die Straße. Da fiel es hin, und Eugen hat es ohne zu schießen gestochen, weil er fürchtete, es ginge ganz tot. Dann haben wir es vors Haus geschleppt. Also war es noch grade früh genug. Schwer ist es ja nicht, aber in 3 Tagen wäre auch nicht viel mehr dran gekommen. Was das ganze für eine Arbeit ist, weißt Du ja auch. Der Speck scheint aber dicker zu sein wie am vorigen, und wegen dem Fett brauchen wir auch nicht klagen. Hoffentlich ist es nun gesund, und das Werk kann weiter gehen. Ich war eben nach Gogarten und habe Tante Martha zum Wursten bestellt. Die bringt uns auch noch ihre leeren Einkochgläser. Wir selbst haben etwa 20 Stück, und eine Fleischkarte kriegen wir im nächsten Jahr nicht. Auskommen müssen wir, und wir tun es auch. Etwas haben wir noch vom vorigen und dem Kalb.

Nach dem Essen mußte ich Jenny noch eben waschen, weil ich heute Morgen nicht dazu gekommen bin. Die hat vorige Nacht nicht ruhig schlafen können, denn heute war Niklas und sie hatte einen Teller aufgestellt. Für den Zweck hatte ich gestern noch eine Platte Berliner Brot gebacken. Um halb 7 heute Morgen stand sie mal auf und sah sich um. Ich bin gespannt, wie das Weihnachten geht. Es ist ja doch jammerschade, daß Du nie mehr dabei sein kannst, solange sie noch an das Christkind glaubt. Noch bestehen bei ihr keine Zweifel.

12. Dezember 42, Samstagabend
Wir haben mal wieder einen neuen Ochsen gekauft, für 700 Mark. Heute Nachmittag habe ich den geholt und etwas Mist damit gefahren. Er zieht sehr willig, nur gegen den alten ist er sehr klein. Wie der Moos sagte, kommt unser alter in die A-Klasse und bringt 46,5 Pfennig. Nun bin ich gespannt, was er wiegt.

Hier bei uns ist so herrliches Wetter, als ob Frühjahr wäre. Gestern Morgen habe ich die Jauche und später noch Mist auf das Rohland gefahren. Wenn es so bleibt, fange ich nächste Woche an, Kleekamp zu pflügen. Überall sind hier die Bauern im Feld am arbeiten. Was man getan hat, braucht man auch nicht mehr. Jedenfalls, wenn Du diesen Winter kommst, tun wir uns ein schlaues Tempo an. Dann ist es ja auch nicht nötig, Frucht zu mähen.

Für besser durch den Schnee zu kommen, habe ich jetzt auch ein Paar Stiefel. Da staunst Du doch sicher, aber es ist Tatsache. Sie sind

nagelneu mit Ledersohle. Wenn ich dann noch Deinen Regenmantel anziehe, bin ich für jedes Wetter fertig.
Diese Woche war abwechslungsreich, ich war viel unterwegs. Es ist doch gut, daß das Radio wieder geht. Sonst meint man oft, die Zeit verginge nicht. Hoffentlich dauert es jetzt mal lange, bis es den Kontakt verliert. Über die Feiertage möchte ich es nicht entbehren. Ob ich bis dahin wohl noch viel Post erhalte? Täglich warte ich auf den Briefträger, obwohl er mir nicht immer was bringen kann. Ich möchte gerne immer was haben, obwohl mir augenblicklich das schreiben nicht recht von der Hand gehen will. Sei mir deshalb bitte nicht böse, aber am liebsten möchte ich schlafen. -
Hoffentlich kommst Du mit heiler Haut davon. Es geht mal wieder auf Weihnachten an, und voriges Jahr war um diese Zeit auch schon viel los. Ich will nicht daran denken, wie es sein würde, wenn Du nicht zu mir zurückkämest.
Vorhin haben wir ein paar Weihnachtslieder gesungen, aber wenn wir Jenny nicht hätten, würde es nicht geschehen, da ich kaum dazu Lust verspüre. Wenn ich mich auch keinen trüben Gedanken hingebe, aber in mancher Beziehung bin ich doch sehr abgestumpft. Vorige Nacht habe ich auch mal wieder von Dir geträumt. Aber es ging mir auch wie Dir schon so oft: Als ich wach wurde, war ich enttäuscht. Ich lege mich jetzt meistens so müde ins Bett, und wenn es Abend ist, möchte ich am liebsten immer schlafen. Sonntags brauchen wir keine Milch mehr zu liefern, und dann bleiben wir immer bis 8 Uhr im Bett. Sonst stehen wir um 7 auf. Es gerät mir nicht jeden Morgen, die Nachrichten zu hören.
Heute Mittag hatte ich Jenny zur Post geschickt, aber leider ohne Erfolg. Der Brief vom 29.11. ist doch jetzt schon 14 Tage alt, und normalerweise könnte bald wieder was kommen. Solange Du Soldat bist, besteht mein eigentlicher Lebensinhalt nur noch aus Briefen. Arbeit ist eine tägliche Erscheinung und hört doch nie auf. Ich glaubte neulich immer, wir kriegten immer weniger, aber solange das Wetter so mild bleibt, hört sie nicht auf. Ich könnte ja alles liegenlassen, aber dafür fließt mir zuviel Bauernblut in den Adern.

14. Dez. 42

Dank für Luftpostbrief. Vielleicht hast Du inzwischen schon vieles erlebt. Bei Euch ist es wohl schon so kalt wie es hier im vorigen Winter war, und wir meinten schon, er wäre streng. Wir haben hier immer

noch herrlichstes Frühlingswetter. Die Stiefmütterchen blühen noch schön, und wir wollten nochmal wieder in die Preisselbeeren gehen, haben aber einfach keine Zeit. Alle Bauern arbeiten im Feld, und da möchte ich auch mitmachen. Was ich jetzt tue, brauche ich später nicht. Heute Morgen habe ich den alten Ochsen, nach genau einem Jahr, geliefert. Hoffentlich schneiden wir nicht allzu schlecht ab. Er wurde mit in Marienheide verladen, und so hatte ich schon den weiten Weg nach Niedersessmar gespart.
Häcksel schneiden wir seit gestern auch, weil Mama bange ist, wir hätten sonst nicht Heu genug. Heute Mittag habe ich mir den neuen Ochsen geholt, und dann habe ich den Anfang am Kleestück pflügen gemacht. Es geht ganz gut, aber erst heißt es wieder Fühlung nehmen, und wo es her nach Hause geht, weiß er auch schon. Aber sonst ist er sehr anhänglich, und ich denke, es klappt nochmal. Morgen wird er es wohl besser haben. Wir haben Wäsche, und nachmittags bin ich zur Näherin bestellt.

16. Dez. 42
Ich kann es nur noch nicht begreifen, daß in 8 Tagen Weihnachten ist. Wir haben immer noch so herrliches Wetter. Ich habe immer so vielerlei zu erledigen, sonst könnte ich den ganzen Tag im Feld arbeiten. Heute Morgen habe ich noch etwas Mist gefahren. In der Beziehung ist gar nichts an dem neuen Ochsen auszusetzen. Ich lade ihm ja nicht soviel auf wie dem alten, aber er zieht prima. Wenn es gut bleibt, fahre ich morgen weiter.
Gestern Abend war ich mit Hermine nach Marienheide im Film. Da war um 7 Uhr schon Anfang, und mit dem Rad waren wir schnell wieder hier. Heute Nachmittag war ich auch wieder weg. In Marienheide gab's Kerzen, 5 Stück, und da war ich, und dann anschließend ins Konsum. Gegen halb 5 war ich zurück, und da war's schon Abend. Vorhin habe ich unsere ersten Weihnachtsplätzchen gebacken. Ich will lieber nicht dran denken, was ich in dieser Woche noch alles vorhabe. Wenn es aber nicht anders ist, lasse ich alles liegen und feiere Weihnachten.
Wenn wir Jenny nicht hätten, machten wir auch einen Baum, sonst sind die Tage doch wie alle anderen. Mama und ich schenken uns nichts, und ich bin zufrieden, wenn bis dahin noch ein Lebenszeichen von Dir kommt. Man wird ja immer bescheidener.

20. Dez. 42

Heute Morgen war ich nach Müllenbach, da kriegte jedes Soldatenkind von der Ortsgruppe aus ein Spielzeug. Ich habe einen Turner genommen. Es ist ja eigentlich kein Mädchenspielzeug, aber ich kann mich auch gut damit unterhalten.

...

Jenny ruft grade, es wäre Fliegeralarm. Der Kölner Sender ging vor einer halben Stunde schon nicht mehr. Solange man nicht im Bett ist, ist die Sache längst nicht so unheimlich. Die Flak schießt mal wieder ordentlich. Lange hat es gut gegangen, aber bald ist es ja Weihnachten, und jetzt ist bestimmt das richtige Wetter. Es ist mondhell, und dazu Wolken. Dazu ist die Witterung hier sehr mild. So richtig Frühlingswetter. Und wie mag es dort sein?

...

Gestern habe ich mir eine Blase in die Hand gearbeitet. Wir hatten vielleicht 10 Karren Mist gestreut. Da kannst Du sehen, was ich gewöhnt bin. Ich möchte gerne in den Wintermonaten irgendwas anfangen, aber viel kann es schon wegen meinen Armen nicht sein. Sobald ich mich etwas mehr wie gewöhnlich anstrenge, schlafen meine Hände ein. Ich hatte vor, einen halben Tag in die Fabrik zu gehen, aber lieber wäre mir noch an die Post. Jetzt denkst Du sicher, ich wäre am spinnen. Aber es ist Ernst. Ich komme mit dem Geld vollkommen aus, aber ich meine schonmal, ich müßte eine zwingende Tätigkeit haben. Mama ist sehr zufrieden damit, und sie meint, im Frühjahr wollten wir uns wieder einen Franzosen nehmen, weil ich die schwere Arbeit so nicht gut könnte, und Du mich auch gerne gesund hieltest. Gestern habe ich die meiste Zeit an meinem Mantel genäht, und ich bin gespannt, ob der bis Weihnachten noch fertig wird. Holz kaputt machen und Häcksel schneiden tut meistens Mama allein. Gestern Abend hatten wir eine kleine Weihnachtsfeier in der Frauenschaft. Edith Junge und ich waren hin und kamen gegen 12 Uhr nach Hause. Mama war noch auf, und da haben wir uns noch eine Weile was erzählt und sind dann endlich ins Bett gegangen. Dann ist doch die Nacht schnell um, aber sonntags brauchen wir keine Milch zu liefern, und dann schlafen wir gewöhnlich bis 8 Uhr. Nur ist es dann sehr schnell Mittag. Aber die Zeit, die gut um ist, kommt nicht schlecht wieder.

Im Kino war ich mit Frau Eichhoff zusammen. Der Willi ist auch wieder in Rußland. Karl Köster aus Kalsbach ist auch gefallen. Einziges Kind wohlhabender Eltern. So wird doch manches Menschenleben *wertlos. Hoffentlich haben wir mehr Gück. Oft meine ich, wir hätten uns zu lieb, und es würde nicht so bleiben. Noch wissen wir es nicht. Hier in der Gegend sind neuerdings auch russische Kriegsgefangene. Ein Lager ist an der Lingesetalsperre. Arbeiten müssen die an dem Lazarett in Oberwette. Gestern hatten sich 7 krank gemeldet. Auf irgendeine Weise hatten sie sich ein Gewehr verschafft und damit einen Posten erschossen. Auf dem Weg zum Krankenhaus ist der gestorben. Also Heldentod in der Heimat. Und dabei glaubt man, solchen Soldaten könne nichts passieren. Sonst habe ich immer gelacht, wenn andere erzählten, daß so viele Russen rumliefen. Aber nun ist es hier auch nicht mehr ganz geheuer. Und es ist wohl das Beste, man bleibt abends zu Hause.*

Ich bin jetzt am Kuchenbacken. Der Haarhaus Karl hat uns ein Pfund Buchweizenmehl geschenkt, und davon backen wir Hefeplätzchen. Aber das ist nichts für unseren Geschmack, denn es ist etwas muckig. Ich freue mich jedenfalls, daß ich bei dem Mehl kaufen schlauer gewesen bin. Jeder, der 1 Schwein schlachtet, bekommt 10 Pfund extra. Ich wollte es im Konsum kaufen, aber weil mir die auch sowas tun wollten, bin ich nach Platen gegangen, und da habe ich gutes Weizenmehl gekriegt.

Morgen bin ich auch sehr drill. Einen Weihnachtsbaum muß ich auch noch holen. Ich weiß wohl einen, aber ich glaube, ich gehe nochmal in unseren Busch. So ganz genau hält es ja nicht. Kerzen habe ich 11 Stück, aber die werden nur halb abgebrannt, damit wir im nächsten Jahr auch noch was haben. Eigentlich soll man ja nicht für spätere Zeiten sorgen, aber man möchte auch immer was haben.

Heiligabend 1942

Mein Liebling!
Am heutigen Abend kann ich nicht schlafen gehen, bevor ich Dir noch ein paar Zeilen geschrieben habe. Es sind jetzt 11 Uhr, und ich bin grade mit den Vorbereitungen fertig. Ich bin in Gedanken beim heutigen Tag vor 3 Jahren. Da war auch schon Krieg, aber nicht bei uns. Damals wußten wir noch nicht, was er uns noch alles bringen würde. Und nun feiern wir schon das 3. Mal ohne Dich. Äußerlich ist der Unterschied nicht gut sichtbar, aber innerlich fehlt mir was, und dieses kannst nur Du ausfüllen. Ich will auch gerne warten, wenn nur das Schicksal nicht so grausam ist.

Hoffentlich lebst Du noch, und meine Gedanken brauchen Dich nicht vergebens zu suchen. Was machst Du wohl in diesen Stunden? Vielleicht bist Du im Einsatz und hast jetzt gar Wache. Wache am Wolgastrand und mit Dir Millionen deutscher Soldaten an allen Fronten, so daß wir in der Heimat unsere Weihnachten feiern können. Wärst Du hier, würden wir wohl gemeinsam um den Tisch sitzen und zufrieden Plätzchen knabbern und Likör trinken. Und dann würde geliebt. Das ist es ja, was mir am meisten fehlt. Sonst haben wir ja alles Notwendige.
Sogar einen schönen Weihnachtsbaum mit 10 Kerzen. Es tut mir jetzt leid, daß ich Dir nicht wenigstens eine geschickt habe. Hoffentlich hast Du wenigstens für die Tage ein Päckchen bekommen. Wir merken am Essen über die Tage nicht, daß Krieg ist. Vor 2 Jahren habe ich Dir von nem Kuchen ein Stück geschickt, aber das geht jetzt nicht. In den nächsten Tagen werde ich auch nochmal für Dich backen. Und dann lasse ich wieder kleine Päckchen los.
Ich bin gespannt, wie lange es Jenny morgen früh im Bett aushält. Die letzten Tage war sie immer schon früh wach. Sie kriegt auch noch ordentlich was. Heute Nachmittag war Helga noch hier und brachte eine Puppenküche mit Möbeln. Von den Schiern hat sie auch keine Ahnung. So bekommt sie zwei schöne Teile, die jetzt nicht zu kaufen sind, und die mich nichts gekostet haben.

Wenn Du hier wärest, würde ich mich auch wohl auf die Feiertage freuen. So ist es mir fast komisch, wenn einer die Tage herbeisehnt. Ich war gestern nach Marienheide und habe mir 225 Mark in die Sparkasse getan, und nun habe ich 1100. Bei der Gelegenheit war ich auch an der Post und habe mich wegen Arbeit erkundigt. Im Moment war nichts zu machen, aber vielleicht bald. Dann werde ich Briefträgerin. Nun möchte ich mal Dein Gesicht sehen. Und was sagst Du dazu? Ich habe dieses natürlich mit Mamas Einverständnis getan. Sie will auch nicht, daß ich mich hier kaputt arbeite, und wenn wir weiterhin alles allein tun, bin ich auf dem besten Wege damit. Meine Arme werden immer schwächer, und da will ich doch lieber was tun, was nicht so anstrengt.
Mein Liebling, Du bist mir doch hoffentlich nicht böse deshalb. Ich meine, ich müßte mal was anderes anfangen. Wenn der Krieg vorbei ist, wird ja so alles anders. Es sind jetzt 12 Uhr, und ich mache Schluß. Meinen Mantel habe ich nicht fertig gekriegt, aber ich hoffe, noch die Feiertage über.

Kannst Du es begreifen, daß wir uns schonmal so gezankt haben, daß wir uns die ganze Nacht den Rücken zudrehten? Sowas sollte man doch eigentlich nicht tun, denn das Leben geht doch so viel zu schnell vorbei. Hoffentlich geht nicht schon alles mit 30 Jahren zu Ende. Eigentlich tut es mir leid, daß ich nun schon so alt bin. Aber es ist nichts dran zu machen. Wenn nur der Krieg nicht mehr so lange dauern würde. Es geht ja auch so, aber auf die Dauer ist es doch nichts. Ich möchte lieben und vor allen Dingen geliebt werden. Verwöhnen lasse ich mich auch noch gerne. Hoffentlich hast Du sowas nicht verlernt. Wenn alles nichts hilft, muß ich Dich mal etwas eifersüchtig machen. Aber mach Dir keine Sorgen, noch hast Du keine Ursache. Bis jetzt habe ich auch noch nichts zu beichten. Ich wünsche nur, daß die Sache mit dem Urlaub klappt, damit man nochmal Mensch sein kann. Alles andere ist Quatsch.
Genau so wie meine ganze Schreiberei. Aber Neues gibt's nicht immer. Alles, was hier die Feiertage über passierte, ist, daß bei Beckers ein Junge angekommen ist. Nun haben die auch 4 Kinder. Ich freue mich, nicht an der Stelle zu sein. Ich liebe ein stilles, ruhiges Leben.

28. Dez. 1942
Dank für Deine beiden Briefe vom 6. und 8., heute erhalten. Dann sieht eben wieder alles anders aus. Damit will ich nicht sagen, daß ich schlechter Laune war. Ich lache gern und nehme alles von der leichten Seite. Ich habe mal wieder so kalte Füße, daß ich sie am liebsten gleich in den Backofen stellte, aber dabei kann ich nicht schreiben, und morgen habe ich keine Zeit. Wir haben, in Anbetracht des schönen Wetters, Wäsche, und morgen Nachmittag wollte ich nach Gummersbach.
Bösinghaus Else hat übermorgen Hochzeit, und da will ich mal sehen, ob ich, im Auftrag der Frauenschaft, eine Blume kriegen kann. Dabei will ich mir möglichst Mantelfutter für den französischen Stoff mitbringen. Der andere ist gut geraten, und nun bin ich am Kleider passend machen. Bei der heutigen Punktewirtschaft kann man nicht mehr Stoff kaufen wie unbedingt nötig. Ob man dick ist, dabei wird bei den Kleiderkarten keine Rücksicht genommen. Dank Deiner Fürsorge bin ich ja noch gut versorgt. Und wie lange der Krieg noch dauert, weiß man nicht.
Übrigens habe ich heute nochmal ein 2-Pfund-Päckchen abgeschickt. Der Inhalt ist vielseitig, aber Du wirst ihn schon verwerten.

Hast Du schon daran gedacht, daß ich übermorgen 30 Jahre werde? Es ist ja doch Mist, daß die Jahre alle so dahin gehen, und dabei eigentlich ungelebt. Mit Dir zusammen wäre doch alles anders. Ich bin gespannt, ob ich auch Besuch vom Holte kriege. Die dachten sicher, ich wäre Weihnachten dahin gekommen. Aber ehrlich gesagt war mir die Zeit zu schade. Wenn ich mich auch hierhin setze und lese, ist Quatsch, aber die Zeit erscheint mir bedeutend länger. Jetzt habe ich sie ja besser genützt, indem ich fast jede freie Minute genäht habe. Heute habe ich das auch getan. Wenn ich mal an der Post bin, werde ich dafür nicht mehr viel Zeit übrig haben. Was sagst Du überhaupt dazu? Bist doch sicher platt. Probieren tue ich es auf jeden Fall.

30. Dez. 1942

Mein lieber Alex!

Nun ist mein Geburtstag auch fast zu Ende, und nun bin ich wirklich 30 Jahre alt. Als Besuch waren hier Bertchen mit Edith, Tante Martha und Else. Die Holter schrieben eine Karte. Der alten Hilde war das Wetter zu schlecht, und die jungen Leute kriegten die Hoffnungsthaler, Eltern und Bruder, der als Soldat im Urlaub war, zu Besuch. Tante Anna von Lüdenscheid gratulierte auch. Und als schönstes kam Dein Brief vom 15. Dezember. Der Inhalt war ja nicht sehr verheißungsvoll, aber es ist ein Lebenszeichen. Ebenso hatte ich gestern Glück. Da kam der Brief vom 12. und die 50 Mark vom 21.11. Vielen Dank. Gelegentlich bringe ich es zur Sparkasse. Anders läßt sich ja doch nichts damit im Moment anfangen.

Wie mag es Dir jetzt gehen? Hoffentlich lebst Du noch. In 15 Tagen kann sich ja vieles ändern. Aber alle fallen nicht, und darauf hoffe ich.

Von uns kann ich alles Gute berichten. Seit gestern ist hier richtiger Winter. Heute war Jenny zum 1. Mal mit den Schneeschuhen weg, und ich habe es auch probiert. Ich freue mich doch, daß ich die Stiefel habe. Heute habe ich sie noch nicht ausgehabt, und die Füße sind noch schön warm. Wenn ich nun mit schreiben aufhöre, kann ich wenigstens gleich ins Bett gehen.

In den letzten Tagen haben wir das »Mensch ärgere Dich nicht« wieder in Betrieb genommen. Bei Jenny ist die Stimmung immer nach dem Stand des Spieles. Aber sie hält durch, nur damit sie nicht ins Bett braucht.

Morgen muß ich Dir noch mal ein Päckchen fertig machen. Ich habe vor, am 2. Januar nach Gelsenkirchen zu fahren. Mama war einverstanden, und vorhin meinte sie schon wieder, ich solle doch hierbleiben. Was soll ich nun machen? Ich führ ja mal gerne und ich sage mir, warum sollen dann grade die Flieger kommen, und vielleicht treffen die mich auch nicht.
Grade mußte ich Jenny beim »Mühle spielen« aushelfen. Solche Sachen hat sie Weihnachten bekommen. Ich kann ja nicht gut einem sowas beibringen, aber einmal muß sie es ja lernen. Sie begreift auch gut. Überhaupt alles, was sie bis jetzt lernen mußte.
Dein Brief mit den Geburtstagsglückwünschen kam gestern, also sehr pünktlich an. Ob es wohl wahr wird, daß wir im nächsten Jahr zusammen feiern können? Es wäre ja zu wünschen, daß der Krieg bald siegreich zu Ende ginge. Wenn man verheiratet ist, geht es doch nicht für geordnetes Familienleben. Dazu gehört ja auch die Liebe. Die ist ja auch am schönsten aus nächster Nähe. Denkst Du bei Deinem jetzigen Leben auch an solche Dinge? Wenn es doch wirklich im Februar Urlaub gäbe. Bis dahin ist ja schon nicht mehr lang. Wenn es nur was gibt. Ich möchte gerne nochmal lieben und glücklich sein. Hoffentlich passiert Dir nichts, aber wenn ich mir auch Sorgen mache, davon wird ja doch nichts besser, und deshalb lebe ich weiterhin in den Tag hinein und warte ab, was die Zukunft bringt.

1. Januar 1943
Nun ist Neujahr auch fast vorüber. Wie oft muß ich wohl wieder : »den...1943« schreiben? Schön wäre es doch, wenn uns dieses Jahr den Frieden brächte. Eigentlich hat es für mich recht gut angefangen, denn ich habe gleich einen Brief von Dir bekommen. Er war vom 16. Dezember, und Du schreibst mal wieder recht froh. Am Tage vorher war's anders, und im ganzen zu urteilen, kann man wohl sagen: »Himmelhoch jauchzend – zu Tode betrübt!«, aber ich kenne das bald. Die Hauptsache ist, wenn Du am leben bleibst. Dann wird sich das andere schon finden.
Bist Du gut ins neue Jahr gekommen? Wir haben geschlafen. Wir versprachen uns viel von der Radiosendung, aber sie war nicht nach unserem Geschmack, und da haben wir gesagt, warum wir aufbleiben sollten. Gut geschlafen habe ich nicht direkt, aber das ist in letzter Zeit oft der Fall gewesen. Richtig müde war ich auch schon lange nicht mehr. Nur meinen Armen kann ich nicht viel zumuten.

Und ich fahre morgen nach Gelsenkirchen-Buer. Ich habe schon alles fertig eingepackt. Sonst könnte es wohl noch nichts geben. Wetter dafür ist es ja nicht. Heute hat es den ganzen Tag geschneit. Meine Halbschuhe habe ich eingepackt und fahre mit den Stiefeln. Wenn die Engländer kommen, soll ich aber nur eine Nacht bleiben. Man meint oft, das Wetter wäre zu schlecht, aber trotzdem fliegen die noch ein. Aber ich will es jetzt mal riskieren. Ich fahre ja nicht gerne allein, aber warum soll ich da nicht hin finden? Dann wird der nächste Brief wohl von da kommen. Hoffen wir das Beste.
Grade war ein Junggeselle am Radio und der sagte: »Und steig ich abends dann ins Bett, spür ich am besten, was mir fehlt.« Ich auch, und besonders im Winter. Dann geht es doch nicht für einen lebendigen Wärmstein. Hoffentlich klappt es mit dem Urlaub, damit wir auch nochmal richtig lieben können. Damals wars für sowas doch wirklich zu warm. Aber ich kann fast nicht an das glauben, was ich nicht sehe. Ich würde mal gerne angenehm enttäuscht.

7. Januar 1943

Dank für die heute erhaltenen Briefe, Luftpost vom 21. und 25. Dezember. Nun weiß ich auch, was Dir fehlt. Ob Du jetzt wieder gesund bist? Krankheiten sind ja im Allgemeinen nicht gut, aber Dir hat sie dann wenigstens ruhige Feiertage gebracht.
...
Du wolltest mich ja mal gerne sehen, wenn ich zum 1. Mal die Flak aus der Nähe hörte. Ich glaube, es wäre nicht interessant gewesen, denn ich blieb ganz ruhig dabei. Ich hatte es mir wirklich schlimmer vorgestellt. Deshalb hätte ich schon noch etwas dableiben mögen. Ich dachte aber, Mama sollte sich nicht noch länger Sorgen machen. Vorhin meinte sie auch, die Engländer würden wohl nicht kommen, damit man nicht aufstehen brauchte. Ich kann die Aufregung wirklich nicht verstehen. Ich freue mich immer, wenn nachts Alarm ist und sie nichts hört. Mir ist es im Bett gut genug. Ich glaube, ich muß jetzt aufhören mit schreiben, denn ich friere, und erkältet bin ich schon. Dabei bleibt es aber hoffentlich.
Übrigens habe ich heute nochmal sechs 100 gr. Päckchen fertig gemacht. 3 sind weg, und die andern kommen morgen. Gestern war ich Unterstützung holen, und bei der Gelegenheit habe ich nochmal 100 RM auf die Sparkasse getan. Nun habe ich schon über 1200. Du hast doch sicher auch wieder was unterwegs? Oder soll es erst viel

werden? Wenn Du noch lange in Rußland bleibst, werden wir allmählich noch reich.
Heute habe ich mir wieder einen Mantel schneiden lassen, so daß ich für die nächsten Tage ordentlich Arbeit habe.
Nun muß ich mal einen Deiner Briefe nehmen und beantworten... Der vom 21. kommt wohl kaum in Frage, und ich nehme mal den von 1.Weihnachten. Ich hatte da nur einen Traum, der mir zu denken gab, aber sonst habe ich die Tage ruhig verlebt. Ich habe ja schon davon geschrieben. Hat sich Deine Krankheit denn von selbst gefunden, oder wie kamst Du dazu? Das Christkind hat es wohl besonders gut gemeint mit Euch.
Hier gab es ja auch Sonderzuteilung. Unser Schnaps steht wohlbehalten im Keller. Wenn Du mal im Winter auf Urlaub kommst, gehen wir da dran, damit wir noch wärmer werden. Wir hatten noch etwas Eierlikör, aber den haben wir vorhin getrunken. Aber ich habe noch Material für neuen, und den braue ich demnächst mal.
Ich hoffe, daß meine Weihnachtspäckchen inzwischen auch alle angekommen sind. So hast Du ja auch länger was davon. War es schön, daß Du mich im Traum geküßt hast? Ja, ich wollte auch, es wäre Wirklichkeit. Glaubst Du, daß wir das nächste Weihnachtsfest gemeinsam verleben?

10. Januar 43

Hier ist jetzt richtiger Winter. Schnee haben wir schon länger, aber es war nicht so kalt. Jetzt sind es 4 Uhr, und die Fenster sind schon zur Hälfte zugefroren. Für Deine Begriffe mag das wohl nicht kalt sein. Heute Abend müssen wir bestimmt im Keller das Wasser mal abdrehen. Wie mag es Dir wohl gehen? Ich hoffte immer noch mal Post zu kriegen, aber der Brief von 2. Weihnachten ist noch der neueste. Gestern habe ich 3 Päckchen mit ungerolltem Rollschinken abgeschickt. Heute habe ich einen Kuchen gebacken für ein 2-Pfund-Paket, welches morgen der Fritz Kusserow mit nach Frankreich nimmt und von da abschickt. Hoffentlich erreicht Dich alles gut. Wie mag es bei Dir mit Urlaub aussehen? Ob's wohl bald zu einem Wiedersehen kommt? Bei vielen klappt es ja mit 6 Monaten, aber ob wir wirklich das Glück haben? Wir sind eben zu sehr enttäuscht worden, um alles glauben zu können.
Aber sonst geht's uns noch gut. Schonmal fühlt sich Mama ja ziemlich schlecht. Sie klagt ja schon lange über Schmerzen in einer Seite.

Vor vielen Jahren hast Du mal nachts den Arzt geholt, und diese Sache ist das noch. So schlimm wie damals war es jetzt noch nicht, und ich hoffe, es geht nochmal gut. Ich muß sie noch lange gebrauchen, und vor allen Dingen, solange noch Krieg ist. Ohne sie ist eben alles Kappes. Ich bin überhaupt gespannt, was die Zukunft uns noch alles bringt. Am liebsten wäre es mir, wenn Du noch heute nach Hause kämest und nicht wieder weg brauchtest. Besonders für meinen persönlichen Gebrauch. Ich könnte so gut einen zum wärmen gebrauchen. Wie ist die Sache mit Deinem Bein ausgelaufen? Hoffentlich ist es nichts Ernstes. Sonst bist Du jetzt gewiss wieder im Schützengraben. Ich mag nicht daran denken, wie kalt und gefährlich es da ist. Ich sitze in der warmen Stube und habe trotzdem eiskalte Füsse. Auch das schreiben will nicht klappen, denn mir fällt nichts Vernünftiges ein. Und ich möchte Dir doch gerne eine Freude machen, und wie sollte ich das anders?

14. Jan. 43
Mir fällt grade was ein, was ich Dich noch fragen wollte: Willst Du haben, daß ich mir nochmal Dauerwellen machen lasse? So gefalle ich mir selbst nicht mehr. Aber ich will Deine Antwort abwarten. Ich wollte, Du brächtest sie mir persönlich, aber dann habe ich für so was keine Zeit. Wenn Du hier bist, wollen wir auch so viel wie eben möglich ist, zusammen sein. Ich stelle es mir jetzt im Winter einfach herrlich vor. Sieh nur, daß nicht eines Tages ein Russki kommt und Dir einen Schlag versetzt, daß Du das Atmen vergißt.
Ich habe immer Angst, einer der Gefangenen hier versuchte sich zu rächen. Hier sind übrigens jetzt auch welche. Ich glaube, nach Weihnachten haben die noch nichts anderes getan als Schnee scheppen. Vertrauen erweckend sehen die nicht aus, und ich möchte denen nicht allein im Dunkeln begegnen. Wenn es so ist, wie mir vielfach erzählt wird, wäre ich für die ein fetter Bissen. Lieber nicht an so was denken.
...
Und das allerneueste will ich Dir auch noch eben mitteilen: seit einigen Tagen ist die B. geschieden. Gerade 3 Jahre hat die Ehe gedauert. Dabei bekommt sie von ihm noch eine Abfindung von 2500 RM. Also ein ganz einträgliches Geschäft. Aber wir wollen es nicht so machen. Wir sind so jung zusammen gekommen und wollen es noch lange bleiben.

17. Jan. 43, Sonntagnachmittag

Schreibst Du eigentlich nicht mehr soviel wie früher, oder liegt es nur an der Beförderung? Dein letzter normaler Brief ist vom 16. Dezember. Dann kommen die Luftpostbriefe vom 21. und 25. und dann noch der vom 26. Dez. und 5. Januar durch Urlauber. Da muß doch noch irgendwas dazwischen sein, oder ist Deine Zeit jetzt so knapp? Wärst Du noch in Frankreich, würde ich denken, es lägen andere Gründe vor. In Rußland ist das ja anders, und wohl besonders wo Du jetzt bist.

Wie ich auf der Karte an die alte Hilde gelesen habe, hast Du dieses Jahr wieder recht heiter angefangen. 1942 war es wohl ähnlich so. Hoffentlich geht in diesem aber auch nochmal alles gut. Wenn doch nochmal Post käme. Vergangene Woche habe ich nur den Brief vom 5. gekriegt. Ich habe ja auch jetzt zuviel Zeit zum Nachdenken. Es ist nichts, wenn man keine zwingenden Pflichten hat.

Heute vor 3 Jahren haben wir gemeinsam mit unserer Einquartierung bei Hellers Annchen Geburtstag gefeiert. Ja, damals war's noch schön. Mir will es oft nicht einleuchten, daß ich schon so alt bin. Ich wollte, wir könnten noch einmal 10 Jahre zurück. Aber da haben wir auch das Leben, so gut es ging, schon genossen.

Jetzt hört man Einzelne jammern, daß nicht getanzt werden darf. Das läßt mich kalt. Ich wollte nur, wir könnten zusammen sein. Dann wäre alles gut. Ob wir uns auch später noch so gut vertragen wie früher? Ich hoffe es. Wir sind doch inzwischen beide älter geworden, und hoffentlich in mancher Beziehung auch vernünftiger. Jetzt will ich mal aufhören und Mama helfen, Wäsche auswaschen. Also bis gleich.

...

Ich bin doch froh, daß wir keinen Volksempfänger mehr haben. Köln, Deutschlandsender und Paris sind weg, und nun hören wir Wien. Wenn Kön weggeht, ist es für uns das erste Zeichen, daß die Engländer unterwegs sind. Vergangene Nacht ist Berlin auch nochmal angegriffen worden.

Alex, entsinnst Du Dich noch der Zeit, wo wir die Seidenstrümpfe in Streifen schnitten, und einen Teppich davon häkelten? Sowas macht Mama augenblicklich. Sie kann nicht recht damit fertig werden, und darüber muß ich lachen. Sie sagt, ich solle schreiben, Du müßtest unbedingt kommen und das tun. Das wäre ein netter Grund, um Urlaub einzureichen. –

Den Kuchen für das Päckchen habe ich schon fertig. Der duftet recht gut, so daß ich schon Lust hätte, ihn selbst zu essen. Ich kann ja nicht dauernd was vom Schwein schicken, sonst kommen wir nicht weit, und damit müssen wir auskommen, bis wieder Weihnachten ist.

21. Januar 43
Schon 16 Tage keine Post von Dir.. Letzten Endes ist ja alles nicht so schlimm, wenn es nur nicht eines Tages ganz aufhört. Ich will es nicht hoffen. Ich habe mich wohl daran gewöhnt, allein zu sein, aber im Hintergrund steht doch immer Deine Heimkehr, und dann unser gemeinsames Glück. Ich bin ja auch schon wieder zufrieden, wenn Du mal Urlaub kriegst. Ob Du in einem Monat davon mehr weißt? Ich wollte, Du wärst dann hier.
Gestern war Pauline noch eben hier, und auf die Frage, ob es »gut« gegangen hätte? Sie wußte es noch nicht, aber ich glaube, sie machte sich Sorgen. Ich freue mich doch, daß Du anders bist. Ernst hatte geschrieben, daß er in der nächsten Zeit auch wieder die Reise nach Rußland antreten müßte. Ich wollte, du kämest auch mal wieder nach Frankreich. Zu kaufen gibt's da auch nicht mehr viel. Bleib nur am leben, dann soll schon alles gut werden.

Hinweis:

Hier fehlen einige Monate. Weder Mamas noch Papas Briefe sind vorhanden. Da müssen einige Briefpäckchen verloren gegangen sein. Offensichtlich gab es einen kurzen Urlaub. Dann muß wieder ein Päckchen mit Briefen verloren gegangen sein.

Rußland, 4.4.43
30 km durch knietiefen Schlamm müssen die Kameraden laufen, bevor sie in Urlaub fahren. Kein Fahrzeug geht mehr. Bin jetzt zeitweise »Russen-Kommandeur« bei Pferden, Wagen, Verpflegung der Tiere und immer Dolmetscher. Eine Arbeit, die mir Spaß macht. Zum Thema Urlaub: »Hoffnung sei Dein Wanderstab!«

6.4.1943
Sitze wieder hier als Dolmetscher. Bin gestern gegen Fleckfieber geimpft worden. Diese Spritze kriegen nur Offiziere, Sanitäter und solche, die mit Russen zu tun haben. Zu den letzteren gehöre ich ja auch. Schön wärs ja nun, wenn die Läuse, die uns beißen, vergiftet würden durch's Spritzen, aber das ist leider nicht der Fall. Nur Sauna hilft. Die werde ich später zuhause auch bauen, das geht durch alle Poren, und eine Badewanne bauen wir dazu.
Es geht uns gut jetzt. halb 6 Wecken, eine halbe Stunde Frühsport. Wieder geregelter Alltag und gutes Essen. Aber mach da bloß keine Propaganda von. Wer weiß, ob wir nicht übermorgen gar nichts mehr kriegen. Heute 1/3 Liter Wacholderschnaps erhalten, mit meinen 12 Russen geteilt und mit ihnen und einer Handgranate zum Fischen gegangen: nur ein winziges Fischchen.

18.4.43
Heute hatten wir auch mal nen Kameradschaftsabend. Es gab pro Mann eine Flasche Bier und ¼ l Schnaps. Gerade genug habe ich gehabt. Nur fehlte die Weiblichkeit dabei, sonst nett. Ne tadellose Tanzmusikkapelle hatten wir da und nen richtigen Komiker, waschechter Berliner. Um 5 gings an, und um 10 war Schluß. Und die ganze Zeit war tatsächlich heiterste Stimmung bei allen.
Wieder geimpft, gegen Typhus und Fleckfieber, die zweite der drei Spritzen. Die kosten auch bloß rund 300 Mark.
Ja, mein Liebling, wenn ich erst mal wieder bei Dir bin, wollen wir unzertrennlich sein und nur noch für uns beide da sein.

28.5.1943, von der Grenze
Mein Liebling! Nun bin ich schon wieder so weit von Dir weg, und wann mögen wir uns jetzt wohl mal wieder sehen? Es ist doch gemein,

daß man so immer wieder auseinander gehen muß. Hoffentlich bist Du gut von Köln nach Hause gekommen, aber den Wachtmeister Zimmermann habe ich noch nicht gefunden. Nun warte ich mal die 2 Züge ab, die heute Nachmittag und morgen früh ankommen, ob er wohl damit komnmt. Weiterfahren könnte ich heute schon, gleich um 16.04 bis Smolensk, aber den lasse ich mal fahren. Ich habe ja noch zu essen, und für die Nacht stehen reichlich Baracken mit Holzbetten zur Verfügung. Angekommen bin ich heute Morgen gegen halb 11. Alles mußte antreten und wir bekamen unsere Baracken zugewiesen. Aber die sind alle noch voll von Urlaubern, die gestern und vorgestern angekommen sind und heute erst weiterfahren.
Ich hab mich vorerst mal, da ich noch allein bin, im Kantinenraum niedergelassen und dabei die Formalitäten erledigt. Den Urlaubsschein stempeln lassen. Marschverpflegung u.s.w. gibt's auch schon. Dann muß sich alles, was das Reiseziel nicht weiß, an der Leitstelle melden, und da war ich, und ich fahre nun morgen, wahrscheinlich Nachmittag gegen 4 Uhr ab hier weiter nach Smolensk. Also mal ein ganzes Stück von Rschew weg. Mich soll's ja wundern, was da los ist. Hoffentlich ist's einigermaßen ruhig da. Das Wetter hier ist ganz tadellos und sehr, sehr warm. Wieder son kleiner Vorgeschmack für die nächste Zukunft. Ich mag ja so richtig noch gar nicht daran denken. Aber das Beste ist ja immer, Kopf hoch und - rin ins Vergnügen. Wo ich jetzt am liebsten hinfahren würde, wirst Du, meine liebe, liebste Selma, Dir ja wohl denken können. Liebling, es war so schön diesmal bei Dir. Hoffentlich wirds bald, bald wieder mal solche drei Wochen geben. Aber wieviel Tage müssen wir bis dahin noch warten?! Ach wär doch einmal diese - zu Ende. Nun, mein Lieb, sei vielmals gegrüßt und innige süsse Küsse, so wie in Köln, sendet Dir Dein Liebling.

Rußland, im Wald, 3.6.1943

Es ist wieder mal Abend geworden, und wir sind alle am Packen. Morgen ist um 3 Uhr Wecken, und im Laufe des Tages fahren wir dann von hier ab. Vielleicht nach Orel. Ich bin gespannt. Gefallen tut's mir gar nicht mehr. Heute mußte ich noch die beiliegende Post abholen, und ich danke herzlich für alles. Liebling, sogar das Päckchen von W. Schütz war da auch noch bei. Alles noch gut erhalten. Die beiliegenden Sachen habe ich über, also weg damit. Das Päckchen geht morgen per Urlauber mit, und ich hoffe, daß es gut

ankommt. Drops und ne Dose Fisch für Jenny zum Geburtstag. Der ist ja auch schon bald.
Ach, meine liebe, liebe Selma, wär doch alles mal zu Ende und wir wieder zusammen. Ich hab so große Sehnsucht nach Dir. Nicht nach anderen. Schreib mir bitte recht viel und lieb, ja?

4.6.43, im Wald

Meine liebe Selma!
Gestern Abend um 6 Uhr bin ich bei der Schwadron gelandet. Und es gefällt mir noch - gar nicht! - Aber was will ich machen. Es muß einfach. Leider war ich so dumm, schon sofort mit zum Appell anzutreten. - Entlausen. Pause. Jetzt ist's 2 Stunden später, viertel nach 12. Ich war mit weg, aber weil die Sache noch lange dauerte, habe ich wieder kehrt gemacht. So viele Läuse habe ich ja auch noch nicht wieder.
Und nun mal von gestern. Also den ganzen Tag bin ich noch mit der Bahn gefahren und kam dann um halb 6 hier an. Nahe bei Briansk. Zu fragen brauchte ich nicht lange, weil ich etwa 5 Minuten vorm Bahnhof schon nen Küchen-LKW von der 2. Schwadron traf. Der nahm mich dann mit ins Waldlager, wo die ganze Abteilung liegt. Ich hab mich da sofort zurückgemeldet. Der Chef lief mir grade in die Quere, und der neue Spiess auch. Ein früherer Uffz., jetzt Wachtmeister. Um 6 Uhr war dann Befehlsausgabe.
Junge, hier ist vielleicht was los. So nen Drill habe ich bis jetzt noch nicht erlebt, solange ich Soldat bin, und ne Stimmung bei allen, daß man leicht Angst kriegt.
Anschließend an den Appell mußten noch 2 Lieder gesungen werden. Ein Uffz. führte. Es hieß kehrt und sofort schon hinlegen, auf, hinlegen, auf, u.s.w. so ca. zehnmal. Und dann sind wir singend über eine Stunde hier durch den Wald, hohe Kiefern, marschiert.
Junge, das ist so der richtige Anfang nach dem Urlaub gewesen. Und Dienst, jeden Tag ist Appell in irgendwas. Heute Abend in Mütze, Kragenbinden und Gasmaske. Einfach alles zum Kotzen. Direkt freie Zeit gibt's überhaupt nicht mehr. Es ist so richtig preußischer Kommiss, und das hier mitten in Rußland, wo man so schon alles grade schlecht genug hat. Mücken sind hier wieder, daß es ganz schlimm ist. Es gibt einfach nur noch Schlechtes hier. Bis ich mich da wieder richtig eingelebt habe, wird wohl noch was dauern.

Und das allerschlimmste ist, daß hinter all diesem die Frage steht: Wie lange noch, und wofür das alles? Mein Gepäck ist auch gründlich durchsucht worden, und es fehlen mein Mantel, Pullover, Fleischbüchse von der eisernen Portion. Meine Turnschuhe hatte schon ein Uffz. zum Schuster gebracht, die hab ich wieder. Und das andere krieg ich auch noch. Der neue Spieß sagte mir, wie ich ihm das sagte was mir fehlt, dann solle ich nächstens meine Sachen mitnehmen, wenn ich in Urlaub fahre. Ja, so ist das. Ob mit solcher Behandlung wohl der Krieg eher zu Ende geht??!
Nun davon Schluß. Mein Liebling, wie geht es Euch? Habt Ihr auch was von dem Angriff auf Wuppertal mitbekommen? Hoffentlich nicht. Daß ich mir Sorgen drum mache, hat ja doch keinen Zweck. Du mußt mich immer nur ganz ganz lieb halten, und wir wollen hoffen, daß ich einst wiederkomme. Ganz traurig sende ich Dir süße Küsse und bin Dein Liebling.

Pfingstsamstag 1943
Allein sitze ich seit 'ner Stunde auf Fliegerwache. Es ist jetzt grade 5 Uhr, und bis halb 9 habe ich noch Zeit, dann ist die Sonne weg. Und morgen ist Pfingsten. Ach, meine geliebte Selma, wie schön könnte es sein, wenn jetzt kein Krieg wäre, und ich könnte bei Dir sein. Aber leider, leider ist das nun das 4. Mal, daß ich Pfingsten als Soldat feiern muß. Ob es wohl das letzte Mal so ist? Oder bin ich nächstes Jahr wohl immer noch Soldat? Ich glaub's ja kaum, aber möglich ist heutztage alles. Wenn ich ja gesund und am leben bleibe, ist's ja schließlich noch egal, aber man möchte doch auch einmal wieder zu Hause sein können, ohne daß es nach einigen wenigen Tagen schon wieder weg geht.
Wie herrlich war doch der Urlaub und es war doch nur wieder ein Märchen. Daß die Zeit überhaupt mal wiederkommen könnte, wo es mal kein Urlaub ist sondern ich Zivilist bin, kann man ja fast nicht glauben. Aber einmal muß ja auch dieser Krieg ein Ende nehmen, und dann hoffentlich so, wie wir es uns wünschen. Liebling, glaubst Du, daß dann auch für uns ne schöne Zeit kommen wird?
Das kann ich Dir ja so gerne versprechen, daß ich Dich dann, wenn wir wieder zusammen sind, in puncto Liebe so zufrieden stellen werde, wie auch in der Zeit vor dem Kriege. Liebling, weißt Du noch, wie schöne Pfingsttage wir verbracht haben? Wir haben ja neulich noch davon gesprochen. Waren wir nicht immer restlos glücklich,

wenn wir nur zusammen waren? Und so soll's auch mal wieder werden, wohl? So wie damals nichts zwischen uns stand, soll auch dann, wenn der Krieg aus ist, nichts sein, was einer vom anderen nicht wissen dürfte. So ist's Dir ja doch auch recht, wohl! Wenn ich dran denke, wie herrlich es jetzt ohne Krieg sein könnte und dann wie es jetzt ist!
Ich könnte ja alles um mich rum in Stücke schlagen. Ich sitze hier tage- und wochenlang ohne auch nur das geringste nützliche zu tun und Du und Mama, Ihr beide müsst Euch krumm und kaputt schuften, nur um nicht alles verkommen zu lassen! Und dazu jetzt noch die gewiss große Sorge um unsere Jenny und ihre Wirbelsäule, von mir bzw. der Sorge um mich ganz zu schweigen! Und man sieht noch nicht das geringste Zeichen einer Änderung dieses Zustandes! Da sollte man noch froh bei werden? Das ist fast zu viel.
Liebling, hoffentlich geht's wenigstens mit Jenny gut, sie wär doch wirklich zu schade, um für's ganze Leben verdorben zu sein. Hast Du wohl noch irgendwas unternommen? Ein Turnreck könnte bestimmt viel, viel helfen, und ich habe sofort gedacht, als ich Deinen letzten Brief, der so inhaltschwer war, erhielt: hätte ich ihr doch bloß den Gefallen getan und ihr ein Turnreck gebaut. Jetzt ist's natürlich aus damit. Vielleicht könntest Du ja mal versuchen, daß Dir irgendjemand hilft dabei dort. Am schlimmsten wird's ja wohl mit ner Eisenstange sein. Aber vielleicht könnte Dir der Pflitsch Emil dran helfen. Oder wie wär's wohl, wenn Du mal mit irgendeinem vom Turnverein sprächest, wenn sonst nichts zu machen ist. Die geben doch sicher, wenn auch nur leihweise, sone alte Stange mal ab. Wäre ich nur auch da, ich wollte schon helfen, daß es was gäbe.
Und Du, mein Liebling? Wie geht es Dir? Und wie lebst Du jetzt Deine Tage? Sicher fängt dort bald die Heuarbeit an, und Du hast wieder viel zu viel zu tun. Hast Du schonmal gesorgt, wer das Mähen tut? Der Karthaus hilft doch sicher, oder der Bürgermeister. Ach Gott, wenn ich an all den Brassel denke, der jetzt in 8–14 Tagen auf Dir allein liegt, könnte ich ja fast verrückt werden. Mich hält ja nur noch der Gedanke, daß ich ne ganz, ganz liebe und tapfere und auch starke Frau, meine einzige liebe Selma, habe. Mein Liebling, wie soll ich Dir das, was Du jetzt alles für mich tust, mal vergelten?
Und wie gehts'mit Mama? Hoffentlich hält die das bloß alles aus, nicht daß sie plötzlich nicht mehr kann, und Du stehst dann ganz allein da. Leider kann ich keine Kaffeebohnen schicken, aber verlass Dich nur drauf, daß Dein Alex jede Möglichkeit, die sich mal

irgendwie bieten könnte, wahrnehmen wird. Ob es ja jemals wieder so kommt wie im April, ist ja ne riesengroße Frage. Jetzt als SMG-Mann komme ich da ja kaum mehr bei.

Jedenfalls laßt Euch das von mir sagen, Du und Mama: was nicht gut geht, laßt liegen, und denkt, Ihr könntet auch vom Geld leben. Vor allen Dingen spart nicht am g u t e n Essen. Andere machen's ja auch. Ob Du dicker wirst oder nicht, das spielt ja gar keine Rolle. So wie Du bist, bist Du mein Liebling, und so hab ich Dich auch immer lieb. Ganz egal, was andere sagen. Ich habe da wohl bisher wenig nachgefragt. Liebling, ich denke, wir beide verstehen uns in diesem Punkt wohl. Daß es schön wäre, wenn Du leichter würdest, ist ja wohl klar. Für Dich wie für mich. Aber es muß nicht sein. Ich sehe mir so oft deine beiden Bilder an von Pitells und da freue ich mich immer wieder drüber, daß ich die habe. Und ich habe schon von vielen gesagt gekriegt, Du wärst schön, und mit der Frau könnte ich mich auch überall sehen lassen. Meinst Du, daß ich auf die Frau stolz bin?- Ich wollte nur, ich könnte bei Dir sein. Und dann meinst Du noch immer, an Dir hätte ja doch keiner Interesse und Du müßtest mich noch eifersüchtig machen. Ist gar nicht mehr nötig.

Übrigens, hast Du nochmal wieder Post von dem Albert gekriegt, und was schreibt der? Jetzt wo ich wieder weg bin, kommt der doch sicher mal wieder. Hast ihm doch sicher von Köln aus mal geschrieben, oder nicht? Mädchen, sei bloß vorsichtig und denke an das, was ich Dir gesagt habe.

Und wie sind die Flak'ser von der Talsperre? Kommen die jetzt regelmäßig oder gar nicht mehr? Junge, so Soldat sein wie die möchte ich auch mal. Wenn dort das Wetter ist wie hier jetzt. Die müßten ja leben wie im Paradies. Wenn ja hier noch wenigstens Wasser wäre, daß man ab und zu mal richtig baden könnte, wär's hier auch ganz nett. Es ist hier ziemlich wellig, immmer Hügel und Täler, aber kein Wald und kein Wasser. Der Boden ist richtig tiefschwarz und könnte bestimmt reichste Ernten bringen, wenn er nur richtig verarbeitet würde. Heute Mittag eggte hier einer Kartoffeln. Mit 4 Eggen und 4 Pferden. Jedesmal das 2., 3. und 4. Pferd an den Schwengel vom vorderen Pferd mit nem Strick angebunden. Das geht auch.

Grade fliegen wieder 2 Jäger über mich weg zur Front. Junge, gestern war da was los. 42 Stukas und ne Reihe Jäger zogen vor Mittag los. Alle schwer beladen. Da möchte ich bestimmt nicht gern sein, wo die abladen. Und alle 42 sind zurückgekommen. Keiner blieb aus.

Dagegen haben die Russen jetzt vor einigen Tagen bzw. Abenden auf Orel allein 59 Flieger verloren.
6 Abschüsse von der Flak konnten wir hier 40 km davon entfernt sogar sehen. Wenn man das so sieht und bedenkt, so sollte man ja meinen, daß denen allmählich die Puste ausgehen wird, und ich bin auch gespannt, was uns die nächsten Wochen wohl bringen werden. Irgendwas ist hier jedenfalls am werden, und alles, was wir hier so machen, sieht so richtig nach Vormarsch und Angriff und Verfolgung aus.
Unsere ganze Schwadron war jetzt mit Fahrrädern versorgt und wir, die SMG-Staffel, sollten Beifahrer-Kräder kriegen. Es wär ja so schön gewesen. Da ist heute ne ganze Ladung neuer Fahrräder angekommen, und soll's wohl aus sein mit Motorrad. Schade! Wie wir allerdings all unser Gerät verladen und mitkriegen sollen, darüber sind wir alle noch unklar. Gespannt bin ich ja nur, wann und wo es losgeht. Jedenfalls lange dauert's nicht mehr. Heute Mittag haben wir scharfschießen mit S.M.G. gehabt. Da sind 100 Schuß weg, bis auf 3,5 km, ehe man's richtig merkt, daß man schiesst. Ne ganz furchtbare Waffe auf jeden Fall. Heute Morgen die Übung war wieder mal richtig heiß. Aber wir haben's doch immer noch besser als die Gewehrschützen. Ganz vorne können wir doch nicht hin, und viel zu laufen brauchen wir auch nicht. Aber leid wird man ja alles.
Grade tritt im Dorf die Schwadron wieder an zum Appell in Koppel, Mütze. Da wird wieder die Wache für morgen und übermorgen fällig sein. Junge, ist das ein Krampf.
Mir geht's gesundheitlich noch gut, hab nur auf dem Rücken etwas Sonnenbrand.
Von dem Rollschinken habe ich noch ein gutes Stück, schmeckt ganz prima nach so ner Übung. Und jeden Abend kriege ich ein Kochgeschirr voll kuhwarmer frischer Milch. Also gar nicht schlecht zu nennen. Brot gibt's auch satt. Heute gibt's wieder mal Markentenderwaren. 40 Zigaretten und 50 gr. Tabak. Vielleicht auch noch irgendwas an Alkohol. Du, der Wachtmeister Zimmermann hat Bombenschaden gehabt. Das halbe Anwesen sei total kaputt. Hoffentlich passiert das dort nicht mal. Habt Ihr noch viel Fliegeralarm?
Und jetzt hoffe ich, daß Du, mein Liebling, gesund und munter und mit Deinem Alex heute zufrieden bist, und daß alles, besonders Jenny wieder gut wird.

6.6.1943

Nördlich von Orel, so müde und dreckig! Nun auf dem Fahrrad. Rundum bester schwarzer Boden, hunderte Kilomter weit, kein Wald. Häuser aus Lehm, Stroh und Holz und ohne Fußboden, nicht ein einziger Brunnen. Wasser nur 100 Meter vor dem Dorf mit acht Häusern, in einem flachen Tal mit einem Schlammbach, also kein Tropfen klares Wasser. Und dabei herrscht eine ganz tolle Hitze hier, auch nachts, aber keine Mücken. Viele haben schon Sonnenbrand. Die Bevölkerung hier ist trotz des wirklich erstklassigen Bodens total bettelarm. Sowas habe ich bis jetzt noch nicht erlebt. In den meisten Häusern ist noch nichtmal ein Tisch, vom Fußboden gar nicht zu sprechen. Die Bekleidung: ausschließlich Lumpen und Fetzen. Aber ich konnte gegen Geld Eier kaufen.

...

Bleibe nicht bei Dr. B. Was der für 'ne Meinung hat, weiß ich ja selbst viel zu gut. Fahre mit Jenny irgendwohin zu einem Spezialisten, Kinderarzt- oder ärztin. Dr.Zorn wird Dir bestimmt Überweisung oder Rat geben. Aber wenn eben möglich, vermeide, daß Jenny nach Köln kommt. Da ist sie, meine ich, doch zu sehr in Bombengefahr. Sonstige Kinderheilstätten o.ä. gibt es ja wohl noch genug in weniger luftgefährdeten Gebieten. Wo sie hinkommt und was es kostet, ist doch ganz egal. Die Krankenkasse wird ja doch wohl auch einen Teil zu tragen haben. Also laß Dich bitte mal von einem tüchtigen Kinderspezialisten beraten. Bitte, bitte, Liebling, tu für Dein und mein Kind alles, was möglich ist. Noch wird's wohl früh genug sein. Ich habe ja so Sorgen jetzt. Es gibt doch auch ein Reichsgesundheitsamt. Wende Dich da auch mal an die Partei. Bitte, meine liebe Selma, laß nichts unversucht. Die Trennung wird Jenny wohl überwinden, auch wenn sie ganz weit von zu Hause wegkommen sollte. Wenn sie nur gesund und grade bleibt. Hoffentlich geht's doch gut mit ihr.

...

Meine arme Selma, daß Du so traurig bist, versteh ich ja nur zu gut und weiß ja wohl am besten, daß Du unsere liebe Jenny genau so lieb, vielleicht ja, bestimmt noch lieber hast als andere Mütter ihre Kinder. Aber den Kopf hängen lassen hat ja keinen Zweck, deshalb Kopf hoch und mit Ruhe und Vernunft handeln.

...

Ersten Feldgottesdienst als Soldat mitgemacht. Es war sehr schön.

Morgen ist wieder drei Stunden Geländeübung, da gibt's bis Mittag wieder recht müde Knochen.
Also wegen Jenny: Spezialarzt aufsuchen. Wenn sie weg muß, bitte versuchen nach Mittel- oder Süddeutschland. Sag ihr, daß der Papa sie gerne gesund und gerade wiedersehen möchte. Und nun, mein Liebes, Kopf hoch!

Juni 1943

... hundemüde.. Wir haben jetzt fast jeden Tag ne Geländeübung, und das bei ner ganz furchtbaren Hitze. Da hängt einem tatsächlich die Lunge vorm Hals. Und dann ist noch lange kein Feierabend. Ruhe gibt's gar keine mehr, wenn man schläft. ..
Heute nachts um drei Uhr wecken, um vier Abmarsch für eine große Übung und Ausbildung bis um fünf Uhr abends, 15 Stunden und alles für 2,50 RM. Nur gut, daß wir wenigstens satt zu essen kriegen..
Der Spieß fragte heute, wer sich für 4 halb oder 12 Jahre verpflichten wolle. Ich könnte dann schnell Unteroffizier, vielleicht Feldwebel sein. Aber weißt Du, was ich getan habe, als er mich ansah? Nur gelacht! Das kannst Du sicher nicht verstehen, was? Aber ich will Dir mal meinen Standpunkt sagen: wenn ich nur aufgrund einer Verpflichtung zu etwas mehr als Obergefreiter kommen kann, dann kann meinethalben der Krieg noch elf Jahre und 364 Tage dauern. Dann würde ich mich noch lange nicht für den 365.Tag verpflichten. Kommt gar nicht in Frage. Dann doch lieber ewig der sture, dreckige und gehetzte Landser bleiben. »Radfahren« kann ich nicht und lerne es auch nicht. Niemals! Wenn ich nicht aufgrund meiner Erfahrung bzw. Führung zu etwas kommen kann, dann bleibe ich eben das was ich jetzt bin. Mir ist's G E N U G!
Viel, viel, worüber man sich nur wundern muß, so z.B. heute Abend beim Appell wurde nach dem Soldbuch gefragt. Wir standen zum größten Teil im Drillichanzug und schon wurden alle aufgeschrieben für die nächsten Wachen. Obwohl es noch nie Sitte gewesen ist, solange ich Soldat bin, daß das Soldbuch im Drillich zur Parade mitgetragen wird.
Gestern hatten wir nen prima Nachmittag. Die andern hätten Spähtrupp und SMG führen..., aber wir alle ins Varieté nach Rscheschew. Ganz, ganz großartig war's. Vorher waren wir im Soldatenheim. Da

gab's für 20 Pfennig Pudding, dreimal habe ich 'ne Karte dafür geholt, und dann noch 'ne Tasse Kaffee und Brot, je eine Schnitte mit Butter und Marmelade. Da muß man nur frei und frech sein.

*

18. Juni 1943
Stell Dir vor: ich war heute zweimal in die Waldbeeren, und wir hatten eben frischen Waldbeer-Pfannekuchen. So früh habe ich das noch nicht erlebt. Schade, daß Du nicht mit essen konntest. Vor Abend war ich noch 2 Stunden in die Runkeln, sprich Kohlraben, denn Runkeln bleiben nicht viele übrig. Da hatte ich aber ordentlich Rückenschmerzen. Von meinen Leibschmerzen fühle ich nichts mehr. Ich wollte vorhin noch die Jauche fahren, aber Mama meinte, ich sollte bis morgen warten, Sie hat nochmal einen sehr schlechten mit Tag Kopfschmerzen - hinter sich und ist schon im Bett. Ich will mich auch beeilen, daß ich drin komme. Gestern waren wir vor 9 Uhr schon alle verschwunden.
Haarhaus haben gestern das erste, schon fast faule, Heu eingetan. Was uns noch alles bevorsteht, darüber will ich nicht nachdenken. Es ist noch nichts gemäht. Es ist überhaupt das beste, wenn man tut, als ob man nicht bis 3 zählen könnte.
Und nun mal zu Dir. Bekommst du denn nun ein Motorrad, oder fährst Du Beiwagen? Mama meinte schon, wenn Du wieder hier wärest, würde sie nicht mehr mit Dir fahren, dann wäre es zu gefährlich. Na, wollen mal sehen.
Wärst Du nur erst wieder hier, dann wollte ich gern noch auf ein paar Jahre Motorradfahren verzichten. Ich bin gespannt, wie lange es dauert, bis Du 4. Schütze bist. Eigentlich hast Du doch schon allerhand Posten gehabt.
Du, ich meine, die Post ginge aber jetzt schnell. Ich hatte bis jetzt noch nie in 19 Tagen Antwort hier. Dann kriegst Du die Päckchen sicher auch schnell. Hoffentlich bist Du nicht enttäuscht, daß ich nicht auch noch kleine Päckchen geschickt habe. Es fehlt mir an den nötigen Zutaten, besonders Zucker, und Du bist doch so süss. Mein Liebling, mach' Dir nur nicht zu viel Sorgen, wenn ich von all unseren Krankheiten schreibe. Wie mir scheint, glauben die Leute, ich wäre in Hoffnung. An den Reinfall glaube ich noch lange nicht. Wollen sehen, wer zuletzt lacht. Wollen hoffen, daß der nächste Urlaub doch nicht bis nächstes Jahr dauert. Auf jeden Fall ist's gut, daß Du

mal hier warst. - Ich bin müde und will schnell schlafen gehen. Mach Dir nur keine Sorgen, ich behalte Dich schon lieb und bleibe Dir treu.

19. Juni 1943
Wir haben immer noch kein Heuwetter. Nachts kommen die Engländer, und am Tage treibt ein Gewitter das andere. Ich weiß nicht, wie viele wir gestern und heute hatten. Es hat jedenfalls so viel geregnet, daß in der vorigen Nacht der Jauchekeller voll geworden ist. Davon kommt es auch vielleicht, daß wir von dem Kölner Angriff nichts gehört haben.
Dann wollte ich mal eben an den Berg. Doch ich kriegte so furchtbare Leibschmerzen, daß alles aus war. Nach zwei schrecklichen Stunden gab's etwas Besserung. Was es war, weiß ich nicht, habe aber immer an Hansens Darmumschlingung denken müssen. Eine halbe Stunde habe ich vor dem Chaiselongue gestanden, bevor ich zum liegen kam. Ich schwitzte vor Schmerzen. Wie die zwei nach Hause kamen, ging es wieder einigermaßen. Die Nacht habe ich noch ziemlich geschlafen. Bis Mittag habe ich nichts mehr fertig gebracht als ein Päckchen für Dich. Hoffentlich kommt es gut an und macht Dir Freude.
...
Heute sind es nun schon 3 Wochen, daß wir Abschied nehmen mußten. Ja, die Zeit vergeht, und nun weiß ich nicht, wo sie geblieben ist. Ich wollte schon, wir wären 3 Monate weiter. Dann hätten wir viel Arbeit und Sorgen hinter uns. Aber ich will den Kopf nicht hängen lassen, denn bis jetzt ist noch alles vorüber gegangen. Wenn es gar nicht anders geht, lassen wir mal was stehen. Ich sehe grade Mama im Garten, und da fällt mir ein, daß wir heute die ersten Erdbeeren geerntet haben. Sie schmecken prima, und Jennys Freude wirst Du dir vorstellen können. Die Stachelbeersträucher brechen auch fast von Früchten. Es kommt ja auch schon schnell die Zeit, wo man einkochen kann. Es gibt ja immer mehr Arbeit, aber die tun wir gerne. Hoffentlich mache ich es Dir nicht so schwer mit allen meinen Klagen. Was uns bevorsteht, weißt Du ja alles.
Hoffentlich kommt bald Post. Wenn nicht, warte ich mit dem nächsten Schreiben bis Sonntag. Ob es im nächsten Jahr wohl anders ist? Wer weiß? Man ist verheiratet, um nicht auf sich allein angewiesen zu sein, und doch ist alles Essig. Ich will den Kopf nicht hängen lassen und bin mit vielen Küssen Deine Selma.

23. Juni 43

Seit gestern sind wir am Heu. Ich habe mir einen von der Flak geliehen, weißt Du, den Wiener. Es ist nur schade, daß wir den so schlecht verstehen können. Er hat uns gestern die Hofwiese und den alten Garten gemäht und heute die oberste Späinghauser, alles mit der Sense. Soviel Gras wie da war, hatte der noch nicht gesehen, und er hat sich sehr plagen müssen. Es gefällt ihm aber sehr gut, und sobald er Erlaubnis kriegt, will er wiederkommen. Ich wollte ja gern 2 Soldaten haben, aber durch den vielen Alarm geht's nicht. Deshalb ist es schon gut, daß dieser beim Scheinwerfer ist.
Heute Nachmittag hat uns der Rönchens Willi die Weide bei Wirths gemäht. Der hat jetzt auch einen Motor auf der Maschine. Und das klappte ganz vorzüglich. Wenn wir Bauer bleiben, wollen wir uns auch sowas anschaffen. Ich weiß, daß Du gut damit zurechtkämest, denn für sowas sind die Kenntnisse vom Motorrad viel wert. Ausgesprochenes Heuwetter haben wir immer noch nicht, aber wenn wir für den alten Garten noch einen Tag haben, ist's gut. Ich wollte schon, wir hätten die Hofwiese trocken.
Heute habe ich viel springen müssen, und da kannst Du Dir denken, daß ich müde bin, besonders wo ich gestern auch noch unwohl wurde. Nun glaube ich doch, daß kein Kind vom Urlaub übriggeblieben ist. Mein Liebling, vor Wochen um diese Zeit waren wir noch einmal zusammen am Berg. Wie doch die Zeit vergeht. Sieh nur, daß Dir nichts passiert, dann wird's für uns schon ein glückliches Wiedersehen geben.
Es ist ja doch traurig, wie so eine deutsche Stadt nach der anderen kaputt gemacht wird. Vorige Nacht war hier auch Alarm, aber von Flugzeugen nichts zu hören. Zum Schluß hat hier die Flak auch mal das Schießen probiert. Viele Leute haben einen großen Schrecken gekriegt. Unser Müzchen ist gleich über den Zaun gesprungen. Wie das Schießen noch weit ab war, dachte ich, es wäre ein Flugzeug gewesen und sprang gleich aus dem Bett. Jenny meinte, die störten einen ja im schönsten Schlaf. Wer weiß, was wir noch alles erleben.

*

Pfingsten 1943, halb 9 Uhr.
Nun ist es das vierte Mal, daß ich Pfingsten beim Kommiss erlebt habe. Der 1. Tag ist so ziemlich zu Ende, war sogar Feiertag. Wenigstens war's von der Abt. so befohlen. Wir hatten aber um 7 Uhr

Wecken, und um 11 war ganz doller Waffenappell. Bis halb 1 sind wir da gestanden, und ca. 40 Mann standen wieder auf dem Papier. Wache habe ich aber keine gehabt, und bin auch heute nicht aufgefallen. Überhaupt hatten wir Glück. Von uns wurde nur vom Waffen-Uffz. unser S.M.G. besehen. Der Spiess hatte scheinbar schon genug auffallen lassen, daß er gar nicht mehr zur S.M.G.-Staffel kam.
Und heute Nachmittag war dienstfrei. Ich wollte eigentlich ganz viel schreiben, aber es war einfach zu warm und ich zu faul. Habe im Schatten auf ner Decke gelegen, bis es 6 Uhr war. Nach dem Essen hatte ich mir erst noch nen prima Himbeerpudding gekocht. Der erste seit ich im Urlaub war. Und nach 6 Uhr habe ich mich satt Schinkenbütter gegessen. Noch drei bis vier Tage, dann ist der auch alle, und dann werde ich um nen neuen schreiben. Dafür, daß es jetzt so warm ist, hält sich der ganz prima.
Übrigens habe ich eben wieder ein Päckchen für Dich gemacht. Ne große Dose prima Fisch, die ich durch den Schinken leicht übrig habe. Und für Jenny habe ich auch noch was. Nur fehlt die Verpackung noch dafür. Sie kriegt das zum Geburtstag von mir. 2 Riegel Schokolade und ne Rolle Drops habe ich fertig da liegen. Mal sehen, vielleicht verpacke ich das gleich noch, wenn ich noch ne Schachtel dafür kriege.
Liebling, wäre es doch nur schön, wenn wir die Sorgen um unser Kind los wären. Hoffentlich wird sie doch bloß wieder gesund und gerade.
Meine liebe Selma, heute habe ich noch nicht mal nen Brief von Dir bekommen, und ich habe so darauf gehofft. Nur wenige Briefe sind vorhin ausgegeben worden. Schade, ich hätte so gern nochmal was Neues heute erfahren. Dein Brief vom 2.6. ist immer noch der neueste, und den habe ich seit dem 9. schon.
Übrigens sind gestern alle unsere Gefangenen vereidigt worden auf den Führer. Ich saß ja auf Fliegerwache und mußte da plötzlich kommen und denen ne Ansprache von unserem Chef übersetzen. Gestern Abend hatten die Urlaub bis heute früh um 6 Uhr. Nett, nicht !? Und total besoffen waren sie alle. Wir konnten uns die Zunge lecken. Und Du, Liebling, wie geht's Dir noch? Wie hast Du wohl die Feiertage verlebt? Hattest Du auch wohl Besuch? Bei uns war's schon so. Und morgen wird's erst nett. 4 Uhr Wecken und Übung bis übermorgen früh 3 Uhr. Und jetzt ist's spät genug zum schlafen.

O.U. d. 16.6.1943

... Und sonst nicht viel Neues hier. Wir liegen jetzt südlich Orel, und warten auf die Dinge, die noch kommen sollen. Also gibt's wieder Ausbildung u.s.w. Wie lange mag das wohl noch dauern?
Und nun was anderes. Gestern Abend, als wir unser Zelt gerade fix und fertig hatten, gab's Post. Für mich war Dein Brief vom 6.6. dabei, wofür ich Dir hiermit recht herzlich danke. Ob es nun heute, es soll noch Post geben, auch wohl was für mich gibt?
Gesundheitlich geht's mir noch sehr gut. Mein Bein ist vollständig heil. Also gibt's vorläufig noch nichts mit Lazarett. Na, am besten ist ja auch immer noch die volle Gesundheit. Und hoffentlich behalte ich die und Ihr dort auch, bis der Krieg mal vorbei ist.
Hier hört man jetzt schon ab und zu Leute, die auf die Sondermeldung warten, daß unsere Fallschirmjäger in England Fuß gefasst haben. Soll mich ja auch mal wundern, wann und was es dieses Jahr wohl gibt. Wär bloß der Krieg mal zu Ende, dann wäre mir alles andere egal.

Und nun zu Deinem Brief. Also in der Maisdörpe war wieder ein Fest. Da muß ich ja auch wohl mal dahin schreiben. Und wie war's wohl auf Hildes Geburtstag? Ob ich wohl nächstes Jahr mal wieder dabei bin?
Die Pitells sollten ja wohl allerhand erzählen können, vom Bombenangriff auf Wuppertal. Gespannt bin ich, wie lange sich nur das die Bevölkerung dort noch ruhig über sich ergehen läßt.
Regen hatten wir auch heute Nacht nochmal, ein ordentliches Gewitter. Aber bei uns hat's nicht viel gemacht, unser Zelt hält dicht. Daß Du immer reichlich Arbeit hast, glaube ich Dir recht gerne. Ja, auf die Kriegsbesoldung bin ich ja auch gespannt, was es da wohl mehr gibt. Viel lieber würde ich auf all das verzichten und nicht Soldat sein. Meinst Du, mein Lieb, nicht auch, daß das schöner wäre? Was haben denn die, Speer und Göbbels, gesagt? Ob die sich wohl noch so ganz siegessicherer fühlen?
Mit Mama wird's doch hoffentlich nicht schlimmer werden, daß Du wieder allein da stehst.
Liebling, glaubst Du, daß ich immer wieder neu stolz auf Dich bin und Dich immer mehr liebe, wenn ich nur an all die schwere Arbeit denke, die Du jetzt allein tragen und erledigen mußt. Aber ich bin auch froh, daß ich mir deshalb keine großen Sorgen zu machen

brauche. Dafür habe ich ja meine tapfere, starke Selma, mein Liebling, Ja, mein Lieb, wie schön könnten wir uns das Leben machen, wenn kein Krieg wäre.
Daß Du den Brief aus Smolensk erhalten hast, freut mich. Auf solche Gelegenheiten passe ich schon noch auf, da verlaß Dich ruhig auf Deinen Alex. Was ich nur kann, tue ich für Dich. Mit dem nach Deutschland kommen, da wird's wohl bei unserer Einheit mau aussehen. Scheinbar sind wir dafür nicht mehr zivilisiert genug.
Ja, meine liebe, liebe Selma, der Urlaub war sooo schön. Und sogar so schön, daß man fast glauben sollte, es wäre gar nicht wahr. Und wann mag wohl das kommen, was noch schöner ist: der FRIEDE? Ich hoffe ja auch felsenfest darauf, daß wir beide den noch zusammen erleben. Liebling, glaubst Du mir, daß ich Dich dann ganz ganz lieb haben werde, immer!? Dann sollst Du Deinen Mann ganz so haben, wie es Dir lieb ist. Nach Rußland ziehen wir n i e!!!
In der Zwischenzeit sind doch sicher wieder Briefe von mir angekommen. Hoffentlich gefallen sie Dir noch.- Für den Brief von Jenny übrigens meinen allerherzlichsten Dank und meine vollste Anerkennung. Die Zeilen haben mich sehr gefreut. Sag ihr, daß sie sich was wünschen darf, und Du kaufst es ihr dann, wohl!
Aber wie kannst Du bloß denken, ich hätte Dich nicht immer gern, und Du könntest in dem Fall keine Garantie für Dich übernehmen? Na warte, Du! Eine andere will ich nicht und habe ich nicht! Nur Dich allein, meine heißgeliebte Selma, liebe und will ich haben, und Dir bleibe ich treu.

Sonntag, d. 27. Juni 1943
Ich habe gerade noch etwas Zeit bis es Mittag ist und da will ich schonmal anfangen. So, also es geht mir noch ganz gut, und Post habe ich vorgestern Abend, als ich im Panzerdeckungsloch saß, erhalten. Liebling, danke Dir, da erhielt ich deinen Brief vom 21.6. Wie ich mich da gefreut habe, mal so ne neue Nachricht von Dir zu haben, wirst Du wohl verstehen können.
Wir waren da also am 25.6., Mittag, 2 Uhr wieder zu ner Übung rausgefahren. Abends lagen wir in Bereitstellung vor dem »Feind«, und morgens punkt 3.30 Uhr gings los mit allen schweren und leichten Waffen. Es wurde richtig scharf geschossen, und alles war kriegsmässig, nur keine Russen uns gegenüber. Die Nacht sassen wir zu je 2 Mann in einem 1,30 m tiefen Loch, das wir uns erst mal gemacht

haben, und wie es da mit Schlaf war, kannst Du Dir ja wohl denken! Bis gegen halb 10 am 26., also mein Geburtstag, waren wir gut 2 km vorgegangen, und es war so ganz interessant, mal son Angriff in der Nähe mitzumachen. Mit unserem M.G. hatten wir gut 1.000 Schuß verknallt. Das Ding klappte ganz tadellos, und wenn es mal ernst wird, wird's wohl viel Unheil anrichten. Bis gegen 11 Uhr hatten wir Ruhe, und dann ging's wieder zurück in unser altes Quartier, wo wir gestern Nachmittag um 2 ankamen. Aber so dreckig und verstaubt wie wir da alle waren, bin ich noch nie gewesen, und wohl auch keiner von den anderen.
Junge, so sollte mal ne Schwadron in der Heimat durch ein Dorf oder eine Stadt kommen. Wenn einer mit der Hand 100 Ztr. Thomasschlacke gestreut hat, der kann nicht schwärzer aussehen. Der Boden ist hier vollkommen schwarz, sogar bis 1 m Tiefe, Steine überhaupt keine. Bestes Ackerland, aber ich will gerne drauf verzichten, wenn ich wieder dort bei Dir sein und arbeiten kann. Das Auswandern nach hier habe ich mir jedenfalls vorerst mal aus dem Kopf geschlagen.
Ja, und so ist auch mein 3.ter Geburtstag in Rußland vorübergegangen. Und wie ist's wohl nächstes Jahr? Ob dann wohl der Krieg aus ist? Wie schön wäre das doch.
Gerade lief der U.v.D. rund und fragte nach total Bombengeschädigten. 14 Mann unserer Schwadron hatte er schon auf dem Zettel stehen. Elberfeld und Remscheid haben ja vor einigen Tagen wieder so furchtbar dran glauben müssen. Und wie ergeht es Euch wohl dort dabei?
Liebling, so leicht lasse ich mich ja deswegen nicht aufregen, aber wer sich dabei noch keine Sorgen macht, das muß schon ein anderer sein wie ich. Na, hoffentlich lassen die Tommys erst mal die kleinen Ortschaften in Ruhe. Sind ja noch größere genug da. Auf solche Art, meine ich, könnte es tatsächlich nochmal schnell zu Ende sein mit dem Krieg. Was soll das bloß noch werden?
Unser Staffelführer von unserer S.M.G. Staffel bekam um 11 Uhr auch ein Telegramm. Totaler Schaden, also alles, was er hatte, ist zum Teufel. In so ne Lage möchte ich mich tatsächlich nicht rein denken. Ich glaube, daß ich es leid würde, noch länger Soldat zu sein.
Und jetzt nehme ich mal die letzten 3 Briefe vor. Zuerst meinen herzlichsten Dank für alle. Wieviele mögen es wohl noch werden, bis wir beide mal wieder zusammen sind? Übrigens ist mit heute schon ein ganzer Monat rum, seit ich Dich wieder allein lassen mußte. Wie schnell doch die Zeit vergeht.

...
Daß Du keine Post hattest, tut mir sehr leid. Aber an mir hat's nicht gelegen. Meine liebste Selma, ich schreibe bestimmt so oft und soviel ich kann. Genau so wie früher auch. Von mir sollst und wirst Du nicht vernachlässigt. Die Post von hier dauert ja auch noch immer recht lange, und deshalb schicke ich Dir jetzt sämtliche Luftpostmarken, die ich kriege. Von hier aus spielt's ja fast keine Rolle... Heute haben wir zum ersten Mal, seit ich wieder hier bin, einen einigermaßen ruhigen Tag.
7 Uhr war Wecken, 8 antreten und ab 9–12 Waffen, Muni und Räder reinigen. Um 14.15 Uhr ist wieder Antreten zur Parole, und gegen 16 Uhr Abmarsch von hier zu nem Fußballspiel 2 km von hier. Da wird's dann wohl halb 7 werden, bis wir wieder hier sind. Heute Mittag gibt's sogar mal Pudding von der Küche, soll mich wundern, was das ist. Ich habe jetzt noch 2 Päckchen rote Grütze und 1 für Vanillesoße. Nur kein Süßstoff oder Zucker.Liebling, versuche doch bitte alles, um Süßstoff zu kriegen, evtl. von Leuten, die hamstern kommen. An Ilse will ich deshalb auch nochmal schreiben. Milch kann ich hier schon noch kriegen, wenn's auch oft nicht leicht ist. Unser Essen ist letzte Zeit auch nicht mehr so, wie es war, und da gehen die Vorräte schnell zur Neige.
...
Ja, die Hoffnung, daß der Krieg doch einmal ausgeht, habe ich ja auch. Und dann gehöre ich für immer nur noch Dir ganz allein. Ach, wäre das doch nur bald. Daß Du, mein Liebling, vom »verdammten Elend« schreibst, ist gar nicht so schlimm. Mein Lieb, glaube mir, daß es mich gar nicht aufregt, wenn Du mal fluchst. Allen Grund dazu haben wir doch wohl. Schreibe Du mir so, wie Du denkst und wie es Dir von Herzen zumute ist, dann kannst Du Dir auch richtig Luft machen. Hoffentlich bleibst Du mir nur gesund, und ich auch, dann ist alles andere egal. Wenn wir wieder zusammen sind, wird's schon wieder werden. und wenn wir wirklich wieder ganz von vorne anfangen müssen. Daß Du noch an mich glaubst, werde ich Dir damit danken, daß ich es dieses Mal nicht so mache wie früher. Mein Liebling, ich komme so wieder zu Dir zurück, wie ich Dich verlassen habe. Ich will es wenigstens jetzt mal mit Gewalt versuchen, nicht zu entgleisen.
Zufrieden bin ich immer mit Dir. Dir was abzuverlangen, dazu habe ich ja gar kein Recht mehr, und Dir was erlauben? Nein, mein Liebling, so gerne ich das ja wohl möchte, aber, das erlaube ich nie!

Ändern kann ich's ja nicht, weil ich dazu viel zu weit von Dir weg bin, aber ich kann auch nicht ja sagen. Liebling, mir gehörst Du, und ich will auch allein derjenige sein, der Dich küßt und den Du küßt. Bist Du damit zufrieden? Wenn es wirklich wieder anders kommt, als wir es uns versprechen – na, sterben tun wir daran nicht. ...
Wir müssen uns fertig machen zur Parole, und scheinbar geht's dann gleich zum Sportplatz. Also, bis nachher.
Nun ist es halb 4. Ich habe großes Glück gehabt. Mein Rad ist nicht in Ordnung, und noch in Reparatur und nicht fertig. Brauchte also nicht mit zum Fußballspiel. Habe eben mein Lederzeug mal wieder gewichst, und jetzt habe ich richtigen Sonntag, ganz allein mit Dir. Leider nur in Gedanken. Wie schön wäre es doch, wenn wir jetzt zusammen sein könnten und säßen am Geburtstagstisch mit leckerem Kuchen. Aber hoffentlich ein andermal wieder.
...
Schreib mir doch bitte dem Guido seine Adresse mal. Ich weiß nur, daß er in Ulm ist. Und geschrieben hat er mir noch nicht. Überhaupt, Post kriege ich nur von Dir. Na, da kriegen andere auch nichts mehr von mir, und ich habe alle freie Zeit nur für meinen Liebling.
Und der Haarhaus Fritz hat Heuurlaub. Da bin ich doch platt, und man sieht mal wieder, wie erbärmlich wir »Rußländer« dran sind. An sowas zu denken, wagt hier gar keiner, geschweige denn solchen Urlaub zu kriegen. Du, wenn es wirklich so weit kommt, daß der Fritz da noch auszieht und ne Kaufmöglichkeit besteht, dann mußt Du aber gut aufpassen und zugreifen. Es wäre doch schön, wenn wir beide das später mal zusammen haben könnten.
Es regnet. Nun geht's weiter im Zelt. Selma, das wäre jetzt was, wenn Du bei mir wärest. Was meinst Du, ganz allein? Ob wir beide da wohl wüßten, was wir täten? Das Leben ist doch richtig Kappes jetzt im Krieg. Du sitzest jetzt mit Deinen Gedanken, die allzu oft zu mir hingehen, in Stülinghausen und hast Sehnsucht nach mir, und ich liege hier mitten in Rußland auf Stroh im Zelt mit den gleichen Gedanken und derselben großen Sehnsucht. Und wann hört der verdammte Zustand bloß mal auf!
Dann hast Du so Sehnsucht nach Liebkosungen und Küssen, und willst die nur von mir haben. Mein Liebling, mach' es doch so, wenn's eben geht, wahr, und nimm' solche Sachen nur von mir. Dann machst Du Deinen Alex sehr glücklich und froh. Ich will alles, alles dransetzen, daß ich Dich beim nächsten Wiedersehen so wieder küssen kann wie ich Dir den letzten Kuss gegeben habe. Heute vor

einem Monat war es in Köln. Meine liebste Selma, wie freue ich mich jedesmal, wenn ich dran denke, daß Du mitgefahren bist bis Köln. So haben wir doch jede nur mögliche Stunde ausgenützt.
Ja, Liebling, vor 4 Jahren, da waren noch glückliche Zeiten, und wir wußten es nicht. Und jetzt fängt schon das 3. Kriegsjahr mit Rußland an. Und wie traurig sieht's in der lieben Heimat aus. Und das im Zeitalter der Kultur und Zivilisation.
...
Na, die Hauptsache ist ja, daß die Sache mit Jenny nicht grad so schlimm ist, wie es zuerst wohl schien. Ich vertraue ja auch auf den Dr. Zorn, und wenn Jenny fleißig ihre Übungen macht, dann soll's schon noch wieder gut werden. Zudem ist's ja mit ihr auch nicht, als wenn sie so kränklich wäre. Nen argen Schreck habe ich aber auf jeden Fall auch gekriegt, als Du mir davon schriebst. Wir wollen mal hoffen, daß es auch so wieder besser wird mit ihr und große Sorgen nicht nötig sind. Aber weiter beobachten und behandeln ist auf jeden Fall wichtig.
...
Wie siehts's denn jetzt aus mit den Runkeln? Sind sie jetzt einigermaßen geraten, oder gibt's wieder nichts? Selma, wenn wir dort solchen Boden hätten wie er hier zu 1.000.ten Morgen und Hektar brachliegt, ich glaube, dann wäre die Bauerei auch noch schön. Wie schnell es hier wächst, und alles ohne Mist oder Kunstdünger, da kann man nur noch staunen.
Ob Du nun wohl bei der Flak Hilfe gekriegt hast? Und wer möchte wohl für Euch arbeiten?
Und jetzt fragst Du mich wieder die Frage. Meine Selma, ich kann nur eins sagen: Ich habe Dich lieb! Und aus dem Grund verstehe ich Dich auch voll und ganz, und ich kenne Dich und weiß daher auch ganz genau, wie und weshalb Du zu dieser Frage kommst. Ich sage nur das: Vorschriften kann ich Dir keine machen, und tue es auch niemals, weil ich dazu kein Recht habe – leider –, aber zu der Frage sage ich immer nur: nein. Ich allein will Dich küssen, und sonst keiner, auch nicht Dein Freund Albert. Wenn ich fallen sollte, erlaube ich Dir alles, aber solange ich noch lebe, und hoffentlich noch recht lange, sage ich immer nur nein!!! Liebling, Du weißt doch, daß ich eifersüchtig bin, und ich hoffe, Du liebst mich auch so. Jedenfalls, wenn der kommt, dann bitte ich Dich, <u>bitte, bitte schreibe mir, wie es war</u>. Was ich am liebsten habe, weißt Du ja auch so. Dies also meine Antwort.

Und nun ist auch der letzte Brief beantwortet und ich schließe. Hoffentlich machst Du mit dem Freund keinen Quatsch und bleibst meine liebe Selma. Viele sehnsüchtige heiße Küsse
Dein Liebling, Dein Alex

*

26. Juni 43, Samstagabend 9 Uhr
Ich wollte, wir wären noch heute vor 9 Jahren und dann hast Du heute Geburtstag. Ich habe den ganzen Tag daran gedacht.
Wann mag es uns vergönnt sein, nochmal solche Tage gemeinsam verleben zu können? Hoffentlich passiert Dir nichts, damit wir noch vieles nachholen können. Manchmal ist mir alles leid, und ganz besonders, wenn ich müde bin. ... das große Glück, von Dir Post zu erhalten, danke.
Vorgestern war schönes Wetter, und da haben wir das Heu aus dem alten Garten eingekriegt. Ganz ohne Regen. Hofwiese und die halbe Späinghauser auf Haufen. Gestern haben wir nichts auseinander getan. Günther und Helga kamen, und da haben wir Kartoffeln geritzt. Dann den Rest in Späinghausen und die Weide bei Wirths zusammen gemacht.
Die Nacht von Donnerstag auf Freitag war sehr böse. Von 1 bis 2 war hier vor lauter Fliegeralarm nichts zu hören. Mama und Jenny saßen auf der Chaiselongue, und ich habe an der Haustüre gestanden. Ein Luftdruck nach dem Andern folgte von einschlagenden Bomben. Zwischen Hückeswagen und da, wo Buschers Bruno wohnt, soll eine Luftmine runtergekommen sein. Ein Bauer sei verletzt. Elberfeld und Remscheid müssen wohl sehr gelitten haben. Pitells hatten neulich schon Sorgen. Ob sie noch leben und all die, die wir so kannten? Gestern Morgen um 6 war der ganze Himmel gelb, wie ich es nie gesehen hatte. Gegen 9 Uhr kam hier ein ganz feiner Aschenregen runter, und alles war grau. Der Krieg ist doch furchtbar. Ich habe 1 ltr. Waldbeeren gesucht, und dabei war es mir ganz unheimlich im Busch. Ich dachte immer an abgesprungene Flieger.
Überall fanden wir winzige Papierfetzen. Vorhin fuhr bei Wirths ein Militärauto vor, und wie es schien, luden die lauter Stoffballen ab. Wir denken schonmal, Pitells kämen morgen. Am richtigsten ist, man schaltet die Gedanken ganz aus. Vorige Nacht war auch wieder Alarm, und weitab viel Schießerei, aber Flieger habe ich keine gehört. So leicht wäre ich auch da nicht aufgestanden. Ich denke

immer, die könnten nicht alles treffen. Ich will doch noch leben und mit Dir glücklich sein.

*

19. Juni 1943
Mit MG auf Fliegerwache am Sportplatz, Fußball-Wettspiel zwischen Offizieren und Soldaten.
Ruhe derzeit, was hier schon Ruhe heißt. Ich glaube, wenn jeder Deutsche vor 1933 gewußt hätte, wie es jetzt ist, wäre niemals eine solche Wehrmacht und auch nie ein solcher Krieg gekommen. Es muß eben nach altem Rußlands Landesspruch weitergehen: Nicht ärgern- nur wundern!

*

28. Juni 43, Montagabend 9 Uhr
Gestern hatte ich keine Lust, und nun ist für mich Schreibtag.
... Briefe vom 17. und 19. erhalten. Weißt Du, bei dem Schreiben des letzteren wäre ich gern dabeigewesen. Wie kannst Du nur so unsinnig eifersüchtig sein? Wir haben uns doch immer in diesem Ton geschrieben. Ich habe kein Geheimnis vor Dir und habe keinen der Briefe von Albert unterschlagen und werde das auch in Zukunft nicht tun. Er will seinen nächsten Sonntagsurlaub hier verbringen, und dann werde ich mich mit ihm aussprechen und nehme ihm das Ehrenwort ab, was er mir damals geboten hat. Du hast ja aus den Briefen gesehen, daß er mich gern hat, und für mich war es immer ein prickelndes Gefühl, sowas zu kriegen, aber er hat auch geschrieben, daß er in meiner Ehe kein Störenfried sein wollte.
Und dann meinst Du: wenn... ja, wenn seine Frau, und Du tot wärst. Na, erstens lebst Du noch, und daß ich Dich liebhabe, wirst Du in all den Jahren auch erfahren haben, und dann lebt seine Frau auch noch. Und dann hat er ein Kind, und um des Kindes willen würde er sich nie scheiden lassen. Ist es denn nicht eigentlich überflüssig, das Thema noch weiter zu behandeln? Wenn ich eifersüchtig sein wollte, hätte ich wohl schon oft Grund genug gehabt, besonders wo Du in Frankreich warst. Aber zu der Zeit warst Du nicht so empfindlich, was ich auch gut verstehen kann.
In Deine heutigen Lebensverhältnisse kann ich mich so richtig überhaupt nicht hinein denken. Ich weiß nur, daß es ein Leben voller

Entbehrungen ist, und da tue ich Dir keine Untreue an. Was ich Dir in den letzten Tagen unseres Zusammenseins gesagt habe, waren keine leeren Worte. Ich hoffe, daß ich Dich nun wieder beruhigt habe. Ich glaube, daß Du verstehst, daß ich Albert gern einmal wiedersehe, und ich gönne ihm wirklich eine Nacht ohne Bomben. Er schrieb, seine Frau und sein Kind kämen nach Oberschlesien, um aus dem luftgefährdeten Gebiet raus zu kommen. Und da hätte er die beste Gelegenheit, mal einen Sonntagsurlaub hier zu verbringen. Mein Liebling, ich bitte Dich, werde jetzt nicht wieder eifersüchtig. Ich weiß, Du gönnst mir angenehme Unterhaltung, und mehr ist das dann doch nicht.

...

Deinem Schreiben nach muß ich annehmen, daß Du jetzt im Kampf stehst. Ob ich mir deshalb Sorgen mache oder nicht, ist doch alles gleich. Jeder fällt nicht, und ich hoffe, daß Dir das Soldatenglück hold ist. Ich will doch noch glücklich mit DIR sein. Ich glaube, ich bin in den letzten 3 Jahren vielfach gleichgültig geworden. Man darf eben nicht über alles nachdenken, sonst wird man nie mehr froh. Ich freue mich jetzt schon auf den nächsten Urlaub. Sei auch bitte standhaft, und dann wirst Du finden, daß die Freude des Wiedersehens viel köstlicher ist. Wenn Du wirklich fallen solltest, ist es da dann nicht gleichgültig, ob Du einmal mehr oder weniger verkehrt hast? Denn ganz glücklich wirst Du ja doch nicht dabei. Wir wollen hoffen, daß alles gut vorüber geht und leben in Gedanken an den nächsten Urlaub, wenn nicht in diesem, dann im nächsten Jahre.
Fast 5 Wochen Trennung liegen nun schon wieder hinter uns, und daran sieht man, wie die Zeit vergeht. Und nun noch kurz von unserer Arbeit.

29.6.1943

Heute Abend hat's nochmal Post gegeben. Aber keinen Brief, sondern Dein Päckchen vom 17.6., das ganz tadellos hier ankam, und schon sehr gut geschmeckt hat. Und nun ist unser Aufenthalt »in Ruhe« auch wohl bald rum. Morgen ist frei, d.h. es wird alles feldmarschmäßig gepackt, und am 1.7. stehen wir wieder marschbereit. Aber diesmal ist's nicht zur Übung, sondern zum Angriff. Hoffentlich geht alles gut rüber, dann ist's egal. Anbei nochmal 'ne Päckchenmarke, die ich heute »gekriegt« habe. Ein Päckchen war bei der Post, und weder Frei- noch Zulassungsmarke waren gestempelt. Also schnell zugegriffen. Die Freimarke habe ich sofort auf ein Päckchen

übrige Sachen geklebt, ein zweites mit gleichem Inhalt aber kleiner geht auch morgen damit weg. Dieser Brief geht vielleicht per Urlauber weg, und ich hoffe, daß er Dich schnell erreicht. Und Du weißt, daß ich noch lebe und daß es mir gut geht.
Und wie mag es bei Euch wohl aussehen? Drüber nachdenken darf ich ja gar nicht, sonst könnte ich zuviel kriegen. Wie geht's wohl mit der Heuernte dieses Mal? Ob Du wohl alles wieder fertig kriegst? Und wie sieht's mit den Tommy-Besuchen aus? Hoffentlich bleiben wir am leben und haben uns bald für immer wieder. Nun gute Nacht, mein Liebling. Es ist 10 Uhr, und von 12-2 habe ich Wache. Die dritte seit ich wieder hier bin.

Rußland, 1.7.1943

Meine liebe Selma!
Nachmittag ist's, und wir haben mal wieder alles fix und fertig gepackt. Aber dieses Mal soll's nicht für ne Übung sein, sondern es ist Ernst. Wann es genau geht und wohin wissen wir zwar noch nicht, aber bis 4 Uhr muß alles marschbereit sein. Und dann sollen wohl in den nächsten 48 Stunden wieder die Kugeln pfeifen. Wir sollen ja »nur« 'nen Durchbruch durch die russischen Linien machen, und dann als Reserve liegen bleiben, aber so einfach denke ich mir die Sache jedenfalls nicht. Hoffentlich geht alles gut vorüber, daß ich Dir in den nächsten Tagen wieder schreiben kann.
Post habe ich leider seit dem Päckchen vom 17.6. keine wieder erhalten. Und es sind doch sicher noch 'ne Reihe Briefe unterwegs. Daß Du keine Zeit mehr hättest, um mir einige liebe gute Worte zu schreiben, kann ich doch nicht gut glauben.
Hoffentlich macht nun bloß nicht eine Kugel allem ein Ende. Ich meine immer, dafür hätten wir uns doch viel zu lieb, als daß uns das Schicksal so auseinanderreißen könnte. Liebling, wir wollen doch die Zeit nach diesem elenden Krieg noch gemeinsam verleben und wieder lieben wie früher. Vielleicht kann ich ja auch bald mal aus dem Lazarett schreiben. Wer weiß, ob nicht mal ein Heimatschuß auch für mich dabei ist. Aber ich pfeife auf alles was, und wenn der Krieg nochmal so lange dauert, wenn ich wieder, heil und gesund, eines Tages bei Dir, meine einzige Selma, sein kann.
Gesundheitlich kann ich von mir wieder nur alles Gute berichten. Hoffentlich ist's nun bei Euch noch grade wieder so. Oder ist Mama wohl kranker geworden?

Und wie ist's mit Jennys Rücken? Macht sie noch jeden Tag ihre Turn- und »Schwimmstunden«? Pauke ihr das nur ganz ernstlich ein, daß es ohne die Mühe mit ihr vielleicht sehr schlecht bestellt ist, und sag ihr einen lieben Gruß von mir, daß ich mir oft große Sorgen um sie mache, ob wohl alles wieder gut wird.
Und unsere arme Mama! Ach wenn ich ja nur könnte wie ich wollte, ich würde ihr schon helfen und entsprechende Medizin schicken. Vielleicht ist's mir ja möglich, mal irgendwie vom Sani Tabletten gegen Kopfschmerzen zu kriegen. Wenn die ihr auch nicht sehr viel helfen, aber lindern tun die dann doch sicher noch etwas. Mit Kaffee ist jedenfalls unter den jetzigen Verhältnissen nicht mehr zu rechnen.
Und nun, mein Liebling! Wie geht es Dir noch? Hoffentlich ist bei Dir »die Hauptsache« auch wieder in Ordnung. Oder?!? Wenn ja Post käme, wüßte ich es sicher schon lange.- Und wie gehts mit Deinen Füssen? Sicher hast Du wieder recht schwere, sorgenvolle Tage hinter Dir. Die Heuarbeit tut Dir doch sicher in allen Knochen weh.
Mein Liebling, tue nicht mehr als Du gut kannst. Was heute nicht fertig wird, gerät vielleicht morgen oder übermorgen. Auf jeden Fall sorge dafür, daß Du gesund bleibst. Einige Pfunde verspielen kannst Du ja ruhig, aber unbedingt nötig ist das bestimmt nicht. So wie Du bist habe ich Dich lieb, und ich hab nur den einen Wunsch, Dich gesund und munter wieder in meine Arme nehmen zu können.
Und nun komme ich zu dem Satz, den ich wohl so schnell nicht vergessen werde. Du schreibst von dem Drama, das es gäbe, wenn ich mit O.F. allein nach Frankreich führe u.s.w., und daß Du mich nach dem Krieg nicht mehr aus den Klauen lassen würdest, und ich mir alle anderen aus dem Sinn schlagen müßte. Ja, meine Selma, so gefällst Du mir, aber der Satz, der dann kommt, gefällt mir gar nicht. Verstehen tu ich Dich gut, gerade weil das Leben jetzt so bitter ist, für Dich jetzt ja noch schwerer als für mich, weil dort die Versuchung ja jeden Tag kommen kann. Und, durch mich, hast Du ja allen guten Grund mal anders zu sein als m e i n e Selma.
Beiliegend noch ein Blümchen. So wie es da vor Orel steht. So habe ich die Stadt auch gesehen, und wie all die russischen Flieger abgeschossen wurden, davon hab ich ja mal geschrieben. Nun mit der Hoffnung, daß alles gut geht, süßeste Küsse von immer Deinem Liebling, von Deinem einzigen Alex
Ich habe ja schon genug davon gesagt und geschrieben in anderen Briefen! Du schreibst dann wörtlich: »Ich will Dir immer gehören, nur für einen Abend möchte ich von Dir die Erlaubnis haben, küssen

zu dürfen.« - Mein Liebling, wenn Du es noch bist, ich wußte ja, daß Du einmal diese Frage an mich stellen würdest, schon als ich im Urlaub war. Böse bin ich Dir nicht deshalb, und denke auch gar nicht daran. Glaubst Du, eine Frau, die einen anderen Mann so verteidigt wie Du es doch mir gegenüber tatest, könnte dabei im Inneren unbewegt bleiben, so unbewegt, daß der Mann, der ihr Mann ist und sie von Herzen liebt und von ihr genauso wiedergeliebt wird, nichts davon merkt, wie ein Wiedersehen mit dem Anderen gewünscht und herbeigeführt wird.
Liebling, ich kann Dir einfach nichts verbergen. Aber genau so wenig konntest Du es mir, als ich bei Dir war, verbergen, daß Du Deinen Albert doch ein klein bißchen liebhast. Neben mir! Habe ich nicht recht? Aber ich hatte gehofft, daß mein Dortsein genügt hätte, das »Bißchen« vergessen zu lassen. Nun sehe ich aber aus Deinem Brief, und es ist nicht der erste, in dem ich das lese, daß das kleine, winzigkleine Feuerchen doch immer noch glüht und auf den Wind wartet, um zur kleinen Flamme zu werden. Und nun meine Antwort auf Deine Frage. Genau wie gestern: Nie!
Wenn ich noch ein Recht habe, so zu antworten. Aber sei nicht böse und traurig darum. Vielleicht gibt Dir morgen schon ein anderer als ich eine andere Antwort. Vielleicht trifft mich ne Kugel oder ein Splitter so, daß ich morgen Abend nichts mehr zu denken und zu antworten brauche. Und dann, mein Lieb, bist Du ja f r e i ! Dann brauchst Du ja nur noch Dich selbst zu fragen, wenn Dein Albert zu Dir kommt. Wer weiß, vielleicht ist seine Frau schon den Weg gegangen, den ich vielleicht morgen im Angriff auch antrete. Im Jenseits, wo es nichts mehr zu erlauben und nichts mehr zu verlieben gibt.
Wenn es für mich so bestimmt sein sollte, daß ich wirklich diesen ach so bitteren Weg gehen muß, was ich ja niemals hoffe, weil ich ja wieder zu Dir, meiner innigst geliebten Selma, kommen will und mit Dir glücklich werden will, und wenn ich um Deine ganze Liebe kämpfen müßte, wenn das sein sollte, daß ich nicht wieder komme, mein Liebling, dann habe ich an Dich nur noch eine einzige Bitte, sorge für unsere Jenny, unser Kind, daß es ihr immer so gut geht wie es nur eben möglich ist. Sie hat schon 3 Jahre ohne mich erleben müssen und Du weißt doch wohl, was es heißt, ohne Vater groß zu werden, leiden soll sie nicht.
Mein Liebling, wenn Dein ganzes Herz mir noch gehört, dann, wenn es sein sollte, erfülle mir diesen meinen einzigen Wunsch!

Also, wenn dieses mein letzter Brief sein sollte, urteile und erlaube Dir bitte selbst, was Du gern magst. Daß ich über die Liebe zwischen Mann und Frau g a n z a n d e r s denke, bzw. über Sünde, wie D E I N   A L B E R T, habe ich Dir im Urlaub wohl selbst gesagt.
Und nun davon jetzt Schluß. Sei nicht beleidigt, und denke, es ist ja doch alles nur Quatsch – und daß ich bald da bin, wo viele Soldaten nicht wieder zurückkommen.
Und nun, mein Liebling, m e i n e Selma, viele, viele süße Küsse und herzliche Grüße auch an Mama und Jenny von
D e i n e m Liebling

*

1. Juli 43

...
Es ist ja doch furchtbar, wenn Menschen erzählen, die so was mitgemacht haben. Heute war eine Frau aus Düsseldorf hier, die wollte Möbel unterstellen. Die hatte ihr einzigstes Kind, eine 23jährige Tochter, verloren und stand nun allein in der Welt. Sie hielt so an, aber wir konnten ihr doch auch nicht helfen, und da ist es ihr geraten, beim Haarhaus Karl ein Zimmer zu kriegen. Wir gaben ihr noch etwas Mittagessen mit, und da schenkte sie Jenny 1,20 RM. Ich glaube, mich hätte sie am liebsten in die Arme genommen. Die war aus besseren Kreisen, aber ich hatte Mitleid mit ihr.
Früher hat bestimmt manch einer über die Landbevölkerung gelacht, und heute ist er froh, wenn er hier unterkriechen kann. In der Turnhalle sind 150 obdachlose Kölner. Wie ich hörte, kommen die wieder aus der Altstadt. Bis jetzt hatte ich das Glück, von der Betreuung verschont zu bleiben, und dafür will ich mich gerne müde arbeiten. Pitells schrieben mir auch am Samstag, daß sie wie durch ein Wunder verschont gebieben wären. Gretens Vater und eine Schwester hatten keine Wohnung mehr. Hier sind schon hunderte Autos gekommen, die die noch übrig gebliebene Habe anders wohin fuhren. Wir sind auch Gefahrenzone I. Ich denke immer, alles wird nicht getroffen, und wir bleiben verschont.
Heute hatte Alex Hottejan Hochzeit. Kriegstrauung. Du hast eine Anzeige bekommen. Da mußt Du auch wohl gratulieren. Gelegentlich lege ich die Anzeige mal bei.
Uns geht's soweit ganz gut, nur sind wir sooo müde. Eine ganze Woche habe ich schon keine Post von Dir erhalten. Alle klagen darüber. Gestern bin ich extra zur Post gefahren, mußte aber mit enttäuschtem

Gesicht umkehren, und dabei war Dein letzter Brief der traurig- eifersüchtige. Hoffentlich gibt's bald was anderes. In diesem Sinn verabschiede ich mich für heute und Grüße Dich mit vielen Küssen als Dein Liebling, Deine Selma.

10. Juli 43
Mein lieber Alex!
2 Uhr nachts von Freitag auf Samstag. Bei uns ist auch nochmal Krieg. Über eine halbe Stunde hörte man hier nichts als Flieger. Allmählich wird es hier ruhiger. Grade kommt nochmal einer angebrummt. Ich bin gespannt, ob es hier immer gut geht. In den Keller gehen wir nicht mehr. Dann lieber hier sterben.
Ich wollte, die Heuernte wäre vorüber, damit man nicht mehr so müde ist. Gestern Abend war ich fast zu müde zum schlafen, und dann muß man sich die Nächte noch so um die Ohren schlagen. Eine Stunde sind wir nun schon auf, aber nun hört man nichts mehr. Ich glaube, wir können bald wieder ins Bett gehen. Sehen kann man nichts, denn es ist eine dicke Wolkendecke und regnet leise.

11. Juli 1943
Dank für Deine Briefe, und besonders wegen letzterem vom 4.Juli schreibe ich Dir. Es tut mir sehr weh, daß Du vom vielleicht baldigen Ende schreibst, aber noch fast trauriger stimmt es mich, daß Du nicht mehr an mich glaubst. Nun habe ich Dir alles gesagt, aber nun muß ich fast glauben, daß es nicht richtig war. Es ist eben nicht gut, wenn man ehrlich ist. Was ich getan habe, weißt Du voll und ganz, und ich hätte nie erwartet, daß ich deshalb nochmal schwere Stunden durchmachen würde.
Andere Leute trennen sich, weil sie sich nicht mehr gerne haben, und wenn es bei uns so weiter geht, gibt's bei uns letzten Endes noch eine Scheidung aus lauter Liebe. Ich kann fast nicht verstehen, daß Du so eifersüchtig bist. Ich glaube, wenn die Frauen aller Soldaten so wären wie ich, würde sich keiner beklagen können. Früher warst Du auch ganz anders. Bis vor dem letzten Urlaub hast Du mir nie so geschrieben wie jetzt. Wenn ich dann auch so sein wollte, hätte ich ja fast schon 3 Jahre in Deinem jetzigen Ton schreiben können.
Vielleicht weißt Du noch, wie weh es mir in Deinem ersten Urlaub tat, als Du mir Dein Erlebnis mit der Simone gestandest. Aber habe

ich Dir deshalb Szenen gemacht? Du weißt auch, daß ich nicht gewillt bin, Dich mit anderen zu teilen, aber im Krieg muß man wohl mit einem anderen Maß messen. Wenn ich früher einmal schrieb, ich hätte große Lust zum Küssen, hast Du bestimmt nur darüber gelacht. Darf ich denn heute nicht mehr das schreiben, was ich denke? Bis jetzt habe ich diese Gedanken noch nur einmal zur Ausführung gebracht, und das war vor fast 20 Monaten, und ein ganzes Jahr weißt Du es nun schon. Wenn Albert im Entferntesten eine Ahnung davon hätte, daß Du seine Briefe zu lesen kriegtest, würde er wohl anders geschrieben haben.
Wie Du weißt, will er mich besuchen, und dann werde ich ihn nicht im Unklaren lassen über unser Verhältnis, aber schreiben kann ich ihm das nicht. Ich weiß, daß Du jetzt wieder böse über mich denkst, aber dieser Besuch wird so auslaufen, daß ich es nicht nötig habe, Dir das Geringste zu verschweigen. Glaubst Du, daß das Küssen mich jetzt noch reizt, wo Du es weißt oder ich Dich darum frage?
Hättest Du mich einmal wegen Deinen Liebesabenteuern gefragt, dann, wette ich, wären sie nie passiert. Ich weiß auch ganz genau, daß Du so viele Frauen und Mädchen kriegen kannst, wie Du wohl möchtest, und daß ich auf den Gedanken komme dabei, daß ich einmal Ursache sein könnte. Glaubst Du nicht auch, daß so was bitter ist? Wenn wir zusammen sind, habe ich davor keine Angst, denn ich weiß, daß Du mich genug liebst, um nicht zu entgleisen.
Für mich war es gewissermaßen eine Genugtuung, Dir beweisen zu können, daß es auch noch andere Männer gibt, die sich eventuell für mich interessieren könnten. Begreifst Du, Du, mich? Aber sei bitte nicht eifersüchtig, denn soviel ist das ganze einfach nicht wert. Es tut weh und macht mich sehr traurig, wenn ich lese, daß ich nach Deinem Tod selbst entscheiden könnte, wen ich küßte.
Ich wollte, ich wäre allein, um mich einmal richtig ausweinen zu können, aber in Mamas Anwesenheit kann ich das nicht, denn ihr wird das Leben so schwer genug. Ich will nur hoffen, daß Dein Brief vom 4. nicht der letzte ist, denn sonst wird es lange dauern, bis ich wieder froh werden kann. Vielleicht nie. Ich meine immer, Du verlangtest auch nicht von mir, daß ich immer hier zu Hause sitze und Trübsal blase. Oder geht Deine Eifersucht schon so weit? Körperlich muß ich mich doch so schon genug plagen. Ich bin schon oft so müde gewesen, daß ich nicht liegen konnte, aber davon werde ich nicht mager, denn ich bin nicht mehr so stark, immer durchzuhalten.

Und dann noch die seelischen Schmerzen dazu. Wenn Du auch meinst, ich soll es als Quatsch auffassen, und Du würdest vielleicht bald da sein, wo viele Soldaten nicht mehr zurückkämen. Wann finde ich mein seelisches Gleichgewicht wieder, wenn es wirklich dein letzter Brief sein sollte? Aber wir haben doch ein Kind, und um dieses Kindes willen muß ich doch leben und kämpfen.
Ich kann Dir eines versichern, daß ich als Frau und Mutter schon weiß, was ich zu tun habe. Ich habe, soviel ich bis jetzt weiß, Dich noch, und da ist der Gedanke nach dem 2. Mann doch wirklich absurd. Du meinst, ich hätte neben Dir noch etwas für Albert übrig. Ich mag ihn auch gut leiden, und ich kann ihn deshalb vielleicht nicht so gut vergessen, weil ich nicht genug erlebt habe.
Ich habe Deinen Brief neben mir liegen, und wenn ich da solche unterstrichenen Worte wie »frei« und ähnliches lese, könnte ich aufschreien und muß stillhalten und in mich fressen. Ich habe ja gerne, daß Du schreibst wie Du denkst, aber als Deinen letzten Brief an mich wünsche ich mir anderes.
Und nun will ich Dir noch eines schreiben, was Dir vielleicht auch nicht paßt, und ich sage schon im Voraus, daß es nicht zur Ausführung kommt, damit Du Deine Ruhe behältst. Ich hatte Albert geschrieben, daß ich soviel Arbeit hätte, daß ich nicht durch zu kommen wüßte. Daraufhin schrieb er, daß es bei ihnen Arbeitsurlaub gäbe und er gerne bereit wäre, uns zu helfen, und vielleicht könnte ich es versuchen, ihn frei zu kriegen. Nun hatte ich vor, diesen Versuch für die Getreideernte zu unternehmen.
Nun wirst Du denken, Du hättest mir einen Strich durch eine Zeit heimlicher Liebe gemacht. Nein, so ist das nicht. Ich wollte es nur tun, um uns etwas zu entlasten. So will ich mich doch lieber etwas mehr plagen, als Dir unruhige Stunden zu machen. Ich werde mich überhaupt in Zukunft so benehmen, daß ich Dir nie wieder etwas zu beichten habe, und solltest Du mir nochmal etwas zu sagen haben, will ich es ruhig hinnehmen. Hoffentlich bist Du nun zufrieden. Fast 2 Stunden schreibe ich nun schon, aber es ist ja auch egal, ob die Arbeit liegen bleibt, dann schufte ich eben nachher soviel mehr. Ich will auf keinen Fall, daß Du in dem schweren Kampfe, in dem Du stehst, auch noch Sorgen wegen Deiner Frau haben mußt. Bist Du beruhigt, wenn ich Dir verspreche, daß Du mich so wiederbekommst, wie wir in Köln auseinandergingen? Wenn ich will, bin ich auch so stark, jeder Versuchung stand zu halten.

Ich möchte gerne auf diesen Brief eine Antwort von Dir. Ich weiß nicht, ob es richtig in dem Krieg ist, aber wenn dieser nicht wäre, hätten wir auch nicht nötig, zu schreiben. Dann hätte ich wohl nicht heute Morgen schon 2 Taschentücher nass von heimlichen Tränen weinen müssen. Also siehst Du, was Du angerichtet hast, und nur wegen der dummen Eifersucht. Ich hoffe, daß Du glaubst, in Zukunft nicht mehr solches nötig zu haben. Aber auf diesen Brief wünsche ich eine ehrliche Antwort, und danach werde ich mich halten, selbst wenn Du von mir verlangst, daß ich mit keinem Mann mehr sprechen darf.
Mit herzlichen Grüßen und vielen Küssen und auf einen guten Ausgang hoffend bin ich Deine Selma.

13. Juli 1943

Mein lieber Alex!
Zunächst einmal recht herzlichen Dank für erhaltenes von Dir. Am Sonntag war ich zur Post, und da erhielt ich Deinen Brief vom 24.6. und die beiden Päckchen vom 29.6. Ferner kamen gestern die am 22.6. aufgegebenen 75 Mark. Ich würde mich über alles mehr freuen, wenn Dein Brief vom 4.7. niemals gekommen wäre. Ich soll ja weder böse noch beleidigt sein und bin es auch nicht, aber sehr weh hast Du mir doch getan und es gibt Stunden, wo ich noch nicht damit fertig werden kann.
Ich hoffe wenigstens, daß Dich mein vorgestriger Luftpostbrief noch erreicht, bevor, wenn es sein wollte, Du sterben solltest. Ich weiß, daß Dir dann zum Bewußtsein kommt, was Du mir angetan hast. Ich will Dir hiermit keinen Vorwurf machen, denn dazu ist wohl die Zeit zu ernst und noch weiß ich nicht, ob wir uns einmal wiedersehen, obwohl es mein größter Wunsch ist, noch lange mit Dir glücklich sein zu können. Ist es nötig, daß ich Dir versichere, daß ich Dich noch genau so liebe wie früher, ja vielleicht noch mehr? Der letzte Urlaub war doch so herrlich, und ich war so glücklich, daß ich alles andere vergaß.
Vielleicht glaubst Du, weil ich nicht soviel weinte, der Abschied wäre mir leicht gewesen. Dazu kann ich Dir nur sagen, daß ich mich still in das Unabänderliche füge. Glaubst Du, ich wäre nicht restlos glücklich, wenn Du wieder immer bei mir sein könntest? Und wenn Du dann noch schreibst, von wegen Kind eines anderen, Du, die Worte

will ich nicht gelesen haben. Ich muß es fast als Wahrheit auffassen, daß Du mir nicht mehr ganz glaubst.
Ich meine, wenn ich Dir sagte, Du könntest unbesorgt gegen den Feind gehen, müßtest Du fühlen, daß es keine leeren Worte sind, denn leichtsinnig oder oberflächlich war ich nie. Ich hoffe, daß Du nun Vernunft annimmst und mir das Herz nicht mehr schwer machst. Am Sonntag war so schlechtes Wetter, und ich hätte gerne gelesen, konnte es aber nicht wegen meiner Augen. Es ist für mich schwer, wenn ich Dich verliere, aber der Gedanke Deines Mißtrauens ist mir ungeheuer. Was stören mich da die alltäglichen Sorgen, und davon habe ich wohl auch genug. Gewiss, gesundheitlich ist alles in Ordnung, aber ich muß mich auch ganz für die Arbeit einsetzen.
Das Wetter ist so schlecht, und ich glaube, wir haben uns viel umsonst plagen müssen. Gestern Abend kam ein schweres Gewitter mit sehr viel Regen und Hagel. Im Garten sieht alles zerstört aus, so wie vor 7 Jahren. Wir waren nachher noch eben auf dem Rodt, aber der Frucht scheint es nicht soviel getan zu haben. 5 Karren Heu hatten wir fast trocken auf Haufen, aber das wird wohl alles nass sein. Die ganze Nacht über hat es dauernd gewittert und geregnet. Mama ist noch wieder ins Bett gegangen, aber ich hatte kein Verlangen dazu.
So hast Du wenigstens auch etwas von mir, und ich hoffe, daß mittlerweile wieder Klarheit zwischen uns herrscht und Du mir das Leben nicht noch schwerer machst wie es schon ist. Ich war Dein Liebling und möchte es auch bleiben. Vielleicht ist uns doch das Glück beschieden, nach dem Krieg wieder zusammen zu leben. Noch sind wir ja zu jung, als daß schon Schluß sein soll. Aber Du bist nur ein Soldat von vielen, und wie mancher hat schon sein Leben lassen müssen. Aber daran glaube ich nicht früher, bis ich die Gewissheit habe. Hab mich so lieb wie ich Dich habe, dann ist doch alles gut. Ich bin Dein Liebling und will es bleiben. Viele Küsse, Deine Selma.

16. Juli 43, Feldpost-Luftpost-Karte
Mein lieber Alex!
Freitagabend 10 Uhr.
Ich will Dir schnell nochmal ein paar Zeilen schreiben. Hoffentlich lebst Du noch. Post ist noch keine wieder gekommen, aber ich nehme an, daß du keine Zeit zum schreiben hast.
Wir haben schwere Tage hinter uns, und ich habe seit Montag nicht mehr geschrieben. Vorgestern wurde das Wetter schön, und seit der

Zeit haben wir 19 Karren Heu eingefahren, davon heute allein 6. Am Berg sind nun noch 3 trocken auf Haufen, und das ist der Rest. Die tun wir morgen noch ein, und dann ist die diesjährige Heuernte beendet. Glaubst Du, daß wir uns freuen? Manchen Tag haben wir bis 10 Uhr abends gearbeitet, und dann war ich zu müde zum schreiben. Hoffentlich können wir uns übermorgen einen faulen Sonntag antun. Jetzt ist noch das schlimmste, wo wir das Heu hin tun. Die Scheune ist voll, und in den Schuppen geht noch eine Karre, 2 sind schon auf dem Ollern, und der Rest muß auch dahin. Wie lästig da alles abladen ist, weißt Du ja.

Die Nacht ist mittlerweile um, und es ist Samstagmorgen kurz nach 6. Jetzt spannen wir wieder an, damit wir fertig werden. Morgen werde ich wohl nochmal Zeit zum ordentlichen Brief kriegen. Wenn bei Dir nur alles gut ist. Ich mache mir Sorgen, aber es hat doch alles keinen Zweck. Wenn doch nochmal Post käme. Bis jetzt hatten wir immer Glück, und ich hoffe, daß es so bleibt. Nun muß ich anspannen. Die Sonne ist noch nicht zu sehen, und es ist recht kalt. Für heute viele Grüße und Küsse und hoffend auf einen guten Ausgang.
Deine Selma

18. Juli 43
Mein lieber Alex!
Sonntagmorgen halb 8 Uhr. Zuerst sollst Du mal ein paar Zeilen haben. Ich wollte nachher wieder zur Post, und wenn ich nichts kriege, bin ich doch nicht ganz umsonst gefahren. Ich denke oft, ob die ganze Schreiberei nicht umsonst wäre, aber ich meine, es könnte nicht möglich sein, daß Du gefallen wärst. Wie groß die Gefahr ist, in der Du Dich befindest, ist mir bewußt, und doch gehen nicht alle dazu. Viel schlimmer wie fallen ist ja noch vermißt, aber auch darüber muß man hinweg kommen, denn wie viele warten, vielleicht ewig, auf eine Nachricht von ihren in Stalingrad gebliebenen Angehörigen.
Nun will ich diese Gedanken verscheuchen, denn es ist Sonntag, und die Sonne scheint. Du wirst verstehen können, wie froh ich bin, daß wir mit dem Heu fertig sind. Obwohl das Wetter nicht sehr gut war, haben wir uns doch nicht viel umsonst plagen müssen. Grade die 4 letzten Tage waren schwer. Aber Familie Plate liess uns nicht im Stich. Die kamen oft zu dreien und brachten auch ne fliegergeschädigte Frau mit, und die 2 letzten Tage hat uns Schmitz Alma noch geholfen. Ich kann sagen, ich habe nur auseinander getan und

eingefahren. Und wie viel, das siehst Du daran, daß wir von Mittwoch bis gestern 15 Karren geholt haben. Soviel Heu hatten wir noch nie. Das neue Stück ist so voll, und eine Karre voll liegt noch neben der Häckselmaschine und muß auch noch von innen da drauf, rechts die Seite bis in die Spitze, im neuen Schuppen 4 Karren, so daß nichts mehr hinein geht, und noch 3 Karren auf dem Ollern. Davon wirst Du Dir wohl ein Bild unserer Heimat machen können. Wenn's noch Grumet gibt, weiß ich nicht, wohin wir den tun sollen, aber bis dahin gibt's vielleicht noch Rat.
Es wäre wohl alles nicht so schlimm, wenn ich Deinen Brief vom 4. nicht erhalten hätte, in dem Du so oft von Deinem vielleicht bald bevorstehenden Ende schriebst. Wiederum sage ich mir, daß Du wohl keine Zeit mehr gekriegt hast, um in den darauffolgenden Tagen zu schreiben, und 14 Tage ist noch nicht lange.
Es gibt hier im Westen eben auch zuviel Krieg, und da kommt alles aus dem Geleise. Vorige Nacht schien der Mond taghell, aber Alarm war nur weitab, und sonst haben wir nichts gehört. Es ist ja doch furchtbar, wie die ganzen Städte zerstört werden. Wie Du weg mußtest, war Köln noch fast ganz, aber seitdem hat es schwer dran glauben müssen. Fast 4 Jahre sind es schon her, daß Krieg ist, und noch wird es immer schlimmer. Und trotz allem gebe ich die Hoffnung nicht auf, daß wir später noch lange zusammen glücklich sind.*

*

22. Juli 1943
»Feuertaufe gehabt. Vieles darf ich nicht schreiben.
Wir bekommen viel Schokolade, das heißt, schlimme Kämpfe folgen.

In Stellung, 25.7.1943
...und es ist hier auch so gefährlich. Hoffentlich geht nur alles gut an mir vorüber. Wir führen zu fünf Mann mit unserem MG mal wieder ein ganz verrücktes Dasein. Seit zwei Tagen sind wir wieder mal ganz vorn in Stellung. Und seit gestern früh ist wieder die Hölle los. Der Russe hat uns vielleicht bis Abend wieder mit Ari, Pak und Granatwerfer beschossen, daß wir uns nur wundern, daß keinem was passiert ist. –
Grade wieder Stalinorgel – volle Deckung. Jetzt ist es halb zwei, (vier Stunden später), wir leben noch, aber es war und ist noch grauenhaft.

Einfach nicht zu beschreiben. Als die Stalinorgel schoß, sind wir regelrecht in unserem Loch hin und her geschaukelt, als wenn wir auf nem schwankenden Fußboden und nicht eineinhalb Meter tief in der Erde lägen. Das Trommelfeuer auf unsere Linie dauerte endlos lange. Wie lange, ob ne halbe Stunde oder drei Stunden weiß ich nicht. Jedenfalls, als es etwas nachließ, hörten und sahen wir schon russische Panzer und dahinter Infanterie. Und gleichzeitig über uns russische Bomber und Schlachtflieger. Meine Selma, noch bin ich Dein und unverletzt. Hoffe nur mit mir, daß wir uns wiedersehen. Es ist einfach furchtbar, was wir hier mitmachen müssen. Und man sieht so richtig, daß die ganze Schlacht und die Entscheidung allein vom Infanteristen abhängt. 20 oder 22 russische Panzer rollen an uns vorbei in unser Hinterland, und von uns kein Tiger und keine Pak, nichts zu sehen. ...
Erst jetzt, nach sieben Stunden glauben wir, daß einige von unseren Panzern anrollen. Stukas waren auch mal da, und Schlachtflieger von uns. Ja, einer ging brennend in die Tiefe.
Es scheint, als wäre der Angriff so ziemlich abgeschlagen. Die russische Infanterie kommt jedenfalls nicht durch unsere Linie, solange noch einer von uns da ist. Ich bin jetzt wieder Schütze 1, und mein Gewehr klappt ganz tadellos. Da gehen die Patronengurte so durch wie der Blitz, und zielen habe ich schon immer gut gekonnt.
Nur den einen Wunsch habe ich noch, daß ich lebend und gesund wieder zu meinem Liebling kommen kann. Wenn ich heute graue Haare gekriegt hätte, mich würde es nicht wundern. Der Angriff am 5.7. war ja schon doll genug, aber heute, es ist ja warhaftig wieder ein Sonntag- ist »die Hölle los.«

27.7.

Denk Dir, wir bauten eine Stellung in einem großen, fast reifen Roggenfeld. Nach drei Tagen verließen wir dieses nach Granaten und Bomben wie umgepflügt als braune Fläche, nichts mehr von Roggen zu sehen. – Es ist schreckliches Trommelfeuer mit Panzer und Infanterie, unser Sanitäts-Unteroffizier von einem Panzer zermalmt, 23 Jahre.
Ne Stellung ist ein Graben, 1,20 bis 1,50 m tief und 60–70 cm breit, mit Rasen oder irgendwas abgedeckt, daß sie vom Feind nicht zu sehen ist. Alles wird mit kleinem Infanteriespaten des Nachts gemacht. Und immer wieder an neue Standorte, wir fluchen. Ob man da nun

schon fünf Tage und Nächte nicht geschlafen hat, spielt dabei keine Rolle, auch das Wetter nicht.
Wir sind jetzt Aufklärungsabteilung, immer vorne. Die Russen haben ja so verflucht schwere Waffen. Die machen uns kaputt.
Ich glaube kaum mehr an einen Sieg, möchte nur, daß ich wieder nach Hause komme. Junge, wieder mehr als 20 Granaten jetzt hier eingeschlagen in 10–30 Meter von mir. Son Loch in der Erde ist doch viel wert. Ich möchte nur noch schlafen und kann nicht.
Geschlafen wird nur noch, wenn überhaupt, sitzend im Loch, mit Koppel angeschnallt und Zeltplane über...Wenn dann ab und zu die Erde wackelt, ja schaukelt, ich glaube kaum, daß da der Schlaf eine Erholung ist.
...
Glaubst Du, daß das gut für die Nerven ist? Wir bestehen nur noch aus Dreck. Das Urräh, Urräh ... der angreifenden Russen klingt schrecklich. Mit meinem SMG habe ich in knapp fünf Minuten 150 Mann ins Jenseits befördert.
Von unserer tapferen 1. Schwadron ist fast nichts mehr übrig. Das ist Schlacht.-
Wir kriechen auf Händen und Knien durchs Kornfeld und nachher Brache, weil Scharfschützen hier liegen. Wer sich ein wenig höher zeigt, wird getroffen, und wir können den Schützen nicht ausfindig machen. Dazu starker Regen, und der Iwan greift ständig an. Im Loch fußtiefer Schlamm. Da kann man tatsächlich den Herrgott um Erbarmen anflehen.
Das Essen ist kalt, mitten in der Nacht, auch der Kaffee nur einmal, bei dem ganzen Elend.
Rums, da kam wieder son Ding, die Erde spritzte. Es heißt, der Russe sei wieder durchgebrochen. Hoffentlich erleben wir hier kein zweites Stalingrad. Die Kaffeemühle ist auch oft dabei.

5. August 1943 im Schützenloch
Jeder hat hier 3 Kubikmeter Erde ausgehoben. Ständige Einschläge von der Ari. Flieger, Granaten, Bomben und Wurfgranaten um uns herum. Mal kamen 72 Panzer der Russen.
Unsere Jagdflieger holen viele Russen vom Himmel. Gestern fiel einer 500 Meter von uns in die Erde. Das allermeiste sind hier amerikanische Flugzeuge. Wenn die dem Stalin nicht helfen würden,

wäre hier längst alles zu Ende. Aber so, na, wir gehen mal seit dem 16. Juli nur nach rückwärts vor. Daß die Russen dabei ganz ungeheure Verluste haben, steht fest. Aber es ist eben für uns auch verdammt schwer.
Einen kleinen allgemeinen Begriff von den Kämpfen bei Orel, wo wir im Brennpunkt als Division Res. liegen, gibt Euch ja wohl der Wehrmachtsbericht.
Ununterbrochen große Hitze, und wir liegen hier im freien Feld. Hier ist das Korn alle schon reif, aber keiner da zum Mähen. Schade um all die Frucht, die der Russe hier niederkriegt. Du schuftest nun schon zum vierten Mall allein bei der Ernte – und ich sitze hier im Erdloch und hoffe, daß ich am leben bleibe. Dabei könnte man verrückt werden.
Viele sind gefallen und verwundet. Es ist ja doch alles ein Elend. Gerade rummelt wieder die Stalinorgel, aber die meinten uns diesmal nicht.

12.8.43

Heute allein zwei cbm ausgeschachtet, und nun steht mein Geschütz in einem ein Meter tiefen Loch. Vor Splittern, die nicht von oben kommen, sind wir jetzt gut geschützt. Aber alles wieder nur für 24 Stunden, weil es wahrscheinlich morgen wieder weiter zurückgeht. Eben hat der Iwan über einen Lautsprecher gesagt von London und Sizilien, und wir sollen überlaufen. Das tue ich noch nicht.
Nun kreist einer über uns und rotzt seine M.G. Garben hier in die Umgegend.
Sitzen wieder in neuem Loch. Sobald sich ein Kopf daraus hebt, schießen die Russen. Wenn von uns mal einer muß, dann nur auf dem Spaten und rausgeworfen. Sofort von uns einige Verwundete, die nur nachts und im Dunklen fortgetragen werden, ebenso Verpflegung nur nachts.
Wir sehen aus wie die Schweine, haben uns vor neun Tagen zuletzt mit Wasser gewaschen. Dazu nun Regen und kalt. Das halten wir hier nicht lange aus. Was für Ängste und Nöte wir ausstehen, und es kann jede Sekunde aus und zu Ende sein. Es ist einfach furchtbar! Bis auf zwei Meter neben uns sind schon mehrere Bomben eingeschlagen.

3. August 1943

Ein paar Tage aus der HKL raus, gewaschen, geschlafen und gegessen. Nur schade, daß all diese Kämpfe und das Elend umsonst waren, hoffentlich nicht der ganze Krieg!
...
Seit drei Tagen den Stahlhelm nicht mehr abgehabt. Stalinorgel wieder mal.
Wir sind jetzt wieder mit Fahrrädern unterwegs, rückwärts. Sehen viele Flieger, Luftkämpfe und Abstürze auf beiden Seiten, täglich. Bomben fallen reichlich.
Endlose Kolonnen von Flüchtlingen mit kleinem Gepäck, die mit uns rückwärts ziehen. Sie haben so gut wie nichts mehr, und was bringt denen wohl die Zukunft, und der Winter? Und gerade hier, wo alles so schön bestellt, und der Roggen reif ist, Obst, Gemüse und alles in reicher Fülle. Das ist K R I E G !
...
Hier ist nun, einen Tag später, wieder die Hölle los. Der Russe hat uns vielleicht wieder mit Ari, Pak und Granatwerfer beschossen. Es war und ist grauenhaft.
Einfach nicht zu beschreiben.

*

13. August 43

Mein lieber Alex!
Nun muß ich nochmal schreiben und habe auch Grund dazu, denn heute kam Dein Brief vom 3., wofür ich Dir herzlich danke. Ich bin so glücklich, daß Du bis dahin noch verschont warst, und hoffe, daß es auch weiterhin so bleibt. Von hier kann ich Dir auch alles Gute berichten.
Gestern Morgen haben wir nochmal was erlebt. Es waren viel Wolken, aber zeitweise schien die Sonne. In der Umgegend war Fliegeralarm, und da kamen die Engländer in Schwärmen. 99 habe ich gezählt, aber es waren noch nicht alle, und es war nur ein Gebrumm, so wie in den Nächten, als Wuppertal und Remscheid angegriffen wurden. Mama hatte Angst. Jenny und ich waren draußen Flieger zählen. Ich habe nie geglaubt, daß so etwas möglich wäre. Aber nun habe ich es mit eigenen Augen gesehen.
Bei Lindlar ist ein viermotoriger Bomber runtergekommen, von Jägern abgeschossen. Wie ich die Verbände gesehen habe, war mir alles egal, und ich habe das Waffeleisen genommen und Teig gemacht

und ordentlich gebacken. Denn was hat das ganze Sparen für einen Zweck. Und dann mußte ich in die Mühle, und mittlerweile war es Mittag. Um halb 5 war die Trauung in der Kirche in Müllenbach, und da war ich mit Jenny hin. Eigentlich wollte ich dann noch schreiben, hatte aber keine Lust. Ich habe gelesen, bis es dunkel war, und bin dann ins Bett gegangen.
Heute Morgen habe ich die Küche gekälkt. Man muß doch sehen, daß es zu Hause so gemütlich wie möglich ist. Und dann war ich zum Amt und habe ein Gesuch auf Arbeitsurlaub für Albert gemacht, und nun bin ich gespannt, ob das was gibt. Böse drum sein kannst Du nicht, denn Du hast es doch auch gewollt. Was ich Dir versprochen habe, halte ich, und das muß genügen.

*

Anfang August
Unsere Division ist jedenfalls mal wieder ganz ordentlich zusammengeschlagen worden. Viele Tote und Verletzte. Hoffentlich brauchen wir so etwas nicht noch mal mitzumachen. Oft ständiges Dröhnen und Beben in der Luft, und in meinem Loch schwankt die Erde dann wie auf der Schiffschaukel.

25.8.1943
Der Tross bringt Kühe mit, aber die Herren wissen nicht mit Milch umzugehen. Ich habe gemolken, Milch getrunken, von zwei Litern Pudding gemacht für morgen, und vom Rest saurer Milch dann Käse gemacht. Im Taschentuch, das nun zum Austropfen am Maschinengewehr hängt.
...
Sonst Neues gibt's hier nicht. Wir liegen ganz schön, bei gutem Wetter, so richtig in Erholung. Heute Morgen um 7 Uhr Wecken, und von 8-12 Waffen reinigen. Nach Mittag mußten 16 Gänse gerupft werden, und da gibt's morgen wieder was Gutes. Heute gab's zum Beispiel zu Mittag ein wunderschönes Stück knuspigen Braten, fast Kotlett, dazu Sosse, Salzkartoffeln und Gurkensalat. Es war das erstemal, daß es mir wieder ganz richtig geschmeckt hat. So satt und voll war ich, aber ich glaube, das kam von der Milch. Jeden Morgen und Abend gab es anderthalb Ltr. Milch, und mittags einen halben Ltr. Pudding, da soll einer nicht satt werden. Aber so schön ist's ja auch nicht immer. Wir haben ja dafür auch genug Tage gehabt, wo

es schlecht war, und einem da oft der Appetit zum besten Essen fehlte. Aber das ist alles recht schnell wieder vergessen.
Gestern habe ich nochmal so richtig Dolmetscher gespielt. Erstmal hatte ich von 3–7 Uhr Fliegerwache und konnte mich danach ausschlafen, sagte der Spiess. Um halb 11 wurde ich geweckt und mußte mit unserem Wachtmeister per Rad losfahren.

Auftrag: 2 hübsche junge Mädchen, 18–24 Jahre, suchen und mitbringen. 3 km von hier in einem großen Dorf hatte unser Rittmeister vorgestern ne ganze Menge gesehen. Wir also mit freudigem Eifer ran an die Arbeit. Aber lange Gesichter und müde Knochen haben wir gekriegt. Das Dorf war vollkommen leer, nur noch Landser. Alle Zivilisten evakuiert, und wohin wußte keiner. Da sind wir dann durch die Gegend gereist, meistens querfeldein, weil sich viele Flüchtlinge in Kornfeldern, Tälern und Schluchten, die es hier reichlich gibt, aufhalten. Aber da waren immer nur alte Leute und Kinder zu sehen. Endlich gegen 1 Uhr hatten wir eine gefunden. Die war 25 Jahre alt und hatte ihre Mutter und Schwester verloren und weinte. Sie hatte gar kein Gepäck und nur die Kleider, die sie am Leibe trägt. Wir nahmen sie mal mit bis ins nächste Dorf, um da noch eine dabei zu kriegen.
Der Wachtmeister ging zur Ortskommandantur und das Mädchen mit anderen Flüchtlingen ins Haus, um etwas zu essen. Als nun der Wachtmeister wiederkam, war sie weg. Und ebenso fünf andere Mädchen, die in dem Alter waren. Einfach nichts mehr da, und alles schimpfen und drohen half nichts. Alles weg. Wir mußten wieder weiter suchen. Um halb 4 endlich fanden wir wieder son Lager und da auch eine, die recht war. Ledig, ohne Kinder, nur ihren Vater bei sich. Der mußte mit. Ich sagte ihr, was sie soll und wir müßten noch eine haben. Sie soll sich ne Freundin holen und mitkommen. Da meinte sie, im nächsten Dorf wären ganz viele Mädchen. Wir sollten da welche haben.
Aber vorsichtig geworden haben wir die mal sofort mitgenommen. Etwa 1000 m unterwegs sah ich auf einmal von weitem eine kommen, und das war die, die uns weggelaufen war. Die hatten wir aber gewonnen. Als ich die anrief auf etwa 500 m Entfernung, wollte sie direkt kehrt machen, aber das war zu spät. Na, es hatte geklappt. Wir wieder zurück mit beiden und zu dem Vater. Allein wollte sie nicht mit, und da hiess es schlau sein. Der Alte sollte anspannen und mit seinem Wagen nachkommen. Toni heißt die Tochter, nahm sich nen

Koffer und nen Sack voll Wäsche mit, und wir fuhren per Rad vor. 15 km hatten wir bis zum Quartier zu fahren und kamen hier nach 6 Uhr mit Halloh! begrüßt an. So wird man also zum Mädchenhändler. Gerade hübsch sind die 2 ja nicht, aber es geht, und Wäsche waschen und in der Küche arbeiten werden sie schon können. Wie es den beiden zumute ist, kann ich mir gut denken, aber ich kann auch nichts dafür, daß Krieg ist. Nun, gestern Abend, als ich mein Essen aufhatte und die beiden, Toni und Natascha, satt waren, fragte ich die Toni, ob ihr Vater nun auch käme. Geglaubt hatten wir nämlich, daß die Landser den gar nicht durchlassen. Sie glaubte kaum, sagte sie, und dann würde er uns ja gar nicht finden, weil wir doch nicht im Dorf liegen. Sie war recht traurig.

Aber, es war etwas nach 8, da lief schon ein Zivilist bei uns rum, und es war der Vater. Heute Morgen ist er dann mit Pferd und Wagen angerollt und ist jetzt Hilfswilliger bei uns. Die 2 sind zufrieden. Sie haben's bestimmt nicht schlecht hier, und auf alle Fälle gut und satt zu essen. Nur die Natascha, ich glaube, daß uns die bald wieder wegläuft. Wenn nicht ihre Mutter auf einmal erscheint. Was hier alles möglich ist, ohne Funk oder Telefon, haben wir ja gesehen.

Jedenfalls war ich froh, als der Auftrag erfüllt war. Ich habe jetzt nichts mehr damit zu tun. Also brauchst Du mal gar keine Angst zu haben, ich hätte jetzt wieder ne Freundin. Vorläufig liegen wir ja wohl alle auf einer Wiese, aber im Einsatz ist der Tross ja doch weit weg.

24. August 1943

Es ist jetzt halb 11, und ich bin gerade auf Fliegerwache aufgezogen und habe jetzt bis 12 schön Zeit zum schreiben. Gestern Abend wollte ich eigentlich noch daran, aber bei Kerzenlicht im Zelt, und dann zu 4 Mann ist das recht lästig. Zudem gabs auch keine Post, und da hab ich's eben auf heute verschoben und gestern Päckchen gemacht. Ich habe nämlich noch ein Paar Schuhe für Dich und noch 2 große Dosen Fisch. Dazu noch nen recht guten Drillichanzug. Mit den nächsten Urlaubern, wahrscheinlich am 28. oder 30. d.M. wollte ich die Sachen gerne abschicken. Mal sehen, wie es klappt.

Wir liegen noch an derselben Stelle, und scheinbar bleiben wir auch noch längere Zeit hier. Alles ist ganz nett, nur kein Wasser. Es gibt

wohl jeden Tag pro Mann ein Kochgeschirr voll zum Waschen, aber sauber bleibt man da bestimmt nicht bei.- Nun waren wir heute von halb 9 bis 10 mit Rädern weg zum Baden. Etwa 5–6 km von hier. Da war ein Teich ungefähr 50–60 m tief, aber das Wasser direkt braun. Aber son Bad ist doch immer noch besser als gar keines.
Unser Leben ist soweit ganz ruhig. 7 Uhr Wecken, halb 9 Frühappell und danach etwas Waffenunterricht oder ähnliches. 12 Uhr Mittag, bis 2 oder halb 3 und dann wieder ne Stunde Unterricht. Die neuen mußten gestern und heute Stellungen bauen, und von 4–5 Sport und dann Feierabend.
Gestern Mittag kriegten wir unsere Packtaschen und konnten endlich mal wieder Wäsche nachsehen und wie ich schon schrieb, »verpacken«! Hoffentlich kommt nun bloß alles an, was ich abschicke. Schade wär's um jedes Päckchen. In jede Sendung ein Schreiben zu legen, dafür fehlt mir meistens die Zeit. Ist ja auch schließlich egal. Hauptsache es kommt an.

29.8.43

Mein Liebling!
Päckchen Nr. 2 für Dich heute. Wir gehen wahrscheinlich heute Nacht wieder nach vorne. Gestern, vorgestern und heute je 30 km marschiert. Alles müde. Aber sonst alles gesund, was ich auch für die nächsten Tage erhoffe. Inhalt des Päckchens Nr. 1: 1 D. Fisch, 3 Rollen Drops. Nr. 2: 1D. Fisch und 2 R.Drops und Reissverschluß. Dabei mein EK mit Urkunde.
Für heute herzliche Grüße und süße Küsse immer
Dein Alex

> Dieses war wohl der letzte Brief meines gesunden Vaters. Wenige Tage später wurde er in der Nähe von Orel so schwer verwundet, daß er als aktiver Soldat ausschied.

5.9.43

Am 1., kurz nach zehn hat mich ein russischer Ari-Volltreffer erwischt, und seit 15 Uhr bin ich nun mit Auto, Güterzug und seit gestern im deutschen Lazarettzug unterwegs Richtung Heimat. Der schöne Zug fährt durch bis Warschau, und ich könnte schon in wenigen Tagen irgendwo in Deutschland sein, Dich zum Besuch einladen. Wenn ich nicht so schwer verwundet wäre.
So komme ich heute erstmal aus Gomel raus und dort zur Operation. Ich habe ziemlich Splittern im Hintern, und einer hat mir das After zerrissen. – Wenns nicht grade so weh täte, wär's ganz egal, aber ich kanns einfach nicht länger aushalten. Auch unser Rittmeister ist gefallen, und die meisten anderen.

*

5. September 1943,
Brief zurück: Auf dem Brief ist vermerkt :»Neue Anschrift abwarten. Zurück an Frau A. Höhfeld.«

Es gibt einen Brief vom Juni 1944, darin berichtet der Hauptfeldwebel über »das Todesloch von Orel«, in dem auch Papa verwundet wurde, und: »Fast niemand blieb übrig, gefallen, vermißt...«

*

Hauptkampflinie südlich von Orel, Lazarett, 7.9.43
Mein Lieb!
Liegend, aber noch unter großen Schmerzen will ich heute nochmal etwas schreiben. Seit dem 5. liege ich nun hier und es ist jeder Tag sehr schwer. Ich wurde am 5. sofort, d.h. 5–6 Stunden operiert. Großer Splitter war einer von rechts durch den Arschbacken genau durch Darm im linken Oberschenkel. Jedenfalls habe ich lange zu liegen und kriege nur Diät bzw. flüssig, weil künstlicher After links. Liebling, es tut viel viel weh und ich wollte ich wäre schon 4 Wochen weiter. Dann wird's hoffentlich bald erträglicher. Knochenverletzungen habe ich scheinbar keine, aber faustgroße Löcher im Hintern. Noch bin ich in Gomel, hoffe aber sobald ich transportfähig ins Reich zu kommen. Schreiben kann ich nur sehr schlecht. Alles tut weh, aber keine Sorge, es wird schon werden.
Alles Gute und süße Küsse von Deinem Liebling

z.Zt. Res. Laz., Warschau, 9.10.43

Meine liebe Selma!
Nun liege ich heute den 4.Tag hier. Aber noch weiß ich nicht, wann es weiter geht. 3 von unserer Stube, die mit mir gekommen sind, sind heute Mittag wieder verladen worden. Richtung Heimat. Die Tage und Stunden werden nun ja recht lang, aber wir, oder ich, warten auf den Tag, wo auch ich weiter, zu Dir, fahren kann. Gesundheitlich geht's mir gut. Appetit bzw. Kohldampf habe ich dauernd, und das ist doch ein gutes Zeichen.
Aber Briefe schreiben wie früher, Liebling sei nicht böse, ohne Post und liegend ist das so eine Sache und was soll ich auch schreiben. Lieb habe ich Dich, so wie Dich nur einer lieben kann, und das genügt doch auch. Hoffentlich kann ich nur recht bald 'ne Lazarett-Adresse in Deutschland angeben, und dann mußt Du sofort zu mir kommen. Ganz egal wo. Kommst Du?
Obst und was anderes Eßbares mitbringen. Und nun Schluß für heute. Mit sehnsüchtigen Küssen bin und bleibe ich Dein, nur
Dein Alex

Die nächsten Wochen waren ein Schweben zwischen Leben und Tod. In Warschau kam eine Lungenentzündung hinzu. Sein Soldbuch u.a. persönliche Dinge verschwanden... Ein Pfarrer saß täglich an seinem Bett, und unter seinen Worten konnte er einschlafen.
Um transportfähig zu sein, mußte er fieberfrei sein. Irgendwann hat er das Thermometer manipuliert, und er wurde transportiert. Mit einer Ju 52, also per Flugzeug nach Deutschland. Festgeschnallt auf einer Bahre spürte er plötzlich unter sich etwas weiches, warmes sich bewegen. Es war ein zum Schlachten mitgeführtes lebendes Rind...

Marburg an der Lahn, vom 20.10.43

Mein Liebling!
Nun bist Du doch wieder zu Hause. Hoffentlich hat die Reise gut geklappt, oder nicht? Leid tät's mir ja doch, wenn Du unterwegs liegen geblieben wärst. Bei mir ist alles in Ordnung. Habe gut geschlafen und lese jede freie Minute. Gestern Nachmittag war der Frisör hier. Übrigens hatte der früher dem Onkel Wilhelm seinen Igel immer geschnitten. Ich fragte ihn, ob er den Fritzel gekannt hätte, und da erzählte er aber.
Das Wetter ist ganz herrlich hier. Wenns dort auch so ist, was ich hoffe, dann kriegst Du das Korn schön dran. Lieber wär's mir ja, wenn ich dort sein könnte, bei Dir. Aber hier ist's auch nicht schlecht, ich weiß, wo es schlechter ist. Liebling, ich wollte, ich wäre bei Dir, aber es dürfte kein Krieg mehr sein. Und was sagten Mama und Jenny? Die »Verwandtschaft« u.s.w. kommt doch sicher jetzt alle, um mal zu hören.
Es werden hier viele kriegsverwendungsfähig geschrieben. Es gibt ja jetzt besondere Magen-Divisionen für solche, die Magenkranken, da wird nur Diät gekocht. Was glaubst Du wohl, wie oft die sich nochmal nach anständigem Essen sehnen werden. Heute ging wieder ein Marschbattalion hier weg. Die armen Kerle tun einem ja doch leid. Ich kann mir einfach nicht denken, daß ich nicht mehr dabei kommen soll. Trotzdem, Lust nochmal dabei zu sein, habe ich nicht im Geringsten. Mir reicht das, was ich mitgemacht habe.
...
Da war eine wunderschöne Kirche, die Basilika, Lisieux o.ä. Gestern wurde durchs Radio gesagt, daß die durch Bomben vernichtet wurde. Es war das beste und schönste Schmuckstück von der ganzen Normandie. St.-Malo liegt auch in der Gegend.
Hier haben jetzt viele Leute Angst um ihre Angehörigen im Westen, die noch nicht wußten, was es wirklich heißt, einen lieben Menschen in Gefahr zu wissen.

16. November 1943

Zum ersten Mal wieder richtig auf eigenen Füßen gestanden seit zweieinhalb Monaten, und die Welt aus der Senkrechten angesehen. Einen Blick an mir runter habe ich auch gemacht, aber das war so tief bis zum Boden, daß ich mich ganz schnell wieder hingesetzt habe. Liebling, so schlapp bin ich geworden, daß mich die eigenen

Beine nicht mehr tragen. Aber es ist wieder ein Stück voran, und ich glaube auch, daß alles in Ordnung ist.»Hinten« sieht's ja noch anders aus, aber ich hoffe, daß das auch wieder richtig wird. Abwarten, all die Splitter im Körper.
Ich sammele fleißig Tabletten für die arme Mama mit ihren Kopfschmerzen. Schöner wär's ja noch, wenn's Kaffeebohnen wären, aber ich hoffe, die Zeit kommt auch mal wieder, wo man davon wieder genug kriegt. Ich lese viel, täglich so 500 Seiten eines Buches, so lange ich im Bett liege.

*

16.11.43

...
Sonderbar ist die Reaktion auf das EK 1, das Eiserne Kreuz erster Klasse, von Bruder Roland: Hoffentlich stellst Du Dich mal bald vor als Ordens geschmückter Krieger!
Mama ist am Knurren, wenn ich mit den Nachbarinnen ausgehe. Ich solle mich denen nicht anschließen.
Jenny spielt draußen in ihrem Garten, ist am Hacken. Ich lese in einem Liebesroman, da schimpft Mama, ich solle den Unsinn lassen und Dir lieber einen Brief schreiben. Da habe ich dann nachgegeben und schreibe, obwohl ich lieber erst bis zum Ende lesen wollte.
...
Am liebsten möchte ich mich in Deine Arme kuscheln und mit Dir schmusen. Das geht alles viel leichter als Briefe schreiben oder allein arbeiten. Gestern habe ich Skat gespielt, weil denen der dritte Mann fehlte, dabei 8 Pfennige verloren.

> Hier fehlen die Briefe eines halben Jahres.
> Während der Wintermonate 1943/44 gab es kaum Briefe, da meine Mutter so oft wie möglich mit Bus und Zug – begleitet von Tieffliegerangriffen – für mehrere Tage nach Marburg zu meinem Vater fuhr. Einmal durfte ich sogar einige Tage mit dort sein.

14. April 1944
Erst nach acht Uhr abends aus dem Feld gekommen. Der neue Ochse stellt sich dumm. Nachts kam wieder Alarm und es krachte ordentlich. Jenny wurde nicht wach, und ich bin nicht aufgestanden.

Hoffentlich habe ich bei meinem dicken Fell immer Glück. Immer diese nächtlichen Störungen machen mürbe. Und die Arbeit häuft sich. Ich darf nicht darüber nachdenken, sonst werde ich verrückt. Habe Alberts Briefe alle noch mal gelesen und dann nachher verbrannt. Ich kann es nicht begreifen, daß er tot ist.

18. Mai 1944
Steine im Feld gelesen. Ach, wir sind ja so steinreich bei unserer Ackerwirtschaft!
Unser Nachbar Fritz, der Stellmacher, sah sich in unsererm Wald eine Eiche an, Grundmaterial für eine notwendige neue Schlagkarre, aber ich habe keine Lust, diese abzusägen.
Das Unkraut wächst immer besser als alles andere. Stacheldraht gibt es nur noch gegen Fettigkeiten. Na, dann sollen sie ihn behalten.

20. Mai 1944
Die Saatkartoffeln sind noch nicht eingetroffen. So haben wir 2 Zentner Ackersegen aus dem Keller geholt und die einfach eingepflanzt. Dann können die neuen zwei Zentner später in die Erde, wenn sie überhaupt geliefert werden. Sonst säe ich einfach Rüben auf das Stück. Die beim ersten eingepflügten und gesetzten Erbsen und Bohnen und Kartoffeln sind schon am rauskommen.
Ich war beim Zahnarzt. Mein Fahrrad hält jetzt wieder die Luft, seit dem ich Milch in die Schläuche fabriziert habe. Und mehr wie Du habe ich auch. Alles darfst Du, nur nicht fremdgehen.

*

22.5.
Ekelhafte Durchspülungen, viel Schmerzen, einen Tag nüchtern bleiben, dann wieder alles verschoben. Als Schwester Edith mir heute den Löffel Rhizinus gab, habe ich den genommen. Als sie weg war, das Zeug in den Abfluß ausgespuckt. Meine Geduld ist zu Ende. Aber ich bin ja auch noch Soldat, also Disziplin und Gehorsam statt Wut. Ein paar Ordensfrauen flüstern geheime Parolen, der Krieg würde in weinigen Wochen beendet sein.
Marburg heißt im Reichssender die Gauuniversitätsstadt, wenn es um Alarm geht.

*

6.6.1944
Auf der Rückfahrt von Marburg sagte uns in Dieringhausen am Bahnhof der Schaffner, die Amerikaner seien in Frankreich gelandet. Darunter konnte ich mir nichts vorstellen und wurde auch nicht darüber trotz meiner Fragen aufgeklärt. Meine Wißbegier wurde selten gestillt, meistens nur von den vielen Fremden, auch eine gute Seite jener Zeit. Zuhause suchte meine Mama auf der Landkarte nach, doch ich mußte ins Bett.
Weißt Du, das Leben im Hotel fängt allmählich an mir Spaß zu machen. Keine Arbeit und alles so, wie es gerade recht ist. Aber so weit werden wir es wohl nie bringen. Ich will auch zufrieden sein, wenn ich Dich wiederhabe und wir können zusammen leben und arbeiten.

*

Ende Juni 1944
Kv-Soldaten marschierten geschlossen aus dem Lazarett. Die armen Kerle können einem ja doch leid tun, denn wieviele sehen die Heimat nicht wieder. Viele waren dabei, die schon mal raus waren.
Nachts oft Fliegeralarm, Aufenthalte im Luftschutzkeller.
Gerade kommt Iwan zu mir. Der fährt Pfingsten mit einem Kameraden nach Westfalen in Kurzurlaub. Er hatte vorige Tage ein Urlaubsgesuch für 14 Tage nach Litzmannstadt geschrieben. Der Arzt hatte unterschrieben, aber die Schreibstube lehnte es ab, weil es zu riskant wäre, ob er wiederkäme. Ja, so sind die. Drei Jahre ist er nun deutscher Soldat, und da bringt man hier noch nicht mal soviel Vertrauen auf, ihn allein in Urlaub zu schicken. Wenn's drauf angekommen wäre, ich wäre 14 Tage, für mich als Dienstreise, mit ihm gefahren. Wäre auf jeden Fall eine ganz schöne Reise geworden.
Aber das war unmöglich.
Gestern haben wir zwei einen Abendspaziergang gemacht, durch die Gärten, ein wunderschöner Tag. Unterwegs begegnete uns eine Russin von der Krim, Iwan kannte sie. Die war auf dem Nachhauseweg, wir haben sie mitgenommen, alle in Uniform. Die sprach fast perfektes Deutsch und mußte nur immer wieder lachen, daß wir nicht mit ihr gingen. Ja, das war mal was anderes. Für heute war sie mit einem Zivilisten verabredet, wahrscheinlich Franzose. Vorigen Sonntag hatte der einen aus ner Wirtschaft rausgeschmissen, der mit ner Russin da rein kam. Irgendwo muß er schließlich seine Wut mal rauslassen.

Der Iwan kam vorhin und hatte eine Adresse von einer Russin aus Dillenburg, und da soll auch seine Schwester sein. Nun soll ich ihm helfen, daß er einen Tag Urlaub bekommt. Hoffentlich klappt das nun wenigstens. Ich möchte doch gern helfen. Heute nachts sagte er, er hätte von seiner Frau und dem Kind geträumt und wäre bei ihnen gewesen. Seit sieben Jahren hat er die und seine Eltern und Geschwister nicht mehr gesehen.
Da kann man ja verstehen, daß er jetzt alles versucht, seine Schwester in Deutschland zu sehen. Hoffentlich gerät es ihm nun. Er hätte es bestimmt verdient.
Einige Kameraden schrieben ins Lazarett, die meisten sind gefallen. Der Rest ist mit der neuen zusammen, es ist ein Sauhaufen!- Gestern noch auf stolzen Rossen, heute schon kaputt geschossen.... Es ist verrückt, und Du stöhnst über Langeweile im Krankenbett und Deine Frau über alle Arbeiten, dazu nachts Fliegeralarm.
Es geht auch mal alles vorüber, auch Lazarett, und auch der Dreißigjährige Krieg hat nur 30 Jahre gedauert.

»Du, meine Selma, bist ja all mein Glück.«

In Marburg an der Lahn bei der Verleihung des Ritterkreuzes

*
Ende der Briefe
*

***

Nachwort

Nach dem verlorenen Krieg und der schweren Verwundung meines Vaters wurde kein weiteres Kind geboren. Der größte Teil des angesparten Geldes ging durch die Währungsreform verloren.
Das Arbeiten auf dem kleinen Bauernhof wurde immer schwerer. Irgendwann konnte das Land, insgesamt sechs Hektar, verpachtet werden.
Etwa 1957 stand das erste Auto, ein Volkswagen, vor dem Haus, ab da ließen sich Reiseträume verwirklichen.

Die erste Auslandsreise führte nach Frankreich zu der Familie Oblin, dem ersten Quartier des ehemaligen Besatzungssoldaten Alex. Eine lebenslange Freundschaft entwickelte sich zwischen der französischen und der deutschen Familie, mit häufigen Besuchen in die eine oder andere Richtung.

Mit dem französischen Schwiegersohn der Familie Oblin entstand ein enger Briefwechsel, obwohl ein Teil seiner jüdischen Familie in einem deutschen Konzentrationslager umgebracht worden war. Serge sagte einmal wörtlich zu mir: »Es ist nicht Deine und nicht meine Schuld. Wichtig ist, daß wir uns kennen lernen und Freunde werden«.

Meine Eltern reisten viel durch Europa – gemeinsam. Und so, wie sie es sich in den Briefen versprochen hatten, hielten sie in Liebe und Fürsorge bis zum Tod zusammen.

Im großen Kreis wurde die Goldhochzeit 1984 in Stülinghausen gefeiert.

Die geplante Reise nach Russland wurde durch den plötzlichen Tod meines Vaters im Jahre 1988 verhindert.

Ich selbst bin sehr dankbar, dass meine Eltern die vielen großen Reisen noch unternehmen konnten – im Nachhinein erscheint es mir wie eine Wiedergutmachung für all das durchgestandene Leid und die Entbehrungen, zu der die langen Trennungen auch gehörten.

Wie gut, dass die Briefe – Dokumente aus einer heute unvorstellbar leidvollen Zeit – in unserer Eichentruhe mit der eingeschnitzten Jahreszahl 1706 lange unentdeckt und nahezu vergessen, aber erhalten geblieben sind. Sie zeugen von einem wichtigen Lebensabschnitt meiner Eltern.

*

***

Dank

Meiner Verlegerin Marietta Thien und meinem Sohn Dieter Kollenberg danke ich herzlich für die Mitarbeit am Manuskript. Aus den etwa 4.000 Briefseiten haben wir in gemeinsamer Arbeit das uns wichtig Erscheinende ausgewählt.